JN025397

天野為之

日本で最初の経済学者

池尾愛子著
Ikeo Aiko

ミネルヴァ書房

学長ガウン姿の天野為之（1916年頃）大正６年政経卒業記念帖

早稲田大学歴史館提供

1928（昭和３）年，東京在住の唐津出身者が高橋是清を招いた祝宴の写真

前列左から２人目が天野為之，順に右へ曽禰達蔵（工学博士），高橋是清，小笠原長生（ながなり）（小笠原長行の長男，久敬社社長），掛下重次郎（大審院検事）

「久敬社のあゆみ」久敬社塾ウェブサイト

左から高田早苗，天野為之，坪内雄蔵（1910年頃）

早稲田大学歴史館提供

天野の胸像

早稲田実業学校にて　2014年７月筆者撮影

虹の松原（黒松防風林）と開墾地

防風林造営は江戸時代の典型的公共事業であった。

一般社団法人唐津観光協会

ピットマンの『商業読本』『商業地理』『商業史』『商業アトラス』

早稲田大学図書館所蔵

ジョン・レイロー編纂の事典『アメリカ合衆国における政治学，経済学および政治史』

早稲田大学図書館所蔵

はしがき

天野為之は、明治・大正期に経済学者、経済ジャーナリスト、教育者として大活躍したほか、次のような経歴をもっている。政治家（第一回衆議院選挙当選、第二回落選）、東洋経済新報社経営責任者（社長）、東京専門学校（早稲田大学の前身）創立者の一人、早稲田大学商科（商学部）の創設者・初代商科長、第二代早稲田大学学長、早稲田実業学校（早実）の創設者の一人、第二代早実校長である。

天野は東京専門学校・早稲田大学、東京高等商業学校（現一橋大学）などで経済学全般を教え、経済書や経済記事を著し、経済学に基礎をおく経済論議の普及に努め、また大学入学前の生徒たちのための教科書・参考書も執筆・編纂した。天野の二冊目の著書『経済原論』（一八八六c）は明治期の経済書ベストセラーとなり、『経済学綱要』（一九〇二）もよく売れて嵇鏡（けいきょう）の漢文訳『理財学綱要』が一九〇二（明治三五）年に出ている。天野は『商政標準』（一八八六d）で特許制度や商標制度を支持する議論を詳しく展開、政府は規格を設定し、産業活動を規制することが必要だと力強く主張した。

天野は『東洋経済新報』の創刊に関わって編集を引き継ぎ、先駆的な言論活動を繰り広げて、地租をめぐる社説の貢献により法学博士に推挙された。エドウィン・セリグマン（Edwin Seligman, 1861-

1939 米コロンビア大学の経済学者）総編集の『社会科学事典』（一九三〇～三五）には、戸田貞三（東京帝国大学）が「日本の社会科学」のエントリーを執筆し、天野を経済学者として紹介した。東京専門学校の通信教育の受講者が全国に広がり、日本の諸事例が盛り込まれた口述筆記の教科書によって「経済学を使って考える」姿勢が読者に伝えられた。

史料の焼失

天野研究は遅れていた。その理由は四つ挙げられる。第一に、明治期の独特の漢文調日本語と漢字カタカナ交り文が後の読者・研究者の理解を阻んでいた。第二に、学長職をめぐって対立があり、天野は一九一七（大正六）年一〇月に早稲田大学を辞職したので、同大学にはほとんど資料が残っていない。第三に、一九二三年九月一日の関東大震災により天野宅は全焼し、多くの図書・書簡・史料も焼失した。第四に、天野が校長職を務めた早稲田実業学校は、第二次大戦末期の空襲により全焼した。第三と第四については、関東に居住していた多くの人々にとって、二度にわたる共通の焼失体験であり、そのため貴重な多くの史料や思い出が失われ、歴史に空白が生じたようになっている。

二〇〇六（平成一八）年、国立国会図書館の近代デジタルライブラリー（現デジタルコレクション）に天野の著書・講述書・訳書のかなりの部分が掲載され始めた。そのおかげで、誰でも彼の広範な著述にふれられるようになり、彼の先駆性を検証して再評価できるようになった。

さらに同時代・同世代の知識人たちの活動は貴重なヒントになる。天野為之は、福澤諭吉（1835-1901）の熱心な読者で、受け容れられることと受け容れられないことを峻別していた。彼は他人の批判をあまりしなかった。天野は少年時代に唐津で英語を高橋是清（1854-1936）から学び、開設二年目の東京大学に入学した。活躍した同世代人に注目すると、札幌農学校を卒業した内村鑑三（1861-1930）や新渡戸稲造（1862-1933）、東京大学で学んだ岡倉覚三（天心、1863-1913）、一九世紀末にシカゴ大学でジョン・デューイ（John Dewey, 1859-1952）の指導を受けた田中王堂（1867-1932）がいる。彼らは皆英語で専門授業を受ける一方で、日本の伝統的学問や文化にも眼差しを向けた人たちである。

渾身の天野為之伝

唯一の伝記として、幸いにも、浅川榮次郎氏と西田長壽氏の『天野為之』（実業之日本社、一九五〇）がある。浅川氏は序文で、経済学の巨星とされる福田徳三（1874-1930、東京商大、現一橋大学）が、明治期の三大経済学者として、福澤諭吉、田口卯吉（1855-1905）、天野為之の三人を挙げたことに言及し、「福田博士の天野称賛の弁を裏付けるまでに至らなかったことは残念な次第である」と述べている。

そこで、筆者は浅川氏たちのやり残したことを遂行することを目標にして、天野の経済学、様々な社会的活動、立ち位置を中心に、歴史的背景や知的環境とともに描き出すような評伝を書こうと決意したのである。天野為之は筆者自身の『日本の経済学——二〇世紀における国際化の歴史』（池尾 二〇〇六）の冒頭に登場すべき経済学者であった。

天野為之の研究を進め、本書になる論文や原稿を執筆していると、天野の経済思想と経済学の先駆性、政策論議での先見性に改めて気づくことになった。そして、「天野の先駆性はどこから来たのか?」「なぜ天野は先見の明をもてたのか?」という謎めいた疑問がわいてきた。こうした疑問をかかえて二〇一九年に唐津を訪問すると、答えのヒントがみえてきた。このヒントに導かれて、唐津藩や長崎の歴史を豊臣秀吉の時代からたどることになったのである。すると、天野の最初の著作『徴兵論』（一八八四）の意義も闇から抜け出すように明らかになってきた。

積小為大

天野編『実業新読本』（一九一三）は読みやすく、天野理解を助けてくれる。第四巻の「二宮尊徳の少時（一）（二）」では、二宮尊徳（1787-1856）が荒地に植えた棄て苗からまず米一俵を得たことから、「およそ物は小を積んで大を致すべきなり」（「積小為大（せきしょういだい）」）と悟って、種々の耕作法を考えてついに多量の収穫を得るに至ったことが紹介された。勉学、研究、国際貿易、国際金融、国会、工場・銀行の経営にせよ、「どんなに大きな事も、小さな事の積み重ねから始まる」といえる。荀子（紀元前三世紀頃）にもあるこの一節「積小為大」は、天野と彼の同世代人の心に響く金言だったといってよい。

石橋湛山（1884-1973）は『東洋経済新報』主幹となり、一九三四（昭和九）年に英文月刊誌『オリエンタル・エコノミスト』（*The Oriental Economist*）を創刊した。同誌一九三八年四月号に天野の追悼文を寄せ、「明治大正期に活躍した経済学者のほとんどが、教室で天野から学んだか、彼の著作や経済論説を読んだかしており、彼の教え子たちだといってよい」「『東洋経済新報』の編集者であった時期に、天野の人生物語の中でおそらく最も重要な章が書かれていたことであろう」（二一三―二一四頁）と言い切った。本書執筆過程において、筆者はこの石橋発言に同感することになった。

奴雁の職分

天野のモットーは「学者は社会の奴雁(どがん)である」だった。天野が研究や社説でカバーした範囲は広く、しかも先駆性が感じられるものが多い。『東洋経済新報』一九〇七年四月号の社説に「雁群の睡(ねむ)りて前後を知らざる際、独り八方に眼を配り、事変あらば直ちに之を警告するは奴雁の職分なり。其の学者先覚の社会に於ける猶お此奴雁の雁群に於けるが如くならざる可からず。世人の齷齪(あくせく)として日常の事務に忙殺せらるゝ際、広く内外の大勢を観察し、苟(いやしく)も重大の事件あるを発見せば、直ちに之を急告し以て適当の処置に出てしめざる可からず」と記した。

本書で天野の経済思想が色濃く表れた箇所では、このようにできる限り原文に近い日本語をそのまま残した。そのうえで、難渋かもしれないものについては解説を加えた。それ以外の本文では、読者の理解を促進するためできる限り現代文に近づけることにした。もっとも漢字カタカナ交り文は原則としてすべて漢字ひらがな交り文に置き換えてある。

天野は、経済人つまり企業経営者たちが倫理にしたがい、産業の発展を考慮して行動することが大切だと考えていた。そして天野は、経済人たちが合理的行動をとりやすいように制度を整える、つまり、工業や貿易の進展を促進するために、度量衡や工業規格の諸制度を整え、通貨と国内金融制度を整えて国際金融市場と連結させること、さらに消費者や労働者を有害なものや行動から守るように産業を規制することが政府の仕事だと考えていた。天野は、道徳に配慮せずに利益だけを求めるような行動から供給されるものは、需要者によって選択されなくなる、と考えた。換言すれば、消費者や取引仲間から反撥をうけるような業者からは購入が差し控えられるようになるので、利益を上げ続けることは困難であると考えたのである。

視点を変えれば、天野は、政府による民間の経済活動・経済過程への介入（干渉）はできるだけ少ない方がよいと考えていた。もっとも彼は、当時、活発な商業経済活動を担える民間の人材が極端に不足していると認識しており、普通教育そして国際ビジネスを担える人材の育成が急務であると考えていた。経営者たちにこそ競争が必要であり、利益を出せない経営者はもちろん、利益だけを追求しようとする経営者も、より優秀な経営者にとって代わられるべきなのであった。これらは天野の経済思想の核心にあたるといってよい。

開港・開国、国際貿易のインパクトは大きかった。これらのインパクトは多くの研究者たちの想像をも越えて大きな変化と経済発展をもたらし、時間をかけて東アジア全体に拡散してゆく。天野のメッセージである「国際貿易をせずに経済を閉鎖したままでは、経済は発展しない」「経済を開放して国際貿易を推進すると、変化と経済発展をもたらす」は、二〇世紀後半には東アジアの共通認識になっていたといってよい。

天野為之伝　日本経済思想史学会に参加していると、江戸時代の日本では、地域ごとの経済的特性したがって経済思想的特性がちがっていることに気づかされる。天野が少年時代を過ごした北九州の唐津の特性はあまり広くは知られていなかったようである。それゆえ、第一章では、豊臣秀吉が活躍する頃からの歴史をたどることにした。天野と唐津の少年たちが、将来の日銀総裁、総理、蔵相になる高橋是清から英語を学び、高橋の背中を追って東京に出て活躍する機会を広げたことも注目される。天野の最初の著作『徴兵論』(一八八四)の意義と、彼の経済学の先駆性を理解するためにも、欠くことのできない章となったはずである。天野は第一回衆議院選挙に佐賀県から出馬して当選したので、天野の政治活動もこの章でとりあげる。

第二章では、天野が新設まもない東京大学において、アメリカ人アーネスト・F・フェノロサ(Ernest Francisco Fenollosa, 1853-1908)から経済学や政治学、西洋哲学史を英語で学んだことをみる。そのときの経済学教科書はイギリス人J・S・ミル(John Stuart Mill, 1806-1873)の『経済学原理』(*Principles of Political Economy*, 1848)であった。天野は一八八二(明治一五)年一〇月東大卒業後すぐに、東京専門学校(現早稲田大学)の創設に関与し、経済原論の講義などを日本語で行ってゆく。しばらくして天野は、座右の書となるジョン・ネヴィル・ケインズ(John Neville Keynes, 1852-1949)の『経済学の領域と方法』(*The Scope and Method of Political Economy*, 1891)にであってそれを翻訳した。ジョン・ネヴィル・ケインズは経済学者ジョン・メイナード・ケインズ(John Maynard Keynes, 1883-1946)の父である。天野自身による和訳は多くの日本人経済学者に読まれて、当時の欧米の最新の経済学と方法論の研究動向が伝えられることになったのである。

第三章では天野や彼の同世代人たちが英語で専門科目を学んだあとで、日本の伝統にも視線を注いだことをみる。天野の同世代人たちは、新しい日本で使えるものを過去から探して、二宮尊徳を見つけ出した。天野編『実業新読本』(一九一三)は、天野の知識と思考の結晶であるだけではなく、現在の普通教育にもその精髄が多く継承されているのではないかと感じられる。例えば、「科学と技術は絶えず進歩するものである」「科学と技術の進歩は、生産や生活を変えてゆくものである」という、新しい想定である。新しい世界では、この想定のもとで経済活動が繰り広げられ、国際貿易や投資が行われるようになったのである。天野の「富国への道の第一歩は外国貿易から始まる」という主張も、日本だけではなく東アジア諸国全体にあてはまることであろう。

第四章では、天野の『経済原論』（一八八六c）と、それが進化を遂げた版『経済学綱要』（一九〇二）をとりあげる。天野の『経済原論』は彼の経済学の要であり、第二次大戦後に複製版が出されるなど、歴史的にある程度注目されてきた。天野経済学の発展の成果である『経済学綱要』は同時代の人々には注目されていた。彼は二宮尊徳の思想を自身の経済学の枠組みに取り込んでいった。そして本書では天野経済学のうち、J・S・ミルとジョン・メイナード・ケインズのマクロ経済学に似ている部分にスポットライトをあてたい。高橋是清や石橋湛山は天野と交流があり、二人は「日本のケインズ」と呼ばれるようになるのである。

第五章では、天野流の自由経済思想がもっともよく表れた『商政標準』（一八八六d）を検討する。同書の背景、歴史的文脈を探求してゆくと、二つの出来事と重なる時期であったことに気づく。第一に、天野の唐津での英語の先生であった高橋是清が初代の商標登録所長と専売特許所長として活躍しようとしていた時期であった。第二に、利益がうまく上がらない、あるいは、従業員リーダーを育てるなどの役割を終えた官営事業が払い下げられようとしていた時期と重なっていることが浮かび上がってきたのである。天野流の自由放任策は、彼が「政府の失敗」を目の当たりにしていたときに構想されたのである。

第六章と第七章では、天野の『東洋経済新報』を通しての活躍をとりあげる。その手本はイギリスの経済誌『ロンドン・エコノミスト』(*The Economist* 一八四八年創刊)であった。天野は一八八九(明治二二)年に『日本理財雑誌』を刊行して、初の衆議院選挙に臨む準備をしたようだ。第二回総選挙で落選後、天野は町田忠治(1863-1946)が創刊した『東洋経済新報』に関わり、一八九七(明治三〇)年にその編集と経営を引き継ぐことになる。天野の租税論議は高い評価をうけ、外交と貿易に関しては「日本と清国の貿易を振興し、両国の経済力を強化して世界の経済競争に備えよう」という主張は斬新であった。勤倹貯蓄促進の提唱、経営の志ある人が融資されるような制度の整備、国際金本位制への移行にあたっての円平価案、日露戦争の戦費調達のための国債発行とその負担の分析、賭博場と化した取引所を改革するための監査制度の提案、どれも注目されるべきである。一九〇四年の早稲田大学商科設立の背景には、経済教育や実業教育(人材育成)の重要性が認識されたことが大きいであろう。

第八章では、天野為之についての論評や研究を、彼の人生を交えて展望することによって締めくくっている。天野については、彼の同世代人や彼より若い人が論評していただけではなく、歴史家たちも研究対象とし始めていた。ただ研究のほうは、史料不足と明治時代の日本語に阻まれてか、テーマを絞っての研究論文や書籍の一章に限られてきた。それでも、こうした先行研究のおかげで、筆者は天野の先駆性を確信して、いわば外堀を埋めていくような作業につなげて、明治期の経済学者の研究を進めてゆくことができたのである。

知的ネットワークのハブ

天野の有していた情報ネットワークは、早稲田大学商科の同僚教員たち、招聘講師たち、天野が講師として教鞭を執った大学の教員たち、天野の教え子たち、天野に講演を依頼した人々、『東洋経済新報』の編集部と寄稿者・取材対象者たちと、すこぶる広かったことが指摘される。こうした知的ネットワークが、論文や書籍、雑誌、新聞とともに、天野の知識と情報、そして彼の考察を支えていたことであろう。

明治期の知的ネットワークのハブにいたような天野の研究が遅れて、忘却されそうになっていたがゆえに、同時期の研究が進めにくかった可能性がある。そのため外国の日本研究者たちから、日本の社会科学が実態とは幾らか距離のあるイメージでとらえられた可能性が高いように感じられるのである。

日本で最初の経済学者

副題について説明しよう。天野為之は、「大学教育を受けたうえで、大学等で経済学科目を教え始めた最初の日本人」であり、明治時代にベストセラーとなる自著『経済原論』を出版し、常に新しい経済書と経済論文を和文と英文・英訳で読み続け、日本の経済問題をみつけては経済学を使って分析し解決を目指して、経済論議と経済学講義をアップデートしていたのである。それゆえ、「日本で最初の経済学者」と呼ばれる資格をもっている。ほかにも三人くらいの候補者があがるだろう。福澤諭吉、和田垣謙三（1860-1919）、田尻稲次郎（1850-1923）である。

福澤諭吉が「経済学者」と呼ばれる理由は、戊辰戦争のさなかの一八六八（明治元）年五月一五日、上野で官軍と彰義隊の戦闘が繰り広げられ、砲声殷々として江戸市中に響きわたる中、福澤が動ずることなくいつものように講述したテキストが、ウェーランド（Francis Wayland, 1796-1865）の『経済書』（*The Elements of Political Economy*, 1837）だったことがあまりにも印象的なのだと思われる。これは、学問研究の一日もゆるがせにできないことを塾生に示した、福澤の真摯で堅固な態度と情熱を印象づける鮮烈なエピソードである。道徳哲学者ウェーランドはアメリカのブラウン大学で上級生向けに講義していたポリティカル・エコノミーの内容を『エレメンツ・オブ・ポリティカル・エコノミー』（一八三七）と題して、小型の四六判、全四七二頁の書籍として出版していたのであった。同書はアメリカで南北戦争の頃によく読まれていた。福澤は自著ではなくウェーランドの本を講述していたので、より広範に影響力のあった啓蒙家であったと呼ぶことがふさわしいであろう。

田尻稲次郎は一八八一（明治一四）年から東京大学で嘱託講師として「財政学」を担当し始め、「日本人最初の経済学の教官」として、アメリカ人講師アーネスト・F・フェノロサの講義を補完することになった。北口由望の「明治初期のイェール大学日本人留学生（一）（二）」（二〇一四、二〇一八）によれば、田尻は一八七一年に渡米し、一八七四年からアメリカのイェール大学の哲学・文学部、大学院において、ラテン語・ギリシャ語、西洋古典や数学を勉強し、J・S・ミルの経済学への導入書とされるヘンリー・フォーセット（Henry Fawcett, 1833-1884）の『経済原論』（*Manual of Political Economy*, 1863）と、アメリカの財政史・財政論を学んできた。ただ入学にあたって田尻は漢籍の知識があることを理由に、ラテン語の試験を免除してもらったという。田尻は大蔵省（現財務省）本務で、後に同省の局長、次官、会計検査院長を歴任し、幣制と財政諸制度の整備・改革に尽力する。田尻は財政学者であり政策担当者であり、日本で最初の官庁エコノミストであった。彼は専修学校（専修大学の前身）や東京専門学校・早稲田大学でも講師を務め、のちに専修大学の創設に関わっている。

和田垣謙三は天野より一年先に東大でフェノロサから経済学を学んでいる。そもそも東京大学では設立に向けて、経済学を教えられる日本人を探しても見つけられず、西洋哲学や政治学の担当者に内定したフェノロサに、追加で経済学を教えるように依頼したのである。和田垣は東大卒業後、ヨーロッパで経済学等を学んで帰国してから、自由主義的な経済学よりも財政学研究に傾斜するようになった（三島 二〇〇二―〇四）。彼は一八八四（明治一七）年に東大で経済学を担当する最初の日本人専任教官となり、天野の租税論議を高く評価することになる。

それゆえ、天野為之は「日本で最初の経済学者」と呼ばれてよいと思われる。

天野は怒濤の時代を生き抜いた。各章ではわかりやすく説明できる事柄を先に書き、細部については後段に書いて、時間的順序に従っていない部分がある。二〇一九（令和元）年末に発生したコロナウイルスによる感染症パンデミックと闘いながらも、明治時代についての研究が進むことを祈って関連する情報を盛り込むように努力した。巻末の参考文献には関連定期刊行物一覧を含めた。明治期やそれ以前の経済思想研究がよりいっそう進むことを心から願っている。

研究発表と謝辞

口頭発表は、日本経済思想史学会、社会経済史学会、朝河貫一研究会、国際経済学協会（International Economic Association）世界大会、「日本現代史ワークショップ」（Modern History Japan Workshop）、国際二宮尊徳思想学会隔年大会、南開大学国際シンポジウム、石橋湛山研究学会、北京大学歴史学部大学院生向け講義で行ってきた。特に小室正紀氏、中村宗悦氏、見城悌治氏、上久保敏氏、山本長次氏、菊池壮蔵氏、西岡幹雄氏、大槻忠史氏、南森茂太氏、川口浩氏、松谷（冨田）有美子氏、矢吹晋氏、山内晴子氏、米田富太郎氏、リチャード・スメサースト氏、吉川洋氏、王新生氏、汪国彰氏は貴重なコメント、関連情報、激励をくださった。唐津市教育委員会の岩尾峯希氏と久敬社塾塾監の山﨑信也氏は唐津史に関する情報を、（公財）徳富蘇峰記念塩崎財団徳富蘇峰記念館の塩崎信彦氏は蘇峰関連情報を提供してくださった。長崎大学の武藤長蔵文庫では明治文献を渉猟し、米ハーバード大学の大学図書館とホートン図書館ではフェノロサおよび関連する文書を閲覧することができた。

早稲田大学関係者の協力なくして本書は書けなかった。大日方純夫氏、横山将義氏は草稿全体を読んでコメントをくださった。横山将義氏、故藤原洋二氏はいつも資料収集と事実確認に協力し、八重倉孝氏は「監査の歴史」についてご教示をくださった。山岡道男氏と篠原初枝氏にはアジア太平洋研究科の講義「近代日本とアジア、早稲田大学」において、天野為之について講義をする機会をいただいた。二〇二一（令和三）年度からは、グローバルエデュケーションセンターの講義「早稲田学」の一コマで「天野為之」を担当している。

二〇一五（平成二七）年には、当時早稲田実業学校所属の木下恵太氏（沿革史編纂室嘱託）と南川良典氏が、同校の資料閲覧と事実確認に協力してくださった。二〇二〇（令和二）年、新型コロナ禍、大学図書館利用者支援課の片田修氏は『イェール・レビュー』（*Yale Review*）の寄贈状況について、大学史資料センター（当時）の廣木尚（大正大学専任講師）氏は所蔵資料について、それぞれ調査してくださった。皆さんに心から感謝しなければならない。

歴史的写真の提供については、久敬社塾、日本フェノロサ学会、東洋経済新報社、早稲田実業学校、早稲田大学の歴史館と図書館に感謝する。唐津の写真については一般社団法人唐津観光協会のフォトライブラリー（https://www.karatsu-kankou.jp/libraries/）からダウンロードして利用させていただいた。東アジア白地図の利用を許可してくださった帝国書院に感謝する。

本書は二〇二〇年度特別研究期間（テーマ「東アジアの経済科学と政策形成についての歴史的研究」）および、二〇二一～二三年度科学研究費助成事業基盤研究費（C）（「日本の経済思想史の連続性とグローバル・ヒストリー」課題番号21K01608）の研究成果の一部である。本書につながる研究は、二〇一一年度早稲田大学商学部徳井研究振興基金を得て開始され、二〇一四～一七年度の特定課題助成金により継続してきた。

天野為之と交流した人物および同世代人

	John Stuart Mill (1806-1873)
小笠原長行 (1822-1891)	
中村正直 (1832-1891)	Charles Franklin Dunbar (1830-1900)
福澤諭吉 (1834-1901)	Léon Walras (1834-1910)
大隈重信 (1838-1922)	William Stanley Jevons (1835-1882)
渋沢栄一 (1840—1931)	Carl Menger (1840-1921)
	Alfred Marshall (1842-1924)
前田正名 (1850-1921)	James Laurence Laughlin (1850-1933)
田尻稲次郎 (1850-1923)	Knut Wicksell (1851-1926)
小野　梓 (1852-1886)	John Neville Keynes (1852-1949)
高橋是清 (1854-1936)	Ernest Francisco Fenollosa (1853-1908)
田口卯吉 (1855-1905)	
高田早苗 (1860-1938)	John Dewey (1859-1952)
和田垣謙三 (1860-1919)	
天野為之 (1861-1938)	
内村鑑三 (1861-1930)	
新渡戸稲造 (1862-1933)	
岡倉覚三 (天心, 1863-1913)	
町田忠治 (1863-1946)	
田中王堂 (1867-1932)	Irving Fisher (1867-1947)
山崎覚次郎 (1868-1945)	
福田徳三 (1874-1930)	朝河貫一 (1873-1948)
三浦銕太郎 (1874-1972)	
	Joseph A. Schumpeter (1883-1950)
石橋湛山 (1884-1973)	John Maynard Keynes (1883-1946)

注：太字は東京専門学校（現早稲田大学）の創設者。

天野為之——日本で最初の経済学者

目次

目　次

第七章　金融政策論と人材育成 …… 197

カバー写真：早稲田実業学校

第一章　天野為之と唐津

天野為之は、国際貿易は世界を変え、日本も変えると確信していた。天野の最初の著作は『徴兵論』（一八八四）であり、その意義を確実に理解するためには、唐津の地理と歴史をたどる必要がある。一方で唐津藩の歴史は西洋人と貿易を営み始めてしばらくした頃に始まり、唐津・名護屋は豊臣秀吉（1537-1598）の一五九五（文禄四）年からの半島・大陸への出兵基地となった。徳川幕府による鎖国時代には、長崎警固を任されていた福岡藩と佐賀藩などとともに、唐津藩は長崎監務（かんむ）という他藩にはない任務につき、外国人と接触する機会をもっていた。幕末には佐幕・開国派の老中小笠原長行（ながみち）（1822-1891）を輩出し、維新後に高橋是清が英語教師として唐津に赴任し、その後小笠原長行により旧江戸屋敷に唐津出身者の交流のための久敬社が設けられた。他方で、唐津藩の政策史と学問史は江戸時代の幕藩体制の縮図のような特徴をあわせもっていた。

1　藩邸詰め漢方医の子息

天野為之の生誕日には二説あり、現在では一八六一年二月六日（万延元年一二月二七日）であったというのが定説であるが、天野本人は生年を一八五九（安政六）年で通したのであった（木下 二〇一二）。彼は唐津小笠原家の江戸藩邸詰の藩医（漢方医）天野松庵と妻鏡子の長男として生まれた。浅川榮次郎と西田長壽の『天野為之』（一九五〇）によれば、父松庵は唐津藩主・小笠原長昌（1796-1823）の長男の小笠原長行付き医師でもあった。小笠原長行は後に唐津藩の世子（世継ぎ）となって、徳川幕府の老中職外国御用掛にも就き、幕末に外国人たちとの交渉に臨んでいくのであった。

漢方医の子息

江戸時代の医者たちといえば、文人・儒者とともに、士農工商の四階級区分からはみ出た存在であった。そしてB・グラムリッヒ－岡の「藩医と将軍による政策」（二〇一〇）によって明らかにされたように、江戸城内に勤務する医師工藤平助（1734-1800）ら医師たちや文人たちは独自の知的情報ネットワークを展開しており、経済改革と外国貿易に対する関心を共有していたのである。見方を変えれば、医者たちは、長崎の出島での交易から手に入る薬剤や医学書に注目しており、制限されていたとはいえ貿易利益の享受者であった。それゆえ、彼らは開国に大きな関心をよせていたのである。

唐津行き

一八六七（慶応三）年一〇月一四日に徳川慶喜（1837–1913）が大政を奉還し、一二月に王政復古の大号令が発せられた。翌年には鳥羽伏見の戦に続き、慶喜征伐の令が発せられて、徳川幕府の時代が終わってゆく。小笠原長行（明山）はといえば、老中職を免ぜられ、官位を剝奪されてしばらく行方不明になっていた。実際のことをいえば、旧老中の小笠原長行は大政奉還後も旧幕府を支持して、唐津の藩士たち（お伴の者たち）とともに、小笠原家が唐津に入封する前の領地陸奥・棚倉（現福島県）に行き、会津藩・新撰組などと合流して奥羽越列藩同盟を形成し、そして箱館まで遠征していたのであった。旧幕府軍が箱館で敗北する前に、長行はアメリカ船で箱館から江戸に戻ってしばらく潜伏した後、外国からの（嘘の）帰国届を提出して受理された。小笠原長行が生麦事件の処理を担当して以来、イギリス公使館通訳アーネスト・サトウ（Ernest Mason Satow, 1843–1929）と何度か会っていたことは特筆に値するので、本章ではサトウの視点から書かれた『一外交官の見た明治維新』（*A Diplomat in Japan*, 1921）にも注目する。

江戸時代から明治時代への幕末維新の動乱のさなか、天野一家は一時的に千葉に身を寄せることになった。父松庵が一八六八（明治元）年六月八日に病により没した。その後、母鏡子は、為之と弟喜之助を連れて、藩地に「帰る」ことを決意し、横浜から海路をとり唐津に向かったのである。

鎖国時代、長崎の出島は江戸幕府直轄でオランダと合法的な対外関係が築かれた唯一の地であり、「西欧文化の門戸」であった。そして佐賀藩や福岡藩は長崎警固を任務にし、唐津藩は長崎監務や九州の外様大名の監視役を担当していた。これら諸藩は鎖国時代にも西洋文明に接する機会に恵まれていたのだが、唐津藩は維新に際して世子が徳川将軍側についたままであったため大きな打撃を受けて出遅れることになった。最後の藩主小笠原長国（1824-1877）は維新後にようやく危機感をもって藩政改革に取り組んだのである。そして国運の発展を期すための企画として浮上したのが、英語学校の設立であった。

高橋是清の英語教育

一八七〇（明治三）年頃、担当教師として、東京・新橋あたりに無職でいた高橋是清に白羽の矢が立てられた。彼は後に初代商標登録所長、初代専売特許所長、日本銀行総裁、首相、大蔵大臣になる人物である。

高橋は江戸生まれで仙台藩の足軽の養子になっていた。彼は一一歳のとき横浜で、アメリカ出身の医師ジェームス・カーティス・ヘボン（James Curtis Hepburn, 1815-1911）と夫人のクララ・ヘボン（Clarissa Maria Leete Hepburn, 1818-1906）が運営するヘボン塾や、イギリス出身の銀行家アレキサンダー・アラン・シャンド（Alexander Allan Shand, 1844-1930）に接して英語を学び始めていた。高橋は一八六七年七月に仙台藩からアメリカに派遣され、騙されてオークランドで奴隷労働をする羽目に陥るも窮地を脱し、英語の勉強は続けていた。そこに大政奉還・明治維新の報が入ってくるに至り、決意して一八六八年一二月に帰国したのであった。高橋は一八六九年一月に東京の大学南校に入学したものの、三月からは立場をかえて教官となって英語を教えることになった。『東京帝国大学五十年史』（一九三二上、三四九頁）に、高橋自身が質の悪い英語教官がいることを嘆いて報告したことが記されている。ところがその翌年、高橋は辞して無職となっていたのである。

教育制度の移行期に育った世代では、高橋と同様に正式な学校教育を受けていない人々が多い。しかし高橋は幸運であった。アメリカ人歴史家リチャード・スメサーストの伝記『高橋是清』（二〇〇七）によれば、薩摩藩出身で外交官となっていた森有礼（1847-1889）の計らいにより一八六九年中頃から、重要な御雇外国人であったグイド・フルベッキ（Guido Herman Friedolin Verbeck, 1830-1898）の家に書生として居候することになったのである。高橋はフルベッキから、歴史や聖書の個人講義を受けて西洋人と向き合えるだけの教養と知識を育むことができた。そしてそこへ唐津行きの声がかかり、高橋としても心機一転、若者たちに英語を教える仕事を引き受けようと決心したのであった。

高橋は一八七一〜七二年頃の二年弱にわたって、攘夷志向の唐津で、若き俊英たち（一三〜一四歳）に英語を教授した。彼は唐津の耐恒寮（たいこう）でも、かつての大学南校においてと同様に、日本語はなるべく使わないようにして、一切を英語で教えることにした。そして、唐津港に外国船が石炭を積みに来たとき、船長に申し入れて、天野を含む生徒一四〜一五名に外国人との会話を体験させたこともあった。まもなく、習った生徒が教えるクラスも始まり、二年目には、生徒数は五〇人から二五〇人に増えた。

高橋は『高橋是清自伝』（一九三六）で、「当時の始めからの生徒で、今世の中に知られて生存しているのは、天野為之博士、曽根達蔵博士、今唐津にいる工学士の吉原礼助君、裁判官の掛下重次郎君、銀行家の大島小太郎君らで、その他故人となった者には、化学者の渡辺栄次郎君、工学博士の辰野金吾君、西脇、山中、鈴木の諸君がある」（上、一一〇頁）と、当時の生徒たちの最初に天野を挙げ、かつ東京で学ぶことを勧めているので、天野に強い印象をもったとみえる。

写真1-1　晩年の小笠原長行

出典：「久敬社のあゆみ」久敬社塾ウェブサイト。

維新期の唐津

周囲が漢籍を読んでいたので、高橋も漢文で『日本外史』と『国史略』を読んだ（著者はそれぞれ頼山陽と岩垣松苗であろう）。天野為之も漢籍をかなり読んでいたことであろう。彼が入学する東京大学文学部では、漢文学・漢文作文が課せられることになる。高橋に戻れば、彼は一八七二年の正月に近隣の島（呼子の小川島と思われる）に出向き、鯨の到来を待つこと数日ののち、はたして勇壮な捕鯨を見物して楽しむことができた。子鯨につづき親鯨が獲れたのを見て、高橋がその祝いに酒樽を贈ったところ、はたして夜になっていろいろな部位の鯨肉が送られてきた。新鮮な鯨肉はいつも食する鯨肉とはまるで味が違って美味であった、と『高橋是清自伝』の中で語られている。

佐賀市と唐津市はいずれも現在では佐賀県に属するが、面する海はちがっている。唐津からは玄界灘を越えると韓半島やロシアが意識されるのに対して、佐賀からは長崎と有明海を越えると東シナ海が広がり中国大陸が意識されるのである。唐津・佐賀などに跨って天山（標高一〇四六メートル）があり、両地に住む人々にとって、見つめる海とその向こうに対する意識に相違を生じさせるようだ。この時期、佐賀藩出身で東京専門学校（現早稲田大学）を創設する大隈重信（1838-1922）と、天野為之が出会う機会はまだなかった。

再び東京へ

一八六九（明治二）年六月一七日、諸藩は版籍を奉還し、旧藩主は藩知事となった。一八七一年七月には廃藩置県が実施され、県などの数は藩の数の五分の一ほどに減らされて、日本の統治構造が大きく変わることになった。藩知事だった小笠原長国はその職を失い、東京に転出することになった。高橋是清も英語教師のスポンサーがいなくなったので東京に戻った。すると、高橋が教えた唐津の生徒たちは高橋の背中を追うように東京に出ていったのであった。高橋の唐津滞在は一年余りであったが、彼が唐津の人々にとって極めて重要な存在となったことが『唐津市史』（一九六二）や唐津市の郷土史誌『末盧国』から読み取ることができる。

一八七八年には、旧藩主小笠原家の当主となっていた長行（写真1-1）の屋敷の一室を借りて毎月一回の茶話会が催されるようになった。茶話会は、「久敬社」と名づけられた。

天野為之は一八七三年に東京に出て、一八七五年に開成学校に、一八七七年に東京大学予備門に入った。天野は一八七八年に東京大学の学部に進んだ。天野は一八八二年七月に、東京大学文学部政治理財科を卒業して文学士となり、東京専門学校の創立に与り維持員兼講師となって、『経済原論』（一八八六c）になる内容の講義を始めるのであった。天野の経済思想形成と、彼の最初の著作『徴兵論』の意義を理解するためには、唐津の地政学的位置とその歴史を見なければならないのである。

2 太閤秀吉と肥前名護屋

唐津探訪

北九州沿岸の唐津（図表1-1参照）は海上交通の便利がよく、海（玄界灘）を越えて大陸・半島の人々の往来があり、稲作は日本で最初にこの地に伝えられた。東松浦半島と糸島半島の間に唐津湾を擁し、岩々をたくわえた海岸線、碧い海、季節の木々や花々が彩をそえ、風光明媚である。海と山の幸に恵まれ、強風と荒波、森で覆われた丘陵をうまく使えば、自然が外敵からの防御を助けてくれた。

平安時代中期、松浦（まつら）党と称する武士団が、現在の佐賀県・長崎県（平戸・対馬）にまたがる地域で活動を始めていた。源久（みなもとのひさし）（1064-1148）が松浦党の始祖とされ、一〇六九（延久元）年に、御厨検校（みくりやけんぎょう）および検非違使として今福（現在の松浦（まつうら）市）に上陸して加治屋城を築き、松浦氏を名乗って土着したとされる。松浦党や近隣地域の人々は、玄海灘から東シナ海まで自由に航行できる船を建造しそれを操る技能を有していた。

一六世紀半ば、布教に熱心なカトリックのポルトガル人、スペイン人に続いて、新教のオランダ人、イギリス人が到来して貿易が進んだ。ポルトガルの宣教師たちは日本人の知的好奇心を刺激し、布教のために貿易商から受ける寄贈に加えて、貿易に手を染めた。そして彼らは貿易の条件としてキリスト教徒になることを求めたので、彼らにとっては貿易と宗教が密接に結びついていたのである。それ

図表1-1　韓半島～唐津～日本列島の地図

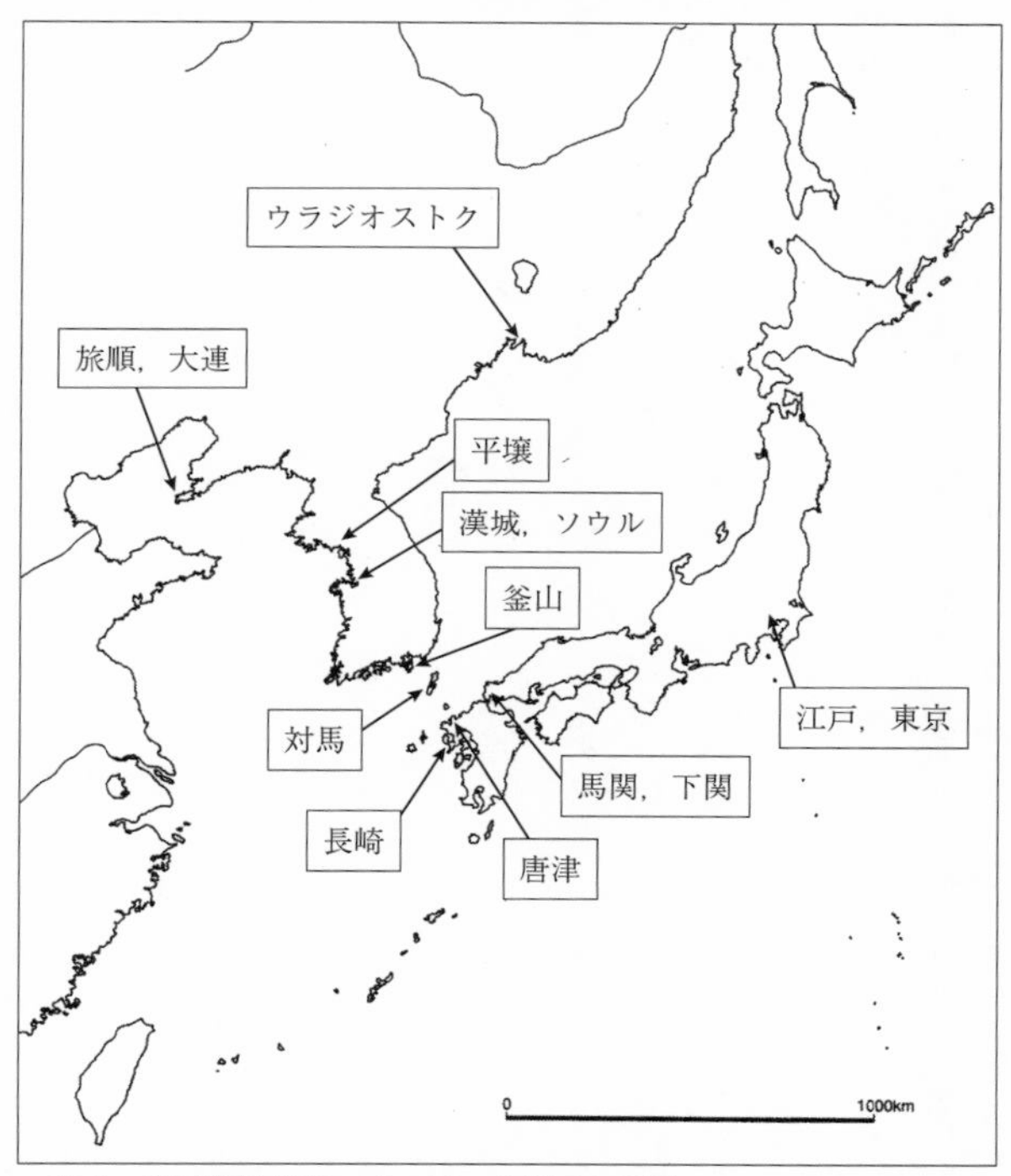

出典：帝国書院提供の東アジア白地図を利用。

に対して、オランダ人とイギリス人は貿易と布教を切り離しており、日本での禁教後、この両者の間ではオランダ人が競争に勝ち東アジアの貿易を独占するに至ってゆく。

前後するが、宣教師たちは大名たちに熱心に布教した。ただその後、彼らは神社仏閣への付け火を教唆したので、攻撃的な宗教対立の種を撒いたことも事実である。一方で、大名たちは戦国の世を反映して武器を所望した。一五七〇（元亀元）

年と一五八〇（天正八）年に、大村純忠（1533-1587）は貿易にひかれて、長崎と茂木を教会に献上した。両地での水深測量などのうえ、長崎に港町が造営されることになった。そして領内の神社仏閣が焼かれた。この出来事に及んで、一五八一（天正九）年、豊臣秀吉は長崎から神父ガスパール・コエリョ（Gaspar Coelho, 1530-1590）を呼び出して、その理由等を詰問したのであった。他方で、キリシタン大名の家臣が南方に出かけ貿易を始めようとすると、西洋人貿易商たちと競合し、争いになったのである。

豊臣秀吉は禁教に踏み出したものの、貿易振興策は維持しようとしたため、禁教は徹底されることなく推移してゆく。当時、「倭寇」と呼ばれる海賊が出没して海岸の村々を襲っていた。それに対しては、秀吉が「海賊禁止令」（一五八八年）を発布し、海賊になる人が一人も領地から出ないように、それが徹底されて、海賊は姿を消していったのであった。

豊臣秀吉の夢と野望

唐津の人々と大陸・半島の人々との交流は一時期途絶えたことがあった。秀吉が北九州を平定し、韓半島への出兵を決めたときである。福岡の人々が元寇防塁を復元して一二七四（文永一一）年と一二八一（弘安四）年の元寇を記憶にとどめ続けるように、唐津の人々は秀吉の半島出兵を語り続けている。秀吉は、松浦半島の北端（現在の唐津市北西部・鎮西町）に拠点となる肥前名護屋城を築かせた。名護屋城は、松浦党の名護屋氏の居城であった垣添城を土台にして、一五九一（天正一九）年一〇月に、黒田長政（1568-1623）、小西行長（1558-1600）、加藤清正（1562-1614）たち九州の諸大名によって築城が開始された。設計は黒田孝高（官兵衛、1546-1604）、面積は約一七ヘクタールで、当時としては大坂城に次ぐ壮大さであった。唐津と名護屋（鎮西町）を結ぶ名護屋街道（名護屋往還）も整備され、「太閤道」と呼ばれるようになった。首都機能が大坂から一時的に移転された名護屋城はたいそう賑わっていた。

文禄・慶長の役

一五九二（文禄元）年、秀吉は遠征軍を肥前名護屋に集結させた。その数、出征軍約二〇万、内地予備軍約一〇万にのぼり、『唐津市史』によれば、内訳は図表1-2のとおりであった。

図表1-2　太閤秀吉の遠征軍（名護屋）

第1軍	18,700	小西摂津守行長
第2軍	20,800	加藤主計頭清正
第3軍	12,000	黒田甲斐守長政
第4軍	14,000	島津薩摩守義弘
第5軍	24,600	福島右衛門大夫正則
第6軍	45,700	毛利安芸守輝元
第7軍	19,200	宇喜多宰相秀家
第8軍	15,550	浅野左京大夫幸長
第9軍	25,470	岐阜少将羽柴秀勝
海　軍	9,450	九鬼大隅守嘉隆
	205,470	
予備軍36隊	73,620	徳川家康
親衛隊	28,795	冨田左近将監

出典：『唐津市史』470頁。

四月一二日、第一軍が対馬を発して釜山浦に着いた。「仮道入明」（明への通過許可）を要求したが、無回答だったため、翌日戦端が開き、第二軍以下も上陸した。波多三河守は第二軍に属し、鍋島直茂（1538-1618）の旗下として二千名の部下を連れて出陣した。五月二日、加藤清正と小西行長らが漢城（現ソウル）を占領した。両氏は分かれてさらに進み、小西は平壌を陥れた。しかし翌年、明の軍に平壌を奪われたものの、漢城は守りとおして、明との間で交渉が始められた。交渉は長引いて決裂し、一五九七（慶長二）年、慶長の役につながった。

秀吉の名護屋滞在は二度で、延べ一年三ヶ月ほどであったとされる。秀吉は主に城内の山里丸で過ごし、半島出兵の陣頭指揮を執る一方で、国内政治に指示を出し、茶会や能会も催していた。秀吉は名護屋滞在中に、平戸に来ていたスペインのフィリピン長官使節（宣教師）と会い、世界への関心を高めた。

一五九八（慶長三）年に、秀吉が没し、大名たちが撤収して戦役が終わるまでの七年間、名護屋・唐津はたいそう賑わっていた。こうした賑わいぶりは、現在に至るまでこの地域の人々によって語り継がれている。また半島から連れて来られた人たちの中にいた陶工が九州各地に窯を新たに開き、約半世紀後に磁器の生産が伸びてゆく。「唐津焼」も知られるようになり、輸出が可能になってゆく。おそらく新しい産業・事業を興すときには専門家を招くと効果が高いことも学ばれたことであろう。

上松浦党を率いてきた松浦藩主の波多三河守親（ちかし）は、岸岳（きしだけ）に築いた山城を居城として地盤を築いていた。波多三河守は半島出兵で半数以上の兵を失うほど積極的に関わったのであるが、生前の秀吉によって戦果が少なかったとして、お家取り潰しとなっている。鬼ヶ城主草野鎮永（しずなが）（生没年不詳）も秀吉に所領を没収されて滅びてゆくのであった。

秀吉の寵臣から譜代大名へ

一五九二（文禄元）年、秀吉は長崎を直轄領（天領）として、本博多町に奉行所をおき、寺沢志摩守（てらさわしまのかみ）広高（1563-1633、尾張出身）を奉行に任命した。寺沢広高は有力家臣を派遣することによって貿易を管理させていた。秀吉没後、主を戦禍で失っていた名護屋城は寺沢広高に与えられ、寺沢氏が上松浦一帯を領有することになる。寺沢広高はさらに筑前怡土郡まで領地を広げてゆく。

しかし、寺沢広高は天下分け目の関ヶ原の戦いで、一転して徳川方についた。当時、裏切りは珍しいことではなかった。そして寺沢広高は戦功を立てて、飛び地になる肥後天草郡（現熊本県）も領地とし、四万石を加えて、計一二万三千石の大名となった。この天草獲得が寺沢家の運命を変えることになる。次節でみるように、島原・天草の乱が元になり、寺沢家は二代で途絶え、唐津は転封により交代する譜代大名によって統治されてゆくのである。

3　寺沢家の殖産興業と肥後天草

徳川幕府の成立

徳川家康（1542-1616）は一五九〇（天正一八）年に関八州に封じられて江戸城に入っており、豊臣秀吉亡き後は、伏見城において執政にたずさわっていた。一六〇〇（慶長五）年の関ヶ原の戦いで家康は石田三成（1560-1600）たちを破り、一六〇三（慶長八）年に征夷大将軍に任命されて江戸幕府を開いた。家康は長崎奉行について、一六〇三年に寺沢広高に代えて小笠原一庵為宗（生没年不詳）を起用した。それにより、幕府が長崎貿易を直接管理する体制が整えられていくのであった。

韓半島出兵で協力した対馬の宗氏は、関ヶ原の戦いで石田側についた。徳川家康は、そのことを陳

写真１－２　唐津城，松浦川，唐津湾

出典：一般社団法人唐津観光協会。

謝した宗氏に対馬の領地を安堵し、朝鮮との国交を回復させ貿易を再開するように命じていた。田代和生らの研究によれば、宗氏は捕虜の送還などの戦後処理にたずさわり、貿易再開のために、国書を偽造して李氏朝鮮と徳川幕府の間をとりもってゆくのであった。

一六〇九（慶長一四）年、大船召上げ令が実施された。これは西国大名による兵力輸送を防止することを狙った措置であったが、彼らが貿易目的で遠洋航海に出ることを困難にし、朱印船貿易も断念することになってゆく。一六三六（寛永一三）年の鎖国令が出されて、キリシタンの数は急減してゆく。しかし後述のように一六三七（寛永一四）年からその翌年にかけて島原・天草の乱が勃発し、その数ヶ月の間、事態が反転する。

一六四一年六月（寛永一八年五月）、オランダ人たちは幕命により、平戸から長崎に移り、同年九月には、医薬・航海・天文関係以外の洋書の輸入が禁じられた。

治水と防風

寺沢志摩守広高は唐津では、旧主波多氏の家臣団を含む旧武士を庄屋または郷足軽としてとりたてる融和策をとり、「元和の検地」を完成して、知行制度と身分制度を確立した。寺沢広高は唐津では統治を安定させ、積極的な公共事業を展開させてゆく。広高は一六〇二（慶長七）年から七年をかけ、名護屋城を移転するようにして唐津湾沿いに唐津城を築いて、城下町を整えてゆく。広高は築城に際し、松浦川、波多川（徳須恵川）、神田川（町田川）の流れを変える大掛かりな治水工事を実施して、河口と唐津湾が唐津城の外堀機能を担えるようにした（写真1-2）。川の流れを変える治水工事は江戸時代の典型的公共事業の一つで、後年、天野為之は政府の役割の中に含めている。秀吉による朝鮮出兵とその準備のあいだに、唐津の財政は潤沢になっていたようだ。

松浦川の改修工事のおかげで、大雨のたびに氾濫していた土地が洪水から救われた。そのおかげで、城下町がより広げられ、新田開発が推奨できるようにまでなっていたのである。

寺沢広高は強い潮風から農作物を守るために、クロマツの植林事業も敢行した。唐津城の東の外町から松浦川を渡った先に、クロマツを幅四百から七百メートル、長さ四・五キロメートルにわたって、唐津湾にそって植えたのである。虹の松原と呼ばれるようになり、現在では密林のごとく茂っていて、上空写真を眺めると筆でゆるやかな弧を描いたように見える。防風林造営も江戸時代の典型的公共事業であった。

城内と、町人町である内町が塀で囲まれ、北側には唐津湾が位置し、出入りの木戸は三ヶ所に限られた。東に札の辻、西に名護屋口、南に町田口が設けられた。内町では東西方向と南北方向に道が敷かれ、新町、八百屋町、米屋町、呉服町、中町、本町、木綿町、紺屋町、横町（後の京町）、刀町などがおかれた。札の辻橋を渡った東の外町には材木町、汐屋町、魚屋町、大石町、水主町などがあり、名護屋口を出た西側には寺町、弓町、のぼり町、鉄砲町（後の江川町）があった。『唐津探訪』（二〇一二）によれば、その町割りと町名は現在、四百年前とほとんど変わっていない。

要塞としての城下町

『唐津市史』によれば、水野時代にあたる文化（一八〇四〜一八）年中の城下町の人口や職業とその数が、松浦拾風土記等に記録されている。唐津一七町には、男一五四七人、女一四二二人、総数二九六九人が住んでいた。

民間職業は次のとおりとなっている。

酒屋二四軒、糀屋二一軒、豆腐屋一五軒、呉服屋五軒、紺屋一六軒、肴屋八六軒、薬屋五軒、質屋一〇軒、馬士二〇軒、寺三六軒、日雇頭一軒、山伏六院、医者一軒。

唐津のような規模の街としては、寺の三六軒は多いとされた。

御用商、職人は次のとおりである。

船問屋一二軒、八百屋一軒、米問屋三軒、材木屋一軒、鍛冶一軒、御使者屋守一軒、大工棟梁二軒、木挽棟梁二軒、砂官一軒、畳師一軒、桶師兼屋根師一軒、瓦葺二軒、鍛冶棟梁一軒。

そして、『唐津市史』（四七九頁）によれば、水野・小笠原の時代の農民人口は六万人前後であったと伝えられている。農民たちは少なくとも他藩と同程度に、「生かさぬよう殺さぬよう」、いわゆる生存水準の生活を強いられていた。唐津藩では農業を基本としつつも、漁業が盛んで、鯣（するめ）、干鰯、いりこ（干なまこ）、干鮑の商品価値が高かったとされる。

古式捕鯨と手漉き製紙

室町時代末期に尾張（愛知県）や紀州（和歌山県）で組織的な近海捕鯨が起こったとされる。唐津では、一六一五～一六（元和元～二）年頃、寺沢広高が紀州から漁夫を雇い入れ、波多氏の旧臣中尾氏が小川島を拠点に突取法の鯨組を組織したのであった。一方で、寺沢家の家臣畳屋氏も鯨組を組織して繁栄していたようである。しかしながら、畳屋氏は主家没落後、平戸・生月（いきつき）島に移ってゆく。そして氏は平戸藩主に益冨（ますとみ）の名を贈られて「日本一」といわれるほどの捕鯨の実力を西海で誇ることになってゆく。日本では、仏教が一部の食肉を禁じていたことから、海で捕れる鯨の肉は貴重な蛋白源とみなされていた。陸上の動物の肉を食す習慣は、開国後の外国人居留地から広がることになる。

広高は唐津では殖産事業にはば広く手を染めたようで、手漉き和紙の製造も農家の副業として推奨したのであった。和紙づくりは後の水野時代に隆盛になってゆく。

唐津城主は寺沢広高から二代の寺沢兵庫守堅高（1609-1647）に引き継がれた。天草については、唐津とは対照的な酷い統治がそのまま引き継がれたようだ。

島原・天草の乱

一六三七〜三八（寛永一四〜一五）年、島原と天草の二万数千人の農民、牢人たち（有馬家の旧臣など）が、天草四郎をかつぎ上げて一揆を起こしたのである。蜂起した一揆衆が立て籠もった原城の発掘や、関連する調査が二〇世紀末から一挙に進展し、宗教対立の機微が改めて注目されるようになっている。それでも、辻達也の『江戸開府』（二〇〇五）や司馬遼太郎の『島原・天草の諸道』（二〇〇八）で述べられたように、次の二つの原因は挙げておくべきであろう。第一に、島原と天草の石高が、水増しされて四万二千石と四万石と定められ、重税につながっていた。一六五九（万治二）年、幕府の直轄領になった後の検地に基づいて島原の石高は二万一千石に半減される。天草も同程度であったと推測されている。第二に、一六三四（寛永一一）年から悪天候で不作が続いていたにもかかわらず、年貢の取立ては厳しかった。そのままでは大勢が年貢を払えないまま牢屋で絶命すると予想されており、「死ぬくらいなら」と覚悟して決起したのであった。

島原は有馬晴信（1567-1612）、天草は小西行長というキリシタン大名の旧領で、幕府の禁教政策でキリシタンの数は急減していた。ただ信徒に対して行っていた責苦が、年貢を納められない領民に対して行われるようになっていた。石井進・服部英雄編集『原城発掘——西海の王土から殉教の舞台へ』（二〇〇〇）、五野井隆史の『島原の乱とキリシタン』（二〇一四）、神田千里の『島原の乱』（二〇一八）で注目されたように、苦境の中で元信徒の「立ち帰り」が起こり、改めての強気の布教と、非改宗者に対する攻撃が始まったのであった。天草では仏閣を建立するなどの対策が行われていたのだが、年貢を払えない領民が海に投げ込まれるなど過酷な刑が科されていた。

蜂起した一揆衆は、島原城・富岡城（天草）を落とすことができず、島原で使われなくなって放置されていた原城に立て籠もった。老中松平信綱（1596-1662）が九州諸大名一二万七千人から一三万七千人を指揮して、三ヶ月後に原城を攻略し平定したのであった。反徒は内通者一人を除いて全員処刑されたともいわれていたが、二一世紀初頭の大掛かりな発掘調査により城の内外での出入りがあるなど事態はより複雑なことがわかってきている。そして幕府は海禁・禁教を徹底してゆく一方で、長崎・島原のキリシタンたちは信仰を守って静かに潜伏してゆくのであった。

寺沢兵庫守堅高は領内で起こった乱の責任を問われて天草四万石を没収された。一六四七（正保四）年、堅高が江戸藩邸で自害すると継嗣無しとして寺沢家は断絶、領地は一時天領となった。『唐津市史』によれば、大名の末期養子（まつごようし）が許可されて嗣子がなくとも取り潰されなくなるのは、一六五一（慶安四）年以降のことである。名護屋城跡に残っていた城壁は、島原・天草の乱の後、反徒がこの城壁を利用することを恐れ、主要な石垣まで壊されることになった。

堀出一郎の『鈴木正三』（一九九九）によれば、天草には、乱平定のために松平信綱に従った鈴木重成（1587-1653、徳川家康の家臣）が代官として派遣された。しかし重成は、幕府の命令どおりの重税を生き残った領民に課すことができず、板挟みになって自刃した。そこでようやく幕府は大幅減税に応じたのである。重成の養子の重辰（しげとき）が天草の二代目代官を継ぎ、実父で出家していた鈴木正三（しょうさん）（1579-

図表1－3　唐津藩歴代藩主

寺沢家　1598（慶長３）年～
　12万３千石 → ８万３千石
大久保家　1647（正保４）年～
　８万３千石
松平家　1678（延宝６）年～
　７万石（怡土郡１万３千石上知）
土井家　1691（元禄４）年～
　７万石
水野家　1762（宝暦12）年～
　６万石（藩領10ヶ村１万石上知）
小笠原家　1817（文化14）年～
　６万石（藩領43ヶ村１万石上知のうえ）

1655）の協力を得て、天草の復興に大きく貢献したのであった。天草には正三たち鈴木家を祀る鈴木神社が建てられている。

長崎監務と外様大名の監視

唐津では、寺沢家が二代で絶えた後、譜代大名による転封が続いた（図表1－3）。徳川幕府は、唐津藩を長崎監務や九州の外様大名の監視役として位置づけていた。唐津藩の譜代大名たちは特徴のある藩政をわかりやすく実施し、唐津城主の任の後はそれぞれ出世してゆくことになった。

寺沢家没落後、大久保忠職（1604-1670）が一六四七年に明石から入封した。大久保家は忠職、忠朝（1632-1712）の二代で三〇年在封した。この時代に、従来の地方知行を廃して蔵米知行（俸禄制）として支配を強化した。さらに、庄屋が各村を転勤して回るという転村庄屋の制度をつくり、転封大名が庄屋を官僚の末端機構にすえるきっかけとなり、これについては幕末まで続いた。

唐津を代表する秋祭り「唐津くんち」は、寛文年間（一六六一～七三）に神事である神幸として始まった。長崎、博多でも「くんち」と呼ばれる秋祭りが、神事として実施されてゆく。「唐津くんち」は後の一八一九（文政二）年に、本体を大きくして台車に載せて「曳山」の形をとるようになる。

一六七八（延宝六）年、大久保忠朝が下総の佐倉に移封し、同地から松平乗久（1633-1686）が入封した。その際、怡土郡一万三千石が幕府に上知され、松平家の領地は七万石となった。松平家は乗久、乗春（1654-1690）、乗邑（1686-1746）の三代で一四年間在封した。

松平家は一六九一（元禄四）年、志摩の鳥羽に移封し、同地から土井利益（1650-1713）が入封した。

4　長崎監務と天野の徴兵論

土井家の時代

土井家は一六九一（元禄四）年以降、利益、利実（1690-1736）、利延（1723-1744）、利里（1722-1777）の四代で七二年間在封した。土井家の時代は、文治政治の風潮が強く、藩校盈科堂が設置される一方、代官を辞した吉武法命（1685-1759）が始めた民間塾教育が盛んになった。盈科堂は土井家の転封先に移転することになるものの、民間塾は継続し、唐津に学問や教育に熱意をもって向き合う伝統が現在に至るまで根づくことになった。

吉武法命の教育方法はモダンであった。『唐津市史』によれば、講書、輪読、討論、学論（数名の講師が討論するのを塾生に聴かせ、討論が終わってからその是非を塾生に述べさせる方法）により学的攻究心と批判力を養い、そして学び得たものを実践させることからなりたっていた。そのため、代官時代からの縁故である庄屋や豪家に塾を建てるように依頼したのであった。

法命は四〇年間塾を続け、その教育の内容は多岐にわたり、生涯をかけて奥東江流の学問を教授しようとしていた。奥東江（1640-1704）は実学派の人で、中江藤樹（1608-1648）の学徳を慕い、儒学医を含め、多くの師について学び、朱子学派というよりは陽明学派に近かったとされる。土井利益が鳥羽にいたときに東江を迎え、入封先の唐津に伴わせたのであった。『唐津市史』は「郡奉行や長崎勤番などの役職を仰せつかり、彼の学を実際政治の上に行ったので、領民の悦服と尊敬とを一心に集めた」（七三一頁）と記している。奥東江や吉武法命は「学理と実際」を一致させていたとはいえ、この学徳は時を超えて天野為之には伝わったのかもしれない。

しかし奥は賄賂禁止を提案して受け入れられなかったのを機に、唐津を離れて老母の病を診に行った。母を看病してその死を送り、唐津に戻ろうとするものの本人も病に倒れて帰らぬ人となるのであった。

唐津の産業

土井家の頃に、唐津焼が知られるようになって、商人が経済力を持ち始めた。『佐賀県の歴史』（二〇一八）によれば、窯は室町時代には岸岳（きしだけ）城一帯に、寺沢家時代には椎の峯（伊万里市）にあったが、一七〇七（宝永四）年に城下の坊主町に、一七三四（享保一九）年には唐人町に移ったとされる。一方で、唐津焼は素朴な雅趣をそなえて、茶人のあいだで愛好されるようになってゆく。他方で、室町期の陶器が古唐津や絵唐津と呼ばれて知られてゆく。また、京焼風に変化しながら、古唐津風の伝統手法も継承されてゆくのであった。

炭田は、享保年間（一七一六〜三六）に発見された。松浦川・厳木（きゅうらぎ）川流域の地下に、豊かな炭田が広がっており、開発が進んだとされる。

鯨組の中尾氏は呼子に屋敷をかまえ、港から五キロメートルほど離れた小川島に捕鯨の拠点をおき、三代目の頃に最盛期を迎えている。鯨の捕り方が宝暦年間（一七五一〜六四）に、突取法から網取法に変わってゆく。新しい方法では、網を掛けて鯨の泳ぎを抑えてから突取を行っており、日本独特とされている。西海では、年末頃からの捕鯨開始にむけて、夏頃から船の修理と新造、網、銛（もり）、剣、包丁、鯨油樽の製造が行われるのであった。唐津の捕鯨に参加する人数は一組で六百人から七百人、船は四〇艘から五〇艘、納屋場で鯨をさばく人たちが数百人で、『唐津探訪』は、「捕鯨はまさに一大事業・産業であった」（二〇六頁）と記している。

しかしながら明治時代、天野為之は近海捕鯨を冷静にみていた。たしかに「鯨一頭捕れば七浦潤う」とまでいわれたものの、鯨が近海に来なければ仕事はまったくない不安定な生業なのであった。それゆえ、彼は『経済原論』第二部「分配論」、第一篇「利潤論」、第一章「利潤の何物たるを説く」において、鯨が獲れたときには巨利を生むので、そのときの利潤を「冒険の弁償（代償）」と呼んだのであった。

実際、明治維新後に藩の保護がなくなると江戸時代の古式捕鯨は衰退してゆく。そして欧米の遠洋捕鯨の影響もあり、中尾氏は一八七七（明治一〇）年に廃業することになる。その後、ノルウェー式砲殺や母船式による近代捕鯨法が主流となってゆくのであった（二〇世紀半ばになると、鯨が人と同じ哺乳類であるとの理由から、捕鯨を禁止する声が上がり始めた。二〇一九（令和元）年六月、日本政府は遠洋捕鯨をあきらめて、国際捕鯨協会を脱退し、厳格な管理のもとでの近海捕鯨に取り組むように舵を切りなおしたのであった）。

水野家の入封

一七六二（宝暦一二）年、土井利里が下総・古賀へ転封となり、代わって、三河の岡崎から水野忠任（1736–1812）が入封した。転封の際、怡土郡のすべてと松浦郡のうち浜崎村など十ヶ村一万石が上知されて幕府領となり、そのうえで水野氏の所領は六万石のままとされたので、水野氏の財政はより苦しくなった。さらに、忠任は岡崎からの転封に際して長崎の豪商から借金をしたので、その借金を返済しなければならなかった。

水野忠任は藩財政を確保することだけを目指して増税を含む改革を行おうとしたところ、領民たちの反発にあうことになった。忠任は、慣例とされていた免租地への新課税、年貢納入時の升の量り方の変更、楮・干鰯の専売制の導入を実施しようとした。それに対して一七七一（明和八）年夏、平原村大庄屋の冨田才治（1724–1772）と仲間たちが周到な計画をたて、二万五千人にのぼる農民、漁民が虹の松原に集まることによって圧力をかけ、領主に増税を撤回する要求をのませることに成功した。この一件は、「虹の松原一揆」と呼ばれるようになり、「無血の一揆」として唐津の人々に記憶されてゆく。とはいえ、首謀者の冨田才治は全責任を負うべく自首をして、仲間三人とともに処刑されたのであった。徳川幕府は天下泰平の平和な世の中をまもるためであるとして一揆を禁止しており、違反者と目される人物たちには厳しい措置がとられたのであった。水野家は、忠任、忠鼎（1744–1818）、忠光（1771–1814）、忠邦（1794–1851）の四代で五六年間在封した。

水野家の殖産興業

水野家は藩財政を助けるため、紙漉きを藩の事業として専売化して拡大することに着手した。水野氏は、石州（島根県）から楮の苗を取り寄せて藩内で栽培し、採れた楮皮を藩に納入させる一方で、石州からは紙漉き職人も雇い、農民たちに技能を習得させたのであった。おかげで唐津の紙漉き事業は質量ともに拡大していった。

「半紙」と「白保」の二種類の紙がつくられるようになった。「半紙」は「京花紙（きょうはながみ）」ともいわれる女性用のうすい高級懐紙である。「白保」は障子紙や帳面用に使われた。唐津でつくられた上質紙は大坂などに出荷されて名声をえてゆくことになる。

石炭が寛政年間（一七八九〜一八〇一）に、唐津の家中の燃料として使用されるようになって、普及し始めた。石炭の利用は、燃料としての薪の利用を抑えて、樹木の伐採も石炭がない場合ほど増やさなかったといえるであろう。

水野家から小笠原家へ

一八一七（文化一四）年、水野忠邦は唐津から遠江（とおとうみ）の浜松へ移封し、まもなく幕府の寺社奉行に昇進してゆく。さらに忠邦は老中に昇格し、天保の改革を行って世に知れわたってゆく。唐津からの移封に際して、大川野、厳木など藩領四三ヶ村一万石が上知された。新領主の小笠原長昌（1796–1823）が陸奥・棚倉から入封した際、同家の拝領高は水野時代と同じ六万石とされたので、小笠原家もまた財政的に苦労することになった。小笠原家は長昌、長泰（1806–1862）、長会（ながなお）（1811–1836）、長和（1822–1840）、長国の五代で五三年間在封した。

一八一八（文政元）年、一七六二年と一六七八（延宝六）年の領主交代時に上知になった村々が合わせて対馬藩領になり、浜崎役所の管轄になった。対馬藩にとっては唐津藩内に飛び地をもつことになった。飛び地は唐津・対馬の両藩にとって情報の交換と収集の場にもなってゆく。

長行（ながみち）が（最後の）藩主の小笠原長国の世子であったことはすでに書いたが、彼が藩主になる前に明治維新がおとずれる。そして世子の彼が徳川幕府側に終盤までつくことになり、小笠原家は苦労したのであるが、江戸屋敷については新政府に没収されることもなく、その長行が維新後に東京の小笠原家当主となることができたのであった。そしてその後、日露戦争で活躍した息子の長生（ながなり）（1867-1958）が引き継いで小笠原家当主となってゆく。

唐津の小笠原家の話に戻すと、炭田をもつ厳木については、水野家の移封に際していったん上知されて天領となっていたが、後に唐津藩に戻されていた。おかげで一八六四（元治元）年から一八六八（明治元）年にかけて、厳木などで石炭が順調に生産され、石炭による収入は藩歳入の四分の一に達していた。安政の開国時期前後に唐津炭生産がピークに達したとされている。実際、一八五三（嘉永六）年の唐津炭の長崎への出炭（七千万斤）は、筑豊炭の長崎への出炭（三千万斤）を上回っていたことは注目してよい（一斤は約六百グラム）。

開国から維新へ

徳川幕府が一八五四（安政元）年にアメリカ、イギリス、ロシア、オランダと和親条約を結ぶと、一八五五年七月、三、四艘の異国船がさっそく唐津領沖を往来した。唐津藩でも沿岸警護の重要性が増したのであった。一八五七年六月には安政の仮条約が結ばれており、八月には呼子に入港した阿波の船によってコレラ（当時は「トンコロリン」と呼ばれた）が持ち込まれた。唐津では初めての経験であったので、よくわからないうちに多くの死者が出ることになり、社会不安が広がったのであった。伝染病や感染症の流行は国際化・グローバル化にともなって目立つようになり、治療や感染拡大防止に努める過程で科学的態度が定着していった。幕府は一八五八年に右の四ヶ国およびフランスと通商条約を締結し、翌一八五九年六月に、神奈川、長崎、箱館の三港を開港した。

小笠原長昌の子の長行は江戸で藤田東湖（1806–1855）や土佐の山内容堂（1827–1872）などに師事した後、一八五七年に唐津藩世子となったのである。長行は翌一八五八年に藩主長国（養父）が参勤交代で江戸に滞在するおりに、長国の名代（藩主代理）として唐津に戻ったのであった。伝記『小笠原壱岐守長行』（一九四三）には、長行が藩政改革に取り組む一方で、長崎監務の任務に真剣に取り組んでいた様子が記されている。一八五八年二月には、長行は日本初の近代工場である製鉄所を見学、海軍伝習所の勝麟太郎（海舟、1823–1899）と懇意になり、勝の案内で蒸気船に乗ったほか、唐館では清国商人三人と会談した。「オランダ総督スクーネルを訪問」とあるのは、伝習所の教師ヘンドリック・ハルデス（Hendrik Hardes, 1815–1871）に会った可能性が高い。ハルデスは長崎製鉄所の建設を監督した御雇技師でもあった。ちなみに、オランダ語の schoener には縦帆船（じゅうはんせん）という意味がある。次の一八五九年一一月、長行は長崎奉行・目付と会談した。開港が進み、スコットランドの貿易商グラバー（Thomas Blake Glover, 1838–1911）が来日していた。その次は一八六一（文久元）年三月で一週間滞在したのだが、『小笠原壱岐守長行』には具体的な行動が記されていない。おそらく後述するロシア艦ポサドニック号の対馬・芋崎占拠事件の報に接したと推測できる。藩内において、長行は改革を行おうとしたのであるが、彼を支持する若殿派と、不在藩主の長国を支持する大殿派の間で対立がみられることがあった。

そのような中、小笠原長行は一八六一年五月、江戸に上ることになった。長行は幕府の奏者番、若年寄、九月には老中に昇進してゆく。そして長崎監務の職に真剣に取り組んでいたことが評価されたと思われるのであるが、長行は外国御用掛として抜擢され、生麦事件の処理に臨むことになった。これは、一八六二（文久二）年八月に生麦村（生麦は現在、横浜市鶴見区内の地名）付近で、上海から来日したイギリス商人チャールズ・リチャードソン（Charles Lenox Richardson, ?-1862）が島津家の大名行列と遭遇した際、「馬から降りよ」とする日本語の命令を理解せず、乗馬したままで行進の列に割込んで、薩摩藩士により斬り殺された事件である。

一方で、老中の小笠原長行がイギリスに一〇万ポンドの償金を払うと、尊王攘夷論者に攻撃されて彼は蟄居謹慎を命じられるものの、幕府とイギリスのあいだでは事件は落着したようにみえない。他方で、薩摩藩が賠償と犯人処罰に抵抗したため、イギリス側は幕府の権限が薩摩藩に及んでいないと察知して、艦隊を鹿児島湾に派遣したのであった。薩摩藩が砲撃で応じたため、薩英戦争に発展した。この戦争では双方とも大きな被害・損傷を被り、イギリス艦隊が鹿児島湾から引き揚げて戦争は終息するに至った。そして薩摩藩は攘夷から開国へと方針を転換して軍備増強にも努め、維新後に主役の一角を占めることになるのである。

幕末期の日本では種々の人材が不足していた。一八六四（元治元）年に蛤御門の変が起こり、徳川幕府が長州征伐を決定すると、小笠原長行は謹慎をとかれたのである。一八六六（慶応二）年の第二次長州出兵（幕長戦争とも呼ばれる）の際には、長行は将軍家茂（いえもち）（1846-1866）から全権を委任されて、長州藩配下の下関の対岸に位置する小倉城に陣取ることになった。しかしながら、敗色が濃厚になり家茂逝去の報が入ると、長行は側近とともに小倉城を脱出して行方をくらませた。長州藩は新型の大砲を備え、武士以外の民が最新のライフル銃などで武装して士気高く闘い、将軍と他の諸藩を敗北に追い込んだのである。ついに徳川幕府の封建制と身分制に風穴があいたのであった。そして維新後に、長州藩が薩摩藩と並んで新政府の一角を占めることになる。その一方で、いうまでもなく、唐津藩は苦しい立場におかれることになる。唐津藩は明治維新に際してさらに大きな打撃を受け、藩主小笠原長国が危機感をもって藩政改革に臨むことを、次節で述べる。

ロシア軍艦による対馬の一部占拠事件

対馬は韓半島と唐津の間に位置し、宗氏が藩主として統治を続けていた。徳川幕府は対馬を開港していなかった。日野清三郎著・長正統編『幕末における対馬と英露』（一九六八）によれば、一八五九年四〜五月に、長崎を出港したイギリス艦が対馬に立ち寄り、水深を測量したり、乗組員を上陸させたりするなどした後、釜山の和館に向かう事件が発生した。一八六一年二月には、ロシアのコルベット艦（満載排水量一千〜一千五百トン）ポサドニック号が来航して、浅茅（あそう）湾内に停泊した。そして三月、ポサドニック号は芋崎に移動して占拠し、海軍基地建設のために土地の租借を強要し、実際に建設にとりかかるという事件が起きた。当時、ロシア領事は箱館にのみ駐在していた。

真鍋重忠の『日露関係史 一六九七〜一八七五年』（一九七八）によれば、この事件はロシア太平洋艦隊司令官リハチョフ（Ivan Feodorovich Likhachev, 1826-1907）海軍大佐が引き起こしたもので、ロシア政府の意図したものではなかった。とはいえ、徳川幕府の抗議だけでロシア軍艦を退去させることはできなかった。ロシアを牽制する駐日イギリス公使オールコック（John Rutherford Alcock, 1809-1897）らの介入により、八月にロシア艦をようやく対馬から離れさせることができた。これは、一八六〇（万延元）年の咸臨丸（コルベット艦）の渡米・太平洋横断の翌年のことであった。対馬藩の飛地を擁していた唐津の人々にはこの事件はすぐに伝わっていた。さらに後述する東京の久敬社に集った天野為之たちは小笠原長行から詳しく聴く機会があったことであろう。政治家志望であった天野為之の心には、国防力の強化、技術水準の向上、兵力の向上、それらを支える人材の育成が大きな課題であることを刻み付け、『徴兵論』（一八八四）の執筆につながったと推測できる。

長崎監務

遡れば一八〇八（文化五）年八月に、イギリス艦フェートン号がオランダ国旗を掲げて不法に長崎に入港して、商館勤務のオランダ人二人を人質にとり食料と薪炭の提供を要求する事件が起きていた。そのとき警固の佐賀藩の番士が規程の八パーセント以下の八十人しかおらず、フェートン号は焼討ちが試みられる前に、人質と交換に食料と薪炭を得て長崎から出港してしまったのである。長崎監務の唐津城主水野忠光（忠邦の父）にはお咎めなしであったが、長崎奉行の松平図書頭康英（ずしょのかみやすひで）（?-1808）は切腹、佐賀藩主鍋島斉直（なりなお）（1780-1839）は江戸屋敷で逼塞（ひっそく）などの処分をうけた。その後、長崎警固は厳しくなるとともに、長崎監務の任にともなうリスクは高まったといえる。

一八二三（文政六）年八月から一八二九（文政一二）年一二月まで、ドイツ人であることを隠してフィリップ・シーボルト（Philipp Franz von Siebold, 1796-1866）が医者、博物学者として長崎オランダ商館に滞在していた。彼は出島の外で医学塾を開いて西洋医学を教授することを申し出て、それが許された。そのおかげで西洋医学を身につけた優秀な日本人「医学生」たちが育っていった。一八二六（文政九）年にはオランダ商館長の江戸参府に随行するほど、シーボルトは幕府や「医学生」、当時の日本人学者たちから厚い信頼をえることができた。ところがシーボルトは海外への持ち出しが禁じられていた日本地図などの資料を帰国に先立って船便に乗せて発送したことが発覚し、咎めを受けた。これは「シーボルト事件」と呼ばれて知られるようになる。それでもシーボルトはヨーロッパに戻ると、『ニッポン』（一八三二）と題するドイツ語の大判書物（地図を含む）を出版するなどして、江戸時代後期の日本情報を積極的に発信した。そしてフィリップ・シーボルトは、一八五九〜六一年に息子のアレキサンダー（Alexander Georg Gustav von Siebold, 1846-1911）をともなって再来日を果たすのである。

その後、息子のアレキサンダー・シーボルトは、再来日して駐日イギリス公使館に勤務したり、徳川幕府のパリ万博参加の一団に日本から随行したりすることになる。さらに、アレキサンダーは日本人がプロシア（普国）の憲法・議会を調査する際にも協力したようで、彼編集の和文論考「普国参議院弁」が、天野為之責任編集『中央学術雑誌』一八八六年四月一〇日号に掲載されている。その頃、アレキサンダーは在日イギリス公使館勤務から日本政府勤務（欧州担当）に移っており、天野為之たちとコンタクトがあったことを示す証拠であるとみてよいであろう。かくして、江戸時代から明治時代にかけての動乱期において、シーボルト父子はヨーロッパと日本を結ぶ懸け橋になっていたのである。

ロシアはというと、一八五八年の清との愛琿(あいぐん)条約、一八六〇年一一月の北京条約により、ウスリ川以東の沿海・アムール地区を共同管理からロシア領に移していた。そしてウラジオストクを開き一八六〇年に海軍基地を設営していた。翌年にロシア艦が対馬の一部を占拠したのであった。元イギリス外交官シドニィ・ギファードの『列強の中の日本、一八九〇―一九九〇年』(一九九四)によれば、ロシアは一八九一(明治二四)年にシベリア横断鉄道建設に着工していた。そしてロシアは一九〇三年にモスクワとウラジオストクを鉄道で――途中、人の乗換えや物品の載せ替えは必要であったが――連結することに成功するのであった。そしてシベリア鉄道は翌一九〇四年からの日露戦争において将兵と軍需物資の輸送に活用されてゆくのである。対馬海域においては、日本海軍がロシアのバルチック艦隊(太平洋艦隊)を迎え撃つことになる。

天野の徴兵論

一八八四(明治一七)年二月に出版された『徴兵論』は、天野為之の最初の著作である。もちろん、ロシア艦による対馬の芋崎占拠事件は、海防を考える識者にとって重大事件であった。それだけではなく、天野は維新後に、元外国御用掛老中の小笠原長行から、日本に派遣されていた欧米の外交官への対応や、彼らの軍隊・部隊の状況を、文字どおり臨場感をもって聴いていたことであろう。天野は、米英での研修をもとに『国憲汎論』(全三巻、一八八二―八六)

の原稿執筆を進めていた小野梓（1852-1886）からも、関連情報をえていたであろう。小野の同書下巻の第四三章「兵力の事を論ず」には重なり合う論点が盛り込まれており、時間的順序と内容からみれば、小野のほうが天野の議論を参照した可能性が高い。

先の薩英戦争、そして一八六三（文久三）年と一八六四（元治元）年にイギリス、フランス、オランダ、アメリカの四ヶ国が連合して長州藩を攻撃した下関戦争にみられるように、日本と条約を結んだ国々は軍隊・部隊を派遣してきていた。そして彼らの間で連絡を取り合って行動していた。アーネスト・サトウは『一外交官の見た明治維新』（一九二一）において、一八六八～六九（明治元～二）年に日本国内で戊辰戦争が繰り広げられている間、西洋諸国は軍事力を誇示しながら、新政府には徳川幕府が締結した不平等条約を引き継ぐことなどを条件にして、おおむね局外中立姿勢をとりながら事態の推移を見守っていたと記録している。

松下芳男の『明治軍制史論』（一九五六）によれば、一八七一年の廃藩置県を経て、諸藩の軍隊から、中央集権下の軍隊への変更・編成が急速に進み、兵学校も設立されてゆく。天野の『徴兵論』は全七四頁のコンパクトな本で、一八八三年一二月の改正徴兵令を機に小野梓の東洋館から出版された。後述するある一点について小野が私学経営者の視線から即座に『朝野新聞』などにおいて一部反対論を繰り広げる一方で、天野は経済学の観点から論点を整理するのであった。

天野は『徴兵論』において、西洋諸国が武力において日本に勝っており、「今日の世界はなお禽獣の世界にして道徳の世界にあらざればなり」（四頁）と戦争に巻き込まれる恐れがあることを示唆し、国防力を強化する必要があることを説いてゆく。植民地にされないように、「兵力を養って本邦の独立を保持すべきこと」は識者が揃って唱導する所である（六頁）。天野は、「軍器を改良し、あるいは軍術を進捗させるのは兵力を養う一大手段なり」「軍器と軍術とは人を擁して初めてその効果が上がる」と人材育成の重要性を力強く説いてゆく（六頁）。

天野はそのうえで、西洋諸国の諸制度の相違を詳しくおさえて、志願制と徴兵制の長所と短所を、財政、兵力、交際、政治の面から具体的に比較するかたちで論点を整理してゆく。まず、志願制、すなわち「男子が兵役に入ると入らざるとは之を人々の自由に一任するの制度」をとるのは、当時ではイギリスとその所領の国々であった。志願制のもとでは、軍人が一種の職業となり、「兵役に誘うを得る」ためには、「世間相当の給与を付与する」ことを約束しなければならない（八―九頁）。それゆえ、政府の財政負担は大きい。

次に、徴兵制は「強迫制度」とも呼び替えられ、「男子が兵役に就くことは人々の義務」とする制度であり、政府の財政負担は軽くなる。ただ、国によって免除規定の多寡にかなりの差があった。免除特例が多い徴兵制を布くのは、当時のトルコ、ブラジル、ベルギー等である。免除特例が少ない徴兵制を布くのは、プロイセン、ロシア、アメリカ、スウェーデン、イタリア、オーストリアである。天野は、免除特例が少なければ一人一人の徴兵期間を短縮させることができると解説する（八頁）。

静かな抗議

改正徴兵令では「およそ三年を常備の年限」としているので、常備軍三万人は、徴兵期間三年、適用者一万人で維持することができる、と天野は考察をすすめる（五一、五七頁）。また同令によれば、官立学校の卒業者は例外的に一年の「服役」でよいとされたのに対して、私立学校の卒業生にはこの例外規定が適用されないことになったのである。小野梓が直ちに一部反対論を唱えて批判の行動を起こしたのは、まさにこの点にあった。天野はといえば、「私立学校の卒業生の学力を計ることができれば、官立学校の卒業生と私立学校の卒業生とは同一の処置を受けることになると憶測するなり」とのみさらりと述べたのであった（五九頁）。

天野は論点整理を続ける。兵力の面では、「戦争の術が文化と共に改良進歩」しており、いよいよ煩雑・緻密になってきている（一五頁）。維新以前の日本の封建的身分制度のもとでは武士が農工商を見下していたが、「改良進歩」は工の身分の者たちによって支えられている。交際の面と関係するが、徴兵制のもとでは、貧富の差、身分の差、平時の職業の差を問わず兵役義務があるので、工の身分を含めて、軍隊において相互に交際・交流することができる。政治の面からも、「有事に際して兵たらしめ　平生にありては尋常人たらしむ」ことにより、ある種の平等（感）が生まれるといえる（二三―二五頁）。これは暗黙のうちに、日本でイギリスのように志願兵に頼るとすると、軍人になる人々が旧武士階級に片寄る可能性が高いであろうと推測されていたことを映し出しているとみてよい。徴兵制の採用は、武士階級の特権を崩し、身分制に基礎をおいた日本的封建制を確実に壊してゆくことにつながると期待されていた。

もっとも、徴兵制は「文明の進歩を妨害し殖産の発達を障碍し自由の主義を抑制するの勢」いをもち、「殺伐の気風」を養成（醸成）して捕虜の銃殺などの残忍行為につながることがあると、天野は認めていた（六一、七三頁）。しかし、普仏戦争（一八七〇～七一年）で敗れたフランスをみれば、まだ「国力を回復せずプロシアと拮抗するを得ざる」状態である（六三頁）。いったん敗戦すると容易に国力は回復しない。それゆえ一国の安寧と幸福を求め、人類の独立と幸福とを全うするために、不公平のない全国皆兵が望まれるのであった（三一、四三、四五頁）。

5 第一回衆議院議員

憲法発布

天野為之は、一八八九（明治二二）年二月一一日の大日本帝国憲法（明治憲法）発布を受けて、一八九〇年七月一日の第一回衆議院選挙に、佐賀県第二区から郷党会の候補者として出馬して僅差で当選した。国会開設は文明国日本を築くうえでの重要な一歩であった。国政選挙による国会開設は、タイやエチオピアなどアジア・アフリカの国々にも、国家の独立・植民地化回避のために必要なステップであると映ったようだ。第一回総選挙の全体結果は、民党（自由党・改進党）勢力が多数を占め、吏党（政府支持派）が少数であった。

天野の政治生活については、浅川榮次郎・西田長壽の『天野為之』（一九五〇）に詳しい。簡潔に記せば、天野はかねてより政治家になることを嘱望しており、国会さえ開かれれば国民の代表として一挙に藩閥官僚内閣を打倒して国民の期待に応えなければならないと考えていたので、当然立候補を決意した。佐賀県は三選挙区に分けられ、彼が出馬した第二区は県北部の東松浦郡と西松浦郡からなっていた。県内には同成会と郷党会の二つの潮流があり、郷党会は改進党の系統であった。佐賀県は大隈重信の出身地であり、改進党の勢いが強かった。天野は新進であるものの知名度が高く、激戦の末ではあったが、在郷の名士河村藤四郎を七九八票対七八一票で破って当選した。

第一次山縣有朋内閣と教育予算

山縣有朋（1838-1922）内閣のもとで第一回帝国議会が一八九〇年一一月二五日に召集され、天野は予算委員として活動した。一八九一（明治二四）年一月三一日の全院委員会において、第一から第五までの高等中学校、女子高等師範学校、音楽学校を廃止する案が提示されたのに対して、天野は異見を提出した。二月一四日の本会議において、天野は修正意見を出し、調査が十分であるとはいえずまだ信ずべき資料が十分ではないので、軽々しくこれら諸学校の廃止を決定すべきではなく、一八九一年度については（高めの）俸給費目について節減することにしたうえで存続させるべきであると主張したのであった。

天野は大日本帝国憲法第六七条「憲法上ノ大権ニ基ツケル既定ノ歳出及法律ノ結果ニ由リ又ハ法律上政府ノ義務ニ属スル歳出ハ政府ノ同意ナクシテ帝国議会之ヲ廃除シ又ハ削減スルコトヲ得ス」を引き合いに出している。それゆえ彼はこれらの教育機関を維持することは、ある程度までは「政府の義務に属する歳出」であると考えていたといえる。とはいうものの、天野自身、官立の東京大学卒業後、私立の東京専門学校設立に関与して教鞭を執り続けていた。それゆえ、官立の高等教育機関の予算の継続を唱えるにあたり、天野は激しい論戦を可能な限り避けようとしたようで、反対意見を述べる天野の言い回しにはかなりの慎重さと婉曲さが感じられる。

浅川と西田の『天野為之』では紙ベースの衆議院議院速記録が参照されたはずであるが、現在では帝国議会会議録検索システムを利用することができる。第一回帝国議会の「衆議院第一回通常会速記録第四十四号（明治二四年二月十四日）」（七〇〇―七〇一頁）から天野の発言を引用しよう（カタカナはひらがなにして、現代送り仮名を用いる）。

「私が査定案に同意することが出来ない所以と云うものは何んであるか、是等高等中学及女子師範学校並に音楽学校、此の学校を永久に国費で以て維持すべきや否やと云うことは、是は別問題でありまして、〔中略〕教育の事業においても充分に審査調査を尽した上で、彼是の決定をした方が宜かろう、〔中略〕今年は俸給を征伐すると云う点一つであって、其の他は止めて拡張もしなければ、縮少もしないと云う方向であると考える。」（七〇〇―七〇一頁）

「私は決して高等中学を維持するとも言わず、又音楽学校が民間に成立つとも言わない、女子高等師範学校も教育上必要なことであるとも言わない、けれども僅な間に綿密な密雑なる事業に対して、批評を下し判決を下して、直ぐに銭を減らさないで、それにあとで以て十分調査の上にして貰いたい、即二十四年度には此の儘継続して、其の間に十分調べて二十五年度の予算の時に改革するとか、十分調べた上に彼此（かれこれ）の処分を願いたいと云うだけであって、今置くとか……〔六点は速記原文どおり〕設けて置くとか、置かぬとか論じなくして、調の上にすることにしたい、それ故私は査定案に反対します。」（七〇一頁）

天野の修正提案は多数の支持を得て、これらの学校は存続することになった。そしてこれら官立学校は後の東京大学教養学部、お茶の水女子大学、東京芸術大学などにつながっていく。これらの大学の前身を即座にすべて廃止するという政府提案はやはり無謀であったというべきであろう。たしかに一八九一年の第一回衆議院議会の時点では、藩閥政府と議会多数派の民党の間の対立が激しく、政府側にとって第一議会を無事に終了すること（国際的アピール）が優先されたという側面があるかもしれない。しかしながら、天野の修正意見が衆議院で可決され、政府側がそれを採り入れたのはある程度まで当然の帰結だったといってよいであろう。

第二議会での租税改革

第二議会は一八九一年一一月二一日に召集された。天野為之は第八部に属し、彼は鈴木昌司（1841-1895）他一名により提出された地租条例案に賛成意見を述べることになる。実をいうと、地租に絡む問題は、天野自身が一八八九年中に刊行していた『日本理財雑誌』において、もっとも多くの紙幅を割いて分析俎上にかけていたトピックであった。視点を変えれば、地租問題は世間のジャーナリズムで大論争の的となっており、天野は日本の租税制度には日本的封建制特有の残滓があるために、それをどのくらい正確に理解しているかによって論者の意見に相違が生じている、したがってそのために論争がかなり混乱しているとみていたようだ。

天野は第二議会においては、経済学者として政府提案に賛成する議論を行った。帝国議会会議録に掲載された天野の発言をたどると、全体の論点を整理に導いていることがわかる。新政府は税収を確保しようと、明治維新以降、地価や地租をいじってきていた。天野にいわせれば、明治憲法のもとで帝国議会が誕生する時代になっても、幕府の時代に「武門」（武士）が行っていたことと変わらないことがあった。例えば、農家の長子などには職業移動の自由があるとはいいにくいこと、土地を自由に売買する市場がないことなどであった。では、帝国議会会議録にある「衆議院第二回通常会速記録（明治二四年十二月十六日）」から、天野の発言をカタカナをひらがなにして現代送り仮名を用いるだけで引用しよう。

「ご承知の如く負担の平等に帰すると云うことは競争の自由であると云う場合に限る、武門の政治になってから、日本の農家が其圧制を蒙ります時分には決して産業の自由と云うものがない、職業の移変りと云うことは出来ない、又武門の財源は何であるかと云うと、各藩にせよ幕府にせよ其財源は農家である、百姓の租税より外に財源とするものはないから、幕府の時に於ては一家の家があれば、其家の当主は必ず田地を耕さなければならない、次男三男は或は外の職業に就くことも出来るけれども、家を続ぐ者は百姓でなければならぬと云うことになって居る、或は田地があって、其田地を耕へさずに置くと云うと、甚しき刑罰に逢う、故に此上に新に家を作り其他……［六点は速記原文どおり］［の用途に］使用すると云うことがあれば、罰して必す穀物を取り又其他の作り物を作らせる、何故なれば斯の如くすれば武門の財政を維持する道である、百姓が一人減ると武門の財政が減るからである、此道理から考えて、詰り百姓を止めさせぬと云う主義であるから、如何にして負担を平等に帰すると云うことが出来ます、書物に書いてある所を見ると、産業が自由で百姓を止めたければ、直ぐに商売人に為り、商売人を止めたければ、直ぐに職人に為れると云うことがあればこそ、初めて負担の平等に帰するのであります、如何に何百年古い租税と雖も、其間に競争の不自由があると云う一の条件があった以上は、何にもならぬことである。」(二〇九頁)

天野の発言にある六点「……」は引用文中にも記したように速記原文どおりであり、「の用途に」は引用者が推測して補ったものである。

引用発言中では、天野は、「小作料を金納する」という発想がなく、それゆえに課税されていたのは、小作人から収穫の一部を受け取る地主であるとしている。そして天野は、実質的に総収穫に課税されている点は徳川時代と変わらないと指摘する。土地改良が積極的に行われていたことは認められていて、「一割五分の費用が控除されている」のは、たしかに徳川時代との相違点であった。しかしながら、その土地改良費用が、実情に応じて、つまり土地の肥沃度の差異に応じて控除されているわけではないことに光があてられている。天野は、土地改良に費用をかけている地主への課税が重すぎると考えていた。

「日本の地租の性質は明治の前に於ては諸君もご承知の如く、総収穫の税である、田地の肥瘦如何を問わず、収穫が幾らあれば四分六分或は五分々々云う様に取ったので、決して小作料と云う考はない、小作料が多ければ税を多く取り小作料が少なければ税を少なく取ると云うのではなくして、総収穫を見て四分六分五分々々と云う如くに割ったものである、従って明治の今日に至って、地租如何と顧みると云うと、形の上では大に変化して居るけれども、実際に至ると昔の総収穫税と少しも異なる所はない、今日の税は即ち地価の税でありまして、其地価の算出の方法を御覧になれば直ぐに分かる、成程一割五分と云う所の費用を差し引いてある、是が徳川の税と違って居る所であります。」（二〇九頁）

この後の発言については、速記原文自体に六点（……）が三回にわたって記されている。また意味が通りにくい箇所がある。それゆえ、［　］に入れて言葉を補ったうえで紹介しておきたい。

「併しながら一割五分と云うことにして……［いずれも同じにする］のは総収穫と同じ事になる、若も小作料が税［対象になる］と云うことであるならば、善い田地であると費用が少なく、悪い田地であると費用が多いから、其費用を余計に積もって余計に……［収穫］した分から取ると……［実情に応じて平等］であるけれども、孰（いずれ）も同じ割合の費用を差し引いてあると云う時は小作料にあらずして総収穫税になる。」（二〇九頁）

天野は地租改正の経緯とその実際について、地域ごとの相違を調査して『日本理財雑誌』に掲載していたので、実情を誰よりもよく理解していたといってよい。明治時代の初めに、小作料収入を地主の収入とみなせるように法改正はしたものの、小作料の決め方には地方ごとに差異が大きかった。そのため、改正した法どおりに小作料を地主の収入とみなそうとすると、地主の収入にバラツキが大きく（「不平均」）なるので、元の制度、つまり徳川時代のやり方を継続したのであった。天野の発言を引用しよう。

「維新の初に地租を改正しやうと云うことに掛かった時に——其時に先づ第一地租は総収穫で以て割り出すと云うことは、不都合であるに依って、小作料に改めなければならぬと云う案が、政府に起こったと云うことである、然るに其小作料なるものを段々取り調べ見た所が、日本の小作料は他の品物と同じく、習慣に依って其時分定まって居た、競争自由に依って定まって居るのでなくして習慣に依って定まって居るものであるから、各地方共に非常な懸隔がある、此小作料に依って税を掛けるのは、非常に地租の不平均を来すと云う所から、小作料に依って税を掛けることは止めて、矢張幕府に依ると云うこと即ち旧制は成るべく廃せずと云う様な事になって、表向の体裁は変わって居るけれども、其実幕府の総収穫税と同じ意味になって居ると考る。斯の如く考へて見たときには、今日の地租なるものは、決して小作料と云ふ特別の収入に応じた税でない。」（二〇九—二一〇頁）

このような主張は、のちに『東洋経済新報』の社説でいくらか繰り返されることになる。一〇年足らず後のことである。小作料の物納に変化はなかったことがわかるであろう。

浅川と西田の『天野為之』は地租をめぐる論争を詳しく伝えている。日本の地租を、小作料つまり地代収入に課される税、すなわち土地の自然力に課される税であると主張する論者たちがいた。土地改良の費用を無視し、小作料が物納であることを無視していたのであった。天野はそのような議論に対して、断固とした批判を繰り広げていたのであった。

衆議院の第二議会に戻ると、政府予算案に対して、野党側が七九四万円余りの削減を主張して譲らなかった。そのため一二月二五日に、政府は議会の解散にふみきり、総選挙に臨むことにしたのであった。

第二回総選挙と選挙干渉

第二回衆議院選挙は一八九二(明治二五)年二月一五日に実施された。ただし、浅川と西田の『天野為之』においても、「わがくに選挙史上空前絶後ともいうべき大干渉下に闘われた」(一四七頁)と書かざるを得ない酷い状態が起きたのであった。佐賀県全三区で郷党会から立候補した三名は、天野を含めて全員が落選したのである。

衆議院事務局編纂の『選挙干渉ニ関スル参考書類目録』(一八九二)のデジタル版が利用可能になっている。この『目録』は吏党側の選挙干渉とそれに対する民党側の抵抗、各地での暴動と死傷者の発生、その取調べ、選挙当日の憲兵隊派遣等の様子を記録した資料で、全一八九頁にのぼる。特に高知と佐賀での妨害・騒動が酷く、高知県で死傷者がもっとも多く、佐賀県はそれに次いでいる。高知では憲兵が派遣されて騒動が収束したが、佐賀では、憲兵に加えて陸軍の歩兵が派遣された。実際、『目録』において「佐賀県選挙干渉始末」は二六頁にわたり、とりあげられた一七府県（東京を含む）の中でもっとも長い。

天野為之と支持者も暴行にあった。『目録』一五四頁には、「民党候補者の天野為之氏、二月十日早朝、唐津より伊万里に赴く途中、数十名の悪漢に要撃せられ、天野氏は腰部を打撲せられ、同行の賀来昌幸は額に三ヶ所傷を受けたるに始まる」等と書かれている（カタカナをひらがなにして、読点を追加した）。第二回衆議院選挙は惨憺たる状況であった。

末木孝典の「明治二十五年・選挙干渉事件と大木喬任――佐賀県を事例として」（二〇一二）によれば、佐賀県第二区では、第一回選挙で落選した河村藤四郎が吏党側から再出馬の勧誘を受けたが逡巡したため、県議会議員の川原茂輔が擁立された。選挙の結果、川原が八一一票対六五〇票で天野を抑えて当選したのであった。この落選のあと、天野は政治生活を完全に断念することになる。

もちろん選挙干渉は重大な問題である。しかし『選挙干渉ニ関スル参考書類目録』掲載の記録書類からはそれを深刻な問題としてとりあげ、将来は未然に予防してゆこうとする固い決意が読み取れる。混乱の記録の中にではあるが、民主主義の未来にむけての熱い期待と希望を感じ取ることができる。

第二章　英語での経済学

天野為之の上京の時期まで遡る。天野は一八七三（明治六）年に唐津を離れて東京に出て、一八七五年に開成学校に、一八七七年に東京大学予備門に入った。天野はここで、「早稲田大学育ての親」となる高田早苗（1860-1938）、坪内雄蔵（逍遙、1859-1935）たちと揃って、一八七八年に東京大学（一八七七年設立）の文学部に進み、英語で専門教育を受けることになる。彼らは一八八二年七月に卒業し、大隈重信、小野梓と協力して、同年一〇月に早稲田大学の前身の東京専門学校を創設したのであった。東京大学での経済学の教科書であったJ・S・ミルの『経済学原理』（一八四八）と、J・N・ケインズの『経済学の領域と方法』（一八九一）は、天野の座右の書となるのである。

1 東京大学で学ぶ

一八七七(明治一〇)年、四月一二日付文部省(現文部科学省)布達第二号により、「東京大学」の創立が決まった。学制改革の一環である。

学制改革

大学の歴史にはもちろんその設立に至る前史がある。『東京帝国大学五十年史』(一九三二)は、江戸時代に朱子学の研究を専門とした昌平黌(しょうへいこう)(昌平坂学問所)にスポットライトをあてている。伊東多三郎の研究によれば、戦国時代には禅僧が大名家の文事を司る習わしがあったのだが、徳川の平和な時代になると民間学者の間で宋代の儒教、朱子学が熱心に研究されるようになった。昌平黌は朱子学を旨とする林羅山(1583-1657)によって開かれ、五代将軍の徳川綱吉(1646-1709)によって幕府の学問所として位置づけられた。江戸時代後期には、鎖国をやめて開国するようにと諭す書簡がオランダなど外国から届くようになった。眞壁仁の『徳川後期の学問と政治』(二〇〇七)によれば、外国からの書簡を翻訳し検討することも、昌平黌の儒者の仕事の一部になっていく。幕閣の阿部正弘(1819-1857、備後福山藩主)や堀田正睦(まさよし)(1810-1864、佐倉藩主)は儒者たちから協力をえて対外関係の議論を進めていたのである。

大政奉還により徳川幕府が終わると、昌平黌および幕末に開設された開成所・医学所はいったん閉鎖されたのち、明治新政府によりほどなく昌平学校・開成学校・医学校として復興させられ、さらなる高等教育機関の新設が目指された。江戸時代には学問が多様化して生業の一種になり、京都の皇学所から生まれ平田篤胤（あつたね）（1776–1843）に代表される国学が一つの伝統となっていた。明治初期に至って、国学は儒学に対抗する勢力（学派）になっていた。そして、高等専門教育のあり方、つまり新設の大学での研究・教育の方向性について、両者の議論はなかなか収斂せず、入学対象年齢の若者たちを開学延期や開学後の両派の紛糾、そのための学校閉鎖によって翻弄したのであった。その間に、洋学を志向するグループが勢いづくように育っていったのである。

改めて、大学南校・南校から改称していた東京開成学校ならびに東京医学校として始動していた二校を合併したうえで、法・理・文の三学部、および医学部が設置された。医学部では西洋医学が教えられることになり、まもなくドイツ医学の優秀性について御雇外国人教師フルベッキから支持を受け、その教授が中心におかれるようになる。そして、東京英語学校などを前身として東京大学予備門が附置された。

中庸の教育

同一八七七年九月、法理文三学部は新たな教科編成を決定し、文部省の認可をえた。『東京大学百年史　部局史二』（一九八六）によれば、教科編成の基本方針は、「理論実用共に偏取偏廃せず、専ら其中庸を取るを主旨とし、以て一学科中に博く諸科目を加へて之を兼修せしむる事」（カタカナはひらがなに改めた。以下同様）とされた。「中庸」は便利な概念で、「中程」だけではなく、「程よい組合せ」も意味するようだ。イギリスの哲学者バートランド・ラッセル（Bertrand Arthur William Russell, 1872–1970）は一九一九年に中国と日本を訪れたあと、彼の『幸福論』（一九三〇）の中で、中庸を「ゴールデン・ミーン（golden mean）」と英訳した。中庸を「新しい組合せ」ととらえれば、J・A・シュンペーター（Joseph Alois Schumpeter, 1883-1950）の「新結合」「革新」へと連想がつながってゆく。

文学部は第一科（史学哲学及び政治学科）と第二科（和漢文学科）に分けられた。第一科に洋学が、第二科に国学と漢学がおさまったかたちになったのである。「中庸」の方針に従い、文学部第一科（史学哲学及び政治学科）の教科課程は次のとおりになった。

第一年級　英語（論文）、論理学、心理学（大意）、和文学、漢文学、仏語あるいは独語
第二年級　和文学、漢文学、英文学、哲学（哲学史、心理学）、欧米史学、仏語または独語
第三年級　和文学、漢文学、英文学、哲学（道義学）、欧米史学、政治学、経済学
第四年級　英文学、欧米史学、哲学、政学及列国交際法

浅川榮次郎・西田長壽の『天野為之』（一九五〇）により、天野の受講した講義の内容をかなり詳しく把握することができる。天野たちは東西の古典を読んでいた。その一端をとりあげると、天野たちは第二学年時の英文学ではシェークスピア（William Shakespeare, 1564-1616）の『ハムレット』を読み、和文学では『源氏物語』と『万葉集』が必修とされた。中村正直（1832-1891、写真2-1）が漢文学を担当している。彼は『（春秋）左伝』（道徳を絡めて乱世を描いた歴史物語）の輪読を行い、参考書と

して『大学』『中庸』『論語』『孟子』『資治通鑑』『宗元通鑑』『明朝紀事本末』を指定した。英文学、和文学のほか、漢文学が指定されていたことは注目してよいであろう。

浅川と西田が注目したように、中村正直は英語も堪能で、受洗して、ミルの『自由論』（*On Liberty*, 1859、『自由之理』改訳、一八七七）と、スコットランド人サミュエル・スマイルズ（Samuel Smiles, 1812-1904）の『セルフ・ヘルプ』（*Self Help*、改訂版 一八七一）の和訳を『西国立志編』と題して出版していた。浅川と西田は、「天野は後年、早稲田実業の生徒に『敬』もしくは『三敬』を説き、己れを敬し、人を敬し、事を敬すべきことと説いたが、この三者を苟くもしないことはスマイルズの自助論の精神であると思う」（二六頁）と記している。中村正直がつけた和訳タイトル『西国立志編』が表すように、スマイルズの著は「天は自ら努力するものを助く」ことを信じて努力して成功した、数多くの西洋人たちの経験を紹介し彼らを敬す読み物になっている。成功者たちが「自尊心」を大事にしたこと、「発明家たちが道具を大切にしていたこと」も伝わってくる。漢籍は日本語の語彙を豊かにして、西洋の宗教や道徳、社会科学の英語を理解する際の助けとなったことであろう。

写真2-1　中村正直

出典：国立国会図書館ウェブサイト。

哲学史は二年目からアメリカ人アーネスト・F・フェノロサが担当するようになり、中味は「西洋哲学史」であった。心理学は一九世紀に登場した新しい学問で、高い関心が寄せられたようである。そして、哲学（道義学）が含まれていた。これらは母語と外国語を磨く科目でもあり、複数の言語ができれば学問世界が広がると期待されている。

第四学年での行政法には、中央集権・地方分権、警察の種類、司法、行政事務、水利、公有・私有の土地・森林・沼地、租税、郵便・電信、登記、国債、商業政策の国際比較が含まれていた。そして法制史、週二回の漢文作文、卒業論文が課された。政府や公的部門で働く人々を養成しようとする東京大学での教育の狙いがはっきり出ていた。

理財学（経済学）

『東京帝国大学五十年史』を読むと、当時英語で「ポリティカル・エコノミー（political economy）」と呼ばれていた学問の日本語名称が二転三転したことがわかる。最初は「利用厚生の学」（一三二頁）と呼ばれ、そのあと「経済学」の語が使われていたが、大学設立当初には結局、新語の「理財学」に落ち着いている。「経世済民」を語源とする「経済」の語は江戸時代にすでに使われていたのである。「経済」は太宰春台の著書『経済録』（一七二九）のタイトルにあることは比較的よく知られているが、それに先行して貝原益軒が『慎思録』（一七一四）において「経済之学」に言及していたことはそれほど知られていないかもしれない。「利用厚生」の語が春台の『経済録』本文に登場していることも記しておくべきであろう。しばらくして、「ポリティカル・エコノミー」の中味がわかってくると、江戸時代からの「経済」の語をあててよいことになったようである。

ただ一八七〇年代末までに、イギリスではW・S・ジェヴォンズ（William Stanley Jevons, 1835-

1882）とA・マーシャル（Alfred Marshall, 1842-1924）により、「エコノミクス（economics）」の語が使われ始めていた。二人とも数理分析を推奨して、「ポリティカル・エコノミー」を科学にしようとしたことはよく知られている。筆者の『二〇世紀の経済学者ネットワーク』（一九九四）で述べたように、ジェヴォンズの一八七一年の著書『経済学の理論』の原題は『セオリー・オブ・ポリティカル・エコノミー』（*The Theory of Political Economy*）であった。一八七九（明治一二）年の第二版において、第二版であるために書籍タイトルは変更できなかったのであるが、その本文において「ポリティカル・エコノミー」の用語は「エコノミクス」に置き換えられたのであった。同一八七九年に出たアルフレッド・マーシャルとメアリー・マーシャル（Mary Pale Marshall, 1850-1944）の『産業経済学』は、その原題を『エコノミクス・オブ・インダストリー』（*The Economics of Industry*）としており、タイトルに「エコノミクス」を冠する最初の書籍となったのであった。

一八七七年一二月一九日に東京大学第一回卒業証書授与式が行われ、卒業生は七月卒業の理学部三名のみであった。翌一八七八年七月八日に第二回卒業証書授与式が行われ、法学部卒業生六名がいた。

一八七八年八月にフェノロサが来日し、文学部の政治学教授を職任された。この八月末現在の東京大学在籍学生数は、理学部一〇二名、法学部三六名（四年生七名、三年生一一名、二年生一〇名、一年生八名）、文学部一九名（二年生一二名、一年生七名）であった。『東京大学百年史　部局史一』（二九頁等）にあるように、一八八一年八月以前は、諸学校で学ぶ者すべてが「生徒」と記されていたが、本書では煩雑になるのを避けるため、大学生については「学生」の表記で統一している。そして、学生の九〇パーセントが給費生であった。ただし杉原四郎の「フェノロサの東京大学講義」（一九七三）には、フェノロサの担当授業「経済学」の出席者は百名前後いたと記されているので、正規学生以外に聴講した人々が相当数いたことになる。

一八七八年一二月に文部省より、東京大学に学位授与の権を与える通達があり、それを受けて、一八七九年七月一〇日には、卒業式改め「学位証書授与式」（第一回）が挙行された。一八七七年七月以降一八七八年一二月に至る三学部卒業生（二四名）並びに一八七九年七月の卒業生（三一名）計五五名に対して学位が授与された。この七月初め現在（卒業生を含む）三学部学生数は一七七名、うち文学部は二七名（三年生八名、二年生七名、一年生一〇名、未試二名）。一八七九年度が文学部の完成年度とされ、一八八〇年七月一〇日の学位授与式において、文学部で初の卒業生八名が巣立ってゆく。そのうちの一人和田垣謙三は、一八八〇年一〇月に、理財学専攻のために日本政府によりイギリスとドイツに派遣され、ロンドン大学、オックスフォード大学のキングス・カレッジ、ベルリン大学で学ぶ機会をえた。彼は帰国後、一八八五年二月に東京帝国大学文学部講師となり、翌八六年から経済学を教え始めた。和田垣はのちに天野為之への法学博士授与を推奨することになるのである。

一八八一年九月、文学部は二学科体制から、哲学科（第一科）、政治学及び理財学科（第二科）、和漢文学科（第三科）の三学科体制に組織替えされた。

2　フェノロサから学ぶ

英語での授業

アーネスト・F・フェノロサ（写真2-2）は一八七八（明治一一）年八月から八年間、東京大学において、政治学、哲学史、経済学（理財学）を講じ、途中から社会学（世態学）も担当した。『東京大学百年史　部局史二』（八七五頁）には、彼の月俸は三百円だったとある。山口静一「御雇外国人教師エルネスト・F・フェノロサ」（二〇〇〇）によれば、彼は一八五三年にアメリカのマサチューセッツ州に生まれ、父はスペインから移民した音楽教師で、母は同州セーラムの名家の出身であった。彼は一八七〇～七四年にハーバード大学（Harvard College）で学び、続いて同大学院に進学した。一八七六年にスペンサーの総合哲学についての研究によって修了し、キリスト教神学校でも学んだ後、ボストン美術館付属の絵画学校で油絵を習っていた。しかし、同地での就職先の目途が立っていなかった。

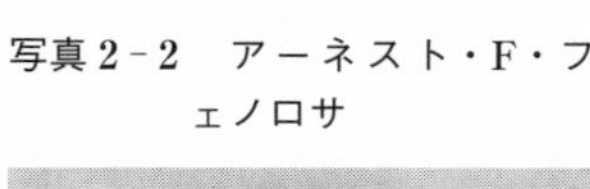

写真2-2　アーネスト・F・フェノロサ

画像提供：日本フェノロサ学会。

エドワード・シルベスター・モース（Edward Sylvester Morse, 1838-1925）は、一八七七年六月に海洋生物研究のために日本を訪れたところ、依頼されて東京大学の物理学教授に就任することになった。さらにモースは、教材の調達と物理学・政治学（Political Philosophy）担当の教授探しのために、一八七七年一一月から六ヶ月間アメリカに帰国した。政治学教授については、ハーバード大学学長のチャールズ・W・エリヨット（Charles W. Eliot, 1834-1926、化学）を通じて、チャールズ・ノートン（Charles Eliot Norton, 1827-1908、美術史）からフェノロサを紹介された。エリヨットとノートン両名の推薦状を得て、フェノロサは一八七八年四月に東京大学から内定通知と契約書を受け取り、追加で経済学の授業も担当することになった。そして一八七八年八月に東京に到着し、翌日から授業を開始したのであった。

ハーバード大学の経済学

歴史家E・メイソンとT・ラモントの「初期のハーバード大学の経済学」（一九八二）によれば、一八七八年前後、ハーバード大学の経済学（Political Economy）担当のポストは二つで、一つはチャールズ・フランクリン・ダンバー（Charles Franklin Dunbar, 1830-1900）が占め、もう一つについては一八七八年にジェイムス・ローレンス・ラフリン（James Laurence Laughlin, 1850-1933）がサイラス・マルカス・マクヴェイン（Silas Marcus Macvane, 1824-1914）の後継者となった。ダンバーはニューイングランドの日刊紙『ボストン・デイリー・アドバタイザー』（*Boston Daily Advertiser*）の編集者で貨幣・金融問題の論客として活躍していたところ、一八七一年にエリヨット学長の判断でアカデミズムの外から「外部採用」されたのであった。それでもR・チャーチの「一八九一〜一九〇二年のハーバード経済学」（一九六五）によれば、ダンバーは当時のアカデミック経済学者の誰よりも大学の「経済学」担当者にふさわしく、教授の資格も申し分なかった。

とはいうものの、ダンバー自身は驚いたようで、ドイツとイギリスに滞在して、経済学を研究することを条件として承諾した。彼はそのとおり実行したうえで、教授としてハーバード大学に着任したのであった。

そしてダンバーが授業で経済学の授業図書として指定したのが、まずアダム・スミス、J・S・ミル、それからヘンリー・フォーセット、ジョン・ケアンズ、ジョン・ラムゼイ・マカロック、ウォルター・バジョットの著作であった。指定図書や他の担当者交代の状況に鑑みると、フェノロサは日本での経済学の授業について、ダンバーから助言をえた可能性が高い。ダンバーは「慎重な自由貿易論者で、健全財政主義者」であったとメイソンとラモントは特徴づけていた。アメリカで南北戦争前によく読まれたフランシス・ウェーランドの『経済書』（一八三七）は、日本では、福澤諭吉が慶應義塾において戊辰戦争さなかの一八六八年五月一五日に講述したことでよく知られていることはすでに書いた。

フェノロサの講義の日本語概要や報告（申報）、英語での試験問題は現存する限り、山口静一編『フェノロサ社会論集』（二〇〇〇）と『フェノロサ英文著作集』第一巻（二〇〇九）に収録されている。そして浅川榮次郎・西田長壽の『天野為之』により、天野の受講した講義の概要をつかむことができる。フェノロサは非常に熱心に英語で講義し、予定時間を超過して続けることも多かったので、学生たちも引き込まれるようにして熱心にならざるを得なかった。

天野は一八七八（明治一一）年に東京大学文学部の第一学年となり、翌一八七九年度には第二学年に進んで、フェノロサから「哲学史」を学んだ。一八七九年度の講義報告を、七八年度のそれを参照しながらみると、「シュヴェグラーたちの著書を参考書として、デカルトから、ヘーゲル、スペンサーに至る近現代哲学の大意を教授した」となる。山口の「御雇外国人教師エルネスト・F・フェノロサ」（二〇〇〇）により、スピノザ、ロック、カント、ヒュームなども教えられたことがわかる。アルベルト・シュヴェグラー（Friedrich Karl Albert Schwegler, 1819–1857）はドイツの哲学者・神学者で、彼のドイツ語著書からの英訳『西洋哲学史』（*A History of Philosophy in Epitome*「哲学史概略」、一八四八）が教科書として用いられた。同書はドイツで版を重ね、二種類の英訳が出版されるなど、たいへんよく読まれたようだ。シュヴェグラーの本はスペンサーを扱っていないので、フェノロサは自身の研究を使ったのであろう。

経済学のパラレル・ヒストリー

天野は一八八〇（明治一三）年には第三学年に進み、フェノロサから経済学と政治学の講義を受けた。フェノロサの提案により、経済学と政治学はともに第三年次と第四年次の二年間にわたって受講することになっていた。明治一三年度の経済学の初年度授業の教科書について、講義概要と報告を合わせ見ると、ミルの『経済学原理』（一八四八）を教科書とし、「経済学の原則を考究せしめ」、少々大胆に換言すれば、経済諸概念を定義しながら、一国のマクロ経済を概説し、貿易や貨幣について教えられたといえる。そしてケアンズの『経済要義』（一八七四）を推薦図書として、授業内容にも取り入れたようだ。講義概要では、そのうえで、相対立する経済学者の諸見解を論じることになっており、その参考図書には、ミル、ヘンリー・ケアリー、ジョン・ケアンズ、W・S・ジェヴォンズ、フランシス・ボーウェンの著書が挙がっている。ボーウェン（Francis Bowen, 1811-1890）はハーバード大学でダンバーの前の経済学コース担当者で、金融市場のパニックを見るたびに悲観的な経済観をもつ傾向にあったとされている。相対立する経済学者の諸見解を読む教育を素直に受けて、論点整理を得意とする天野の論述スタイルが確立されたように感じられる。

ここで、アダム・スミスはフェノロサの東京大学での講義の教科書にも参考文献にも挙がっていないことに注意を促しておきたい。その理由は、ミルの『経済学原理』の英語が非常に読みやすいのに対して、アダム・スミスの『国富論』（一七七六、『諸国民の富』とも和訳される）の英語がキリスト教の色彩を帯びてかなり難しく、非英語母語話者の学生たちに読書指定するには不向きとみなされたと推測できるのである。

例えば筆者が二〇〇八年にアメリカのデューク大学で、担当教員のニイル・ドゥ・マーキ（Niel de Marchi）から勧められて学部セミナー「一八世紀の経済思想」の半分ほど（週二回授業のうち一回）を聴講したときのことを紹介しよう。授業はバーナード・デ・マンデヴィル（Bernard de Mandeville, 1670-1733）の『蜂の寓話』（一七一四）から始まり、ジョン・ロックやディビッド・ヒュームをたどって、アダム・スミスの『道徳感情論』（一七五九）と『国富論』（一七七六）で終わっていた。この授業に出ると、『国富論』の英語が突出して難しいことが受講者たちにもよくわかるようだ。学生たちは「ビー（bee、蜜蜂）、ビー」と言いながら、経済思想やその英語を楽しんだり批評したりするのである。

図表2-1　マンデヴィルの蜜蜂

出典：イギリスの経済専門誌『エコノミック・ジャーナル』の表紙。

マンデヴィルの蜜蜂はイギリス王立経済学会のシンボルになっていることは、同学会のウェブサイトやイギリス経済専門誌『エコノミック・ジャーナル』（*Economic Journal*）の表紙（図表2-1）を見ると確認できる。英語圏ではマンデヴィルから始まる経済思想史が教えられるのはそれほど珍しいことではないと思われる。経済思想史・経済学史について世界では複数の歴史が存在しうる、つまりパラレル・ヒストリーが存在するのである。

天野たちは経済学の二年目の授業として、フェノロサ担当の「労力、租税、公債論」と、大蔵省実務家の田尻稲次郎による「日本財政論」を履修したのであった。「日本財政論」では、徳川時代と明治維新以後の財政史、財政現状、日本国立銀行史、銀行の実際業務が教えられた。そして卒業論文の作成が課題となっており、年次報告によれば、学生たちが各自で選んだ題目は、通貨、銀行、商業、外国為替等であった。まるでハーバードのチャールズ・ダンバーと関心を共有しているようにみえるではないか。

『東京大学百年史　部局史一』によれば、渋沢栄一が講師を委嘱されたのは一八八二（明治一五）年度である。渋沢が経験に基づいて商業事情や銀行実務を講義するなどして、田尻稲次郎の日本財政講義とともに、フェノロサの理論的講義を補完するようになっていた。天野は明治一四年度の明治一五年七月に東京大学を卒業している。ただ、そのときコレラが流行していたため、学位証書授与式は延期されて一〇月に行われたことを記しておこう。

3 ミル『経済学原理』を読む

古典派経済学

イギリスのジョン・スチュアート・ミルの『経済学原理』は生命力の長い体系的経済書であった。初版がイギリスで一八四八（嘉永元）年に出版され、図表2-2のように七版を重ねた。ミルの序文によれば、一八六五（慶応元）年には民衆版（ポピュラー・エディション）も出版され、同年の第六版と内容は同じで、外国語文献からの引用がすべて英訳された。一八七一（明治四）年の第七版は、第六版の民衆版から字句を訂正したものとなっている。

ミルの『経済学原理』はアメリカでも出版されたほか、フランス語版、ドイツ語版など多くの翻訳が利用可能である。さらに英語では、文庫本のほか、他の経済学者が編集した普及版が出版された。一八七〇年の米ニューヨーク版はイギリスの第五版と同じであったが、一八八四年にアメリカのハーバード大学のローレンス・ラフリン編集ミル『経済学原理』が、一九〇九年にはイギリスのロンドン大学のウィリアム・アシュレイ（William Ashley, 1860-1927、ハーバード大学招聘講師）編集版ミル『経済学原理』が出版された。

図表2-2　ミル『経済学原理』

年	版
1848年	初　版
1849年	第2版
1852年	第3版
1857年	第4版
1862年	第5版
1865年	第6版
1871年	第7版

フェノロサが一八七八年から東京大学で経済学の教科書として指定したのは、ミルの『経済学原理』の第五版、第六版、第七版あたりであったと推測される。

歴史家R・チャーチの「一八九一～一九〇二年のハーバード経済学」(一九六五)によれば、一八七〇年代のアメリカ、特にハーバード大学では、経済学の教え方をめぐって対立があった。当時、ドイツの大学院教育がもっとも制度化されていて外国人にとっても博士号が取得しやすかったので、多くのアメリカ人がドイツに渡り、博士号をとって帰国して大学で教鞭を執っていた。

しかしチャーチによれば、制度や歴史の詳細を重んずるドイツ歴史学派的な流れから、抽象的な議論を含むイギリス古典派経済学のトレンドに移行する傾向がみられた。そしてアメリカではミルの『経済学原理』はよく読まれていたが、社会哲学を切り離す傾向があった。この流れに乗ったのが、先述のラフリン編集『経済学原理』(一八八四)であった。ラフリン版ではサブタイトルから「社会哲学に対する応用」が削除され、アメリカの大学生向けに、アメリカの経済史や制度、事例、さらにデータやグラフが追加されたうえでの縮約版となったのであった。

さらに、イギリス古典派経済学ではもはや現実経済を説明しきれない、銀行に関する議論が不十分である、と考えられるようになっていた。このことは、東京大学の最初のカリキュラム作成段階でもすでに認識されており、だからこそ次節でみるように小野梓がアメリカとイギリスで銀行業務を実地に調査してきたといえる。一九世紀には、アメリカ、イギリスにも日本にも民間の発券銀行が存在しており、銀行制度は脆弱であった。日本の「国立銀行」(認可制下の民間銀行)は一八七三(明治六)年に国立銀行紙幣（金兌換紙幣）を発行し始めた。しかし、国立銀行紙幣は一八七六年に兌換停止、一八九九年にすべて通用停止となった。日本銀行の開業は一八八二年なので、日本では九年ほど「フリーバンキング」に近かったといえる。

功利主義と日本伝統思想

それでも、J・S・ミルは大いに注目されていた。すでに述べたように、東京大学が誕生する二ヶ月前の一八七七年二月にミルの『自由論』（*On Liberty*）の改訳（中村正直訳『自由之理』）が出されるほどであった。イギリスと日本の倫理思想に通暁する小泉仰（たかし）は『ミルの世界』（一九八八）において、ミルの『自由論』が「自由民権運動のバイブルとしての役割を果したと考えてよい」（一三二頁）としている。しかしながら、キリスト教と結びついたリバティ（個人の自由）が、家制度を堅持しようとしていた明治日本に定着したとはいいにくいであろう。

「幸福の追求」はフェノロサによって言及され、功利主義思想にもふれられたと思われる。当時の日本では、ミルの『自由論』と『功利主義論集』（一八六一）は切り離されて読まれたといってよいのであろう。小泉仰がミルの二つの論考はかなり異なる読み方がされたことを示唆している。小泉の『ミルの世界』から、幕末明治期の功利主義思想について引用しておこう。

「ミルの功利主義思想は、幕末までに福沢［諭吉］、西［周］、中村［正直］らが学んだ儒学思想とかなり両立しうる思想でもあった。もちろん、儒学思想は、ミルの思想とは全く基盤を異にする土壌から生まれてきたものである。にもかかわらず、儒者たちがよく使う『天下を安んず』とか『民を安んず』という言葉に示されるように、民の生活の安定というような、今日の言葉でいう一般福祉とか社会福祉を目的にし、その目的を実現するためには、いかにしたらよいかを論じた点では、ミルの功利主義思想とかなり両立できる考え方であった。」（一三三頁）

第三章でみるように、アメリカ帰りの哲学者・田中王堂が『二宮尊徳の新研究』（一九一一）において、福住正兄（まさえ）（1824-1892）筆記の『二宮翁夜話』（一八八四―八七）の中に功利主義など西洋思想を見つけ出したことにより、功利主義と報徳思想との類似が語られるようになってゆく。尊徳や報徳思想に影響を及ぼした石門心学については、後にロバート・ベラーがかなり細かく研究し、『徳川時代の宗教』（一九五七）の中で詳論している。時代を戻すが、アメリカのプラグマティスト哲学者ジョン・デューイが一九一九（大正八）年に来日して東京大学での連続講義で功利主義に注目したことがきっかけとなって、功利主義思想は改めて研究対象になり、厚生経済学との結びつきも考察されるようになってゆくことは、筆者自身の『二〇世紀の経済学者ネットワーク』と「田中王堂のプラグマティズムと経済思想」を読んでいただきたい。デューイの講義録は一九二〇年に出版され、翌年と一九六八（昭和四三）年に『哲学の改造』との題で、後の一九九五（平成七）年に『哲学の再構成』と題して和訳が出版されている。

ミルと天野とケインズ

天野は『経済原論』（一八八六c）において、J・S・ミルの著書『経済学原理』を土台にして、「経済学とは財の生産、分配、交換、消費を論ずる科学なり」とした。ミルも天野も、「生産の社会的目的は、消費財の供給にある」ととらえ、所得のうち消費されずに残る貯蓄が、資本の増加を支えることに気づいていた。資本ストックは社会的に固定されているが、銀行こそが社会に流動性（貨幣）を供給し、資金を融通する、つまり資金の需要と供給（投資と貯蓄）を調整するのである。

天野にとって、銀行が貯蓄と資本の増加の調整を担う一方で、貯蓄をせずに贅沢品支出を増やしても、それは贅沢品を生産する労働者の雇用につながるので、経済効果は変わらないと考えられている。他方で活発な証券取引所は、経済を攪乱する因子にもなりえた。こうした論点は、J・M・ケインズの革命的マクロ経済学とつながるので、天野を読んで経済学を学び始めた石橋湛山は、ケインズの『一般理論』（一九三六）出版以前にその要点を把握することができたのである。

4　東京専門学校を創る

鷗渡会　天野為之は東京大学在学中に、小川為次郎（1851-1926、統計院官吏）と高田早苗から小野梓（写真2-3）を紹介され、会合するようになった。大日方純夫の伝記『小野梓』（二〇一六）によれば、小野は一八七二（明治五）年に米ニューヨーク・ブルックリンに私費で赴き、ジョンソン博士（詳細不明）から法の原理を学び、アメリカの憲法と行政法を調べた。歳入不足に悩む明治政府が、私費留学で現地に赴いた者に留学奨学金を提供する方針をとっていた時期であった。小野

写真２－３　小野梓

出典：国立国会図書館ウェブサイト。

は翌一八七三年、大蔵省官費留学生となって英ロンドンに渡り、昼間は銀行の組織と財政などを調査し、夜は法の原理の勉強を続けたほか、現地の日本人やイギリス人と交流した。そして小野はイギリスにおいて、政党政治の高揚を体感することになった。一八七四年一月に、イギリス国会の解散、総選挙を経て、グラッドストーン（自由党）からデズレーリ（保守党）へと政権が交代したのである。小野は選挙の実施、その結果に基づく政権交代を目のあたりにして興奮した。

小野が一八七四年に帰国すると、憲法制定・国会開設への機運が感じられた。小野は一方で他の帰国者たちと団結して「共存同衆」グループを形成し、他方でローマ法研究書や大著『国憲汎論』（一八八二―八六）の執筆に努めた。彼は一八七六～八一年まで司法少丞や会計検査院一等検査官を務めた。さらに天野ら東大生たちと会合して学問や政治に関する情報・知識を交換し、政治活動を効果的に繰り広げるために演説のスキルを磨いた。

明治一四年の政変（一八八一年）により、大隈重信や小野梓は政府を離れることになった。小野は一八八二年二月に「共存同衆」も離れて、東京大学生らを率いて鷗渡会（おうとかい）をつくり、さらに政党結成に向けて結束を固めていった。そして『東京大学百年史　部局史一』に次のごとく記されることになった。

「［一八八二年四月］一六日、大隈重信の立憲改進党の結成式が行われる。かねて小野梓の指導下に鷗渡会を結成していた高田早苗、市島謙吉、山田一郎、天野為之（以上文学部学生）……らがこれに参加、また新聞紙上にいわゆる『主権論争』をも展開する。」（三一頁）

明治憲法が制定される以前に、ちょうどこの頃、民間や官吏個人により私擬憲法が起草され、主権の概念と所在をめぐる論争が新聞・雑誌上で起こっていた。立憲改進党系の論者は総じてイギリス型の立憲君主制を是とし、「主権は君主と人民の間にあり」として議会主権説などを主張してゆく（大日方純夫、二〇一二『自由民権期の社会』）。高田らは卒業後に入党することになる。そしてこのグループがそのまま早稲田大学の前身である東京専門学校の設立に関わってゆく。

天野たちは、小野梓から、政党政治の役割、選挙による政権交代の興奮を伝えられ、機会があれば国政を担う政治家になるように導かれた。天野は同時に、小野がイギリスで観察してきた銀行業務や公的会計監査業務の実務から大いに学び、J・S・ミルの経済学で不足している諸点を改めて確認したといえる。

明治一四年の政変は文字どおり、政界に大きな変動をもたらして東京専門学校の設立を早めたことであろう。

しかし、天野や他の経済学者たちの「経済学」の動向に焦点をおく限り、内容が増加・拡大する変化はあっても、断絶的変化はみられないように感じられる。天野に絞れば、彼は徐々にドイツ・ドイツ語圏の経済学にも注目するようになり、英語圏と他言語圏の経済学の共通点を拾い上げ、日本や東アジアの経済問題を考察するのに役立つ論点に着目していた。彼はヨーロッパで経済の国際化と経済学の国際化が同時に進行していることを認識していたといってよい。

東京専門学校設立

教育熱心でかねてより高等教育機関の設置を嘱望していた大隈重信は、小野梓および鷗渡会七人組と協力して、その実現に邁進し始めた。カリキュラムを準備し、入学者を選抜し、一八八二年一〇月二一日に東京専門学校（早稲田大学の前身）の開学を迎えた。初代校長には大隈（南部）英麿（1856-1910）が就任した。彼はアメリカの小学校、中学校、ダートマス大学、プリンストン大学で学び、帰国後、第二高等中学校で教鞭を執るなどしていたところ、大隈重信と出会い、彼の養子となったのであった。

『早稲田大学百五十年史』（二〇二二）でも述べられたように、大隈英麿が開校の辞を述べたのち、つづいて最初に主催者側を代表してあいさつを行ったのが、大学卒業後間もない天野為之であった。彼は開校式の席上、福澤諭吉ら来賓の前で「高等教育を更に普及できる喜び」を伝える内容の演説を堂々と行った。天野の「心を我高等教育に尽くすことについては、天下のために意外の幸福を祝せんと欲するなり」「高等教育の必須欠くべからざるを信じている」というフレーズは彼の信念を表現している。天野のあいさつ全文が『内外政党事情』（一八八二年一〇月二四日付）と、浅川と西田の『天野為之』に収録されている。

開校当時、秀島家良（1852-1912）が幹事を務め、高田早苗、天野為之、岡山兼吉（1854-1894）、山田喜之助（1859-1913）、山田一郎（1860-1905）、砂川雄峻（1860-1933）、田原榮（1858-1914）の七人が講師となり、政治経済学科、法律学科、英語学科、理学科が設けられた。英語学科が含められた理由は、日本語で教授することが原則であったが、さらに学術研究に進もうとする者のためには、当時の学界の状況では外国語に頼らざるを得ない事情があり、必要であると考えられたからであった。同校は一八八二年末には、一五二名の学生を擁していた。

政府や公的部門で働かない東大卒業生が中心になって、優れた民間人・市民を育成し、民間部門を強化しようとしていたことが嫌われたのか、東京専門学校に対して「陰に陽に官憲の圧迫」がかけられることがあった。それにもかかわらず、学生たちの熱心な勉学姿勢と講師たちの忍耐づよい教授があいまって、同校は発展をとげてゆく。講師たちは当初、多くの科目を担当しており、天野や高田は一週間少なくとも三〇時間以上の講義をこなさなくてはならなかった。一八八五（明治一八）年の学科配当表では、天野の担当は、哲学講義と質問（高田と共同）、経済原論、公債論、経済学、文明史、文明論、銀行論（一八八三年より）、読方などである。一八八六年に入学した坪谷善四郎は、天野から経済原論、商政標準、外国為替論を教授されたと報告している。後に担当科目の種類は多少減少するが、天野の経済原論担当はほぼ不動であった。

言語の相違の大きさ

東京大学では、天野たちが卒業後しばらくして、J・S・ミルと並んでヘンリー・フォーセットの入門的『経済原論』（*Manual of Political Economy*, 1863）が教科書に加えられた。これはミル経済学への導入書であった。メイソンとラモントの「初期のハーバード大学の経済学」（一九八二）によれば、フォーセットは英ケンブリッジ大学で道徳哲学の一部門として経済学を教えており、次世代のマーシャルが彼の後任になって経済学の地位を高めてゆくのであった。オックスフォード大学も似たような状況で、次世代のエッジワース（Francis Ysidro Edgeworth, 1845-1926）が社会的にも目立った活躍をするようになる。当時、経済学者を養成する大学院教育を行っていたのはドイツだけで、アメリカから多くの若者が留学していた。

明治一四年の政変を受けて、一八八二年度から東京大学での第三の経済学教科書として、独ライプチヒ大学のW・ロッシャー（William（Wilhelm）Roscher, 1817-1894、「ロッシェル」の表記もあるが、本書では天野が用いた表記を用いる）の『経済学原理』の英訳（*Principles of Political Economy*）が用いられ始めたことに注目しておこう。ロッシャーは初期のドイツ歴史学派の中心人物であった。同書は、ドイツ語原典第一三版（一八七七）のフランス語訳をリレー英訳して、ニューヨークで一八七八年に刊行された版であった。英訳者はアメリカの政治学者ジョン・レイロー（John J. Lalor, 1840/1841-1899）で、彼はドイツ語もある程度できたようなのであるが、フランス語訳からリレー英訳されなければならなかった事態は、ドイツ語と英語の間に大きな言語文化の差異があったことを感じさせるのである。

ロッシャーは当然ながら、歴史学派の方法論をもちいて、歴史や制度の相違が重要であると主張していた。しかしながら、イギリスやドイツの歴史と制度の相違を捨象して、抽象化してみた経済理論に注目すると、全体としてミルとロッシャーはよく似ているといってよい（池田 一九九五）。たしかにロッシャーは人間に重きをおくと主張して、人間の「ベダルフ」（Bedarf、欲求、欠乏、英語では

want）とその変化、消費活動について歴史的に詳しく論じていた。そしてロッシャーは、富を構成する物財およびサービスに有用性（利用、utilities）が具わるとみなしていた。それに対して、ミルは消費自体については少ししか語らず、「労働は物ではなく、有用性（utilities）を生産する」と主張していた。そしてミルは、別の論考で功利主義を詳しく論じて、功利（効用、utility）や幸福を諸個人がおかれた状況の改善に向けての判断基準とするように議論を展開していた。ミルやイギリスの経済学者たちは富の構成物として物財に注目する一方で、家事使用人、俳優、音楽家、教師、弁護士、医師、軍人、官吏（公務員）の労働を「不生産的労働」と呼ぶ傾向のある人たちとのあいだで大論争を繰り広げていたのであった。

天野は後に『商政標準』（一八八六d）を執筆したときに、ロッシャーの『経済学原理』英訳版を参考文献の一つに挙げている。天野はミルとロッシャーの異同を確認するような読み方をしたといってよい。天野は特にロッシャーのアメリカ版で追加された国際貿易に関する章を読み、その論争点に注目していったのである。天野は後に、ミルにはなかったロッシャーの関税同盟に対する提案を、日中経済関係に応用して考察した社説を『東洋経済新報』に寄稿することになる。彼はまた関税の中でも、輸入原料に対する課税に特に力強く反対するのであるが、そのときには、ロッシャーの反対論から援護されているように感じていたことであろう。

一八八五年創刊の『中央学術雑誌』（月二回刊）に注目しておこう。天野が責任編集者で、東京専門学校の文系講義録を収録するほかに、欧米の研究動向の和訳も掲載していた。例言には「二〇部以上の購入があれば、地方に出張講義をする」旨が記されていて、この雑誌が学問への関心を日本各地で高めることに大きく貢献したと思われるのである。天野の「銀行原理」(一八八六b)はウォルター・バジョット(Walter Bagehot, 1826-1877)やJ・M・ギルバート(James William Gilbart, 1794-1863)の論考を参照していて、渋沢栄一の体験的銀行論講義から学術的一歩を踏み出していたといえよう。A・シーボルト編「普国参議院弁」の和訳が同年四月一〇日号に掲載されていることはすでに述べた。「普国」はプロシアのことで、在日イギリス公使館から日本政府勤務(欧州担当)に移っていたシーボルトが、日本での憲法公布、議員の選挙に基づいた国会設立に向けて、プロシアの憲法・議会を調査するのに協力した様子がうかがえるのである。

5 父ケインズ『経済学方法論』を訳す

父ケインズの方法論

天野の経済学では、J・S・ミルの『経済学原理』と、一八九一(明治二四)年九月に『高等経済原論』と題して訳出した米ラフリン編集のミル『経済学原理』(一八八四)が大いに参考にされている。後述するように、天野は『経済原論』を書いた後、『経済学研究法』(一八九〇a)を書き、さらに経済学研究法について模索を続けていた。そのとき、ジョン・ネヴィル・ケインズの『経済学の領域と方法』(*The Scope and Method of Political Economy*, 1891)に出合ったのである。同書には、天野が探し求めていた経済学の方法論があっただけではなく、ロッシャー以後のドイツや他のヨーロッパ諸国での経済学の最新動向が詳しく著されていた。

原著は一八九一年から一九一七（大正六）年までに四版を重ねた。天野は一八九七年に初版の和訳を『経済学研究法』と題して出版した（図表2－3）。和訳も売れ行きよく、一年以内に第二刷が出ている。J・N・ケインズは論理学や方法論が専門で、マクロ経済学で有名になるジョン・メイナード・ケインズの父である。彼らの姓は当時、ケインズではなく、「キエーンス」と表記された。協力した日本人とともに、現在の表記に近づけて、「自序」から引用しておこう。

「英国ケンブリッジ大学教授中にその人ありと知られたるケインズの著経済学研究法を読むに立論精確公平にしてまた簡明、けだし近代の傑作なり。即ち之を訳することとせり。本書訳述については文学士梅宮誠太郎君および現時米国ウィスコンシン大学にある塩沢昌貞君より不用意の助勢を蒙りたり。」

ネヴィル・ケインズもJ・S・ミルの経済学や方法論を基本としながら、新しい研究動向をしっかり把握して印象深く

図表2－3　『経済学研究法』の目次

ジー・エヌ・キエーンス著，天野為之訳，東京専門学校出版部，1897年

第1章　緒論
第2章　経済学と道徳及び実践との関係
第3章　事実的科学として観たる経済学の性質並に定義
第4章　経済学と普通社会学との関係
第5章　経済学に於ける定義
第6章　経済学に於ける殊別的経験法
第7章　経済学に於ける演繹法
第8章　経済学に於ける符号的研究法図表的研究法
第9章　経済学及び経済史
第10章　経済学と統計

伝えていたので、天野の座右の書になったと推測できる。天野にとっては「学理と実際」の方法論があり、経済学の道徳と実践に対する関係が論じられた意義深い書であったといえる。ネヴィル・ケインズはさらにオーストリアのウィーン大学のカール・メンガー（Carl Menger, 1840-1921）と、ドイツのベルリン大学のグスタフ・シュモラー（Gustav von Schmoller, 1838-1917）の間の激しい方法論争も丁寧に描き出していた。経済学者の間で科学的分業を進めるべきであるとするメンガーの主張も興味深かったことであろう。

効用概念をめぐって

第三章の題名は「事実的科学として観たる経済学の性質並に定義」と訳された。同第四節「富及び経済的行為の定義」において、効用（utility）がとりあげられていた。天野は「ユーティリティ（utility）」を「利用」と訳し、ケインズの定義を「直接又は間接に人類の須要［needs］と欲望［desires］とを充たすの力なり」と訳した。「利用［効用］を有するの一事は学者皆一致して富に属せしむる所の一の特質なりとす」との説明に納得し、新しいアプローチでの効用の重要性をとらえて、天野は自身の『経済学綱要』（一九〇二）において取り入れてゆく。

もっとも天野が編集に関わった『中央学術雑誌』には一八八五（明治一八）年に、前橋孝義による翻訳「経済上快楽苦痛の尺度を論す――せぼん氏経済論」が掲載されている。「せぼん」はイギリスの経済学者「ジェヴォンズ」のことである。この論考はジェヴォンズの限界効用逓減（ていげん）の法則をコンパクトに論じたものである。これは同じものの消費を続けると追加的消費から得られる効用（満足度）が減少していくという法則である。それゆえ、天野自身は経済学研究で数学を用いることはほとんどなかったようだが、一八八五年頃には経済学の新動向に気づいていたといえる。

そして天野はのちに『東洋経済新報』一九〇一年四月一五日号の署名社説「其罪大盗よりも甚だし」において、細民の勤倹貯蓄心を刺激して、日本に不足する資本の増加発達を促して「社会の繁栄進歩」をもたらすために、「郵便貯金より便利に、普通銀行より安全なる、特種の貯蓄機関〔信用組合をさす〕」の設立が望まれると唱えた。その際、「貧民の一円を奪うは三菱三井〔富豪〕の千万円を奪うよりも、その罪大なる場合なり」と主張したのであった。これは貨幣の限界効用逓減の法則が前提にされた主張であるといえる。

数理経済学の登場

第八章「経済学における記号的方法と図表的方法について」(上宮訳による)、第一節「経済学の数学的性質」は興味深い。天野の『経済原論』初版(一八八六c)が世に出た頃からますます新しい学説や経済モデルが出され、経済理論は多様化するかたちで進歩していた。価格‐数量平面に需要曲線や供給曲線を描いたり、多くの経済主体の行動が奏でる相互依存関係を同時方程式体系で表現したりする経済学者たちが現れていたのである。

経済学では、貿易、輸出、輸入、価格、需要、供給、財政、貨幣など数字に関係する専門用語が駆使され、それらの数量的関係、価格の上下運動が論じられる。ケインズの書物では、ジェヴォンズ、エッジワース、A・マーシャル、ワルラス(Léon Walras, 1834-1910)らがとりあげられた。特にクールノー(Antoine Augustin Cournot, 1801-1877)が関数と二次元グラフを利用したことが絶賛されていた。ネヴィル・ケインズは、数式やグラフを用いることなく、詳しい解説を紙幅を割いてわかりやすい英語で展開していた。ミルが行ったような需要と供給の比で議論するのではなく、需要や供給を価格の関数としてとらえて二次元グラフで表現したり、さらに多数の財が存在するのを前提にして方程式体系のかたちで表現したりしてゆくことが推奨されていた。興味深いことに、ネヴィル・ケインズは、ウィーンのメンガーが『国民経済学原理』（一八七一）で数学を用いずに議論していることに言及しながらも、メンガーが数学の利用に賛成していると「正しく」推測していた――「正しかった」理由は本節の最後のエピソードで紹介しよう。ネヴィル・ケインズは、数学をまた数学利用に対する反対意見も紹介して、議論のバランスを保とうとしていたことも記しておこう。

一般均衡論を説明する段落もあるので天野の翻訳を引用しよう。

「数学的方法が種々なる現象、例せば供給、需要及び物価等の諸現象の間に存すべき相互基因［mutual dependence］の関係を了解するの帮助を与ふること是なり。此概念たる経済学に於て頗（すこぶ）る重要なるものとす。」（二九五頁）

もっともネヴィル・ケインズは、この引用文のあと、数学を使った一般均衡論の創始者レオン・ワルラス（スイスのローザンヌ大学）ではなく、イギリスのケンブリッジ大学の同僚A・マーシャルの名前を挙げていた。マーシャルは現在では部分均衡論の創始者として有名であるが、ネヴィル・ケインズは、マーシャルが太陽系の惑星の運動が相互に影響を及ぼし合うことに言及していることを強調した。実際のところ、太陽系の惑星の運動などが方程式体系で表現されたことが市場の一般均衡分析の着想につながってゆくのである。惑星天文学が西洋世界でのサイエンス（science）のイメージを形成していたことは、後にアメリカの科学史家トーマス・クーンの『コペルニクス革命』（一九五七）によって説得的に歴史的に語られた。コペルニクスによる継続的観測（観察）と計算によって、地動説が裏書きされてゆき、天動説からの脱却につながったのであった。

リカードゥとロンドン株式取引所

第九章「経済学及び経済史」の第六節「経済史並に経済的理論の歴史」において、ネヴィル・ケインズはD・リカードゥ（David Ricard, 1772-1823）の方法論について言及している。ケインズはリカードゥが自らの仮定を明白には規定しなかったことを指摘し、次のように指摘した。天野の翻訳を引用しよう。

「其理由に就て市の一身上の事情及び当時一般の経済的状態に徴して之を知るべし。氏の根本的仮定は完全不羈（ふき）なる競争の動作なりとす。而して此一事は第一に氏の倫敦［ロンドン］市内に於ける地位と其株式取引所に対する地位と相連結して見るべきなり。即ち其取引所たる理論的に完全なる市場の模範と見做すべきものにして競争は常に間断なく行われ全く需要供給の力に由りて支配せらるる所ありとす。」（三三一―三三二頁）

ロンドンの取引所が「理論的に完全なる市場の模範」とみなされていたことは、天野にとって大きなショックだったといってよい。天野は一九〇〇（明治三三）年の『東洋経済新報』の社説において、一方で日本の取引所が賭博場と化していると激しい批判を繰り広げることになる。彼は他方で、その原因を考察し、イギリスの取引所を模範として解決策（企業監査の制度的確立）を提案することになってゆく。

ネヴィル・ケインズの息子メイナード・ケインズは、後に『確率論』（一九二一）において、プロバビリティ（probability は確率、蓋然知、蓋然性などと訳される）を命題間の関係に対する確信であると定義して形式的に論じてゆく。メイナードは、『貨幣改革論』（一九二三）や『貨幣論』（一九三〇）で一部数式を利用して金利や物価の問題を論じ、『一般理論』（一九三六）では、消費関数、投資関数などを導入して、（所得のうち消費されずに残る部分である）貯蓄を投資につなげることに失敗する金融メカニズムの調整不良問題が、慢性的失業問題を引き起こしうることを論じることのできるマクロ経済体系を構築するのであった。

C・メンガー蔵書

本章の最後で興味深い（事件に近い）エピソードを一つ紹介しておきたい。オーストリアでは第一次大戦後の不況とハイパー・インフレーションに悩まされていて、カール・メンガーの蔵書が遺族によって販売に出された。それを東京商科大学（現一橋大学）が一九二三（大正一二）年に購入し、東京に船で運ばれてきた。メンガーの蔵書の中に、当時の最先端をなす数理経済学文献が含まれていたのである。C・メンガーは数学を使わない経済学者としてよく知られていたことはすでに述べた。それにもかかわらず、数学を多用するクールノーの『富の理論の数学的原理に関する研究』（一八三八）、L・ワルラスの『純粋経済学要論』（一八七四―七七）、J・デュピュイ（A. J. É. J. Dupuit, 1804-1866）の「公共的労務利用の測定に就いて」（一八四四）や「交通機関の利用に及ぼす使用料の影響に就いて」（一八四九）が掲載されたフランスの『土木工学雑誌』（*Annales des Ponts et Chaussées*）まで所持していたのであった。先に紹介したように、C・メンガーが数学利用に対して賛成していたようだとする、ジョン・ネヴィル・ケインズの推測は正しかったのである。

C・メンガーの蔵書は日本の経済学者たちに様々な経済文献をもたらし、歴史研究ではなく、まずは同時代の経済学的知識を獲得するために利用された。一九一〇～二〇年代、経済学者たちのリーダーになっていた福田徳三はこれにより、以前には胸の内にもっていた数理経済学に対する憎悪を捨て去ったようである。福田は、彼の学生の中でもっとも数学の得意な中山伊知郎に、ワルラスの『純粋経済学要論』とクールノーの『富の理論の数学的原理に関する研究』を丁寧に勉強して、セミナーで数学を使わないで報告するように助言したのであった。

数学を利用した議論を、数学を使わずに再構成することは、ネヴィル・ケインズがすでに行っていたことである。その後もイギリスでは、同様の経済学書の構成をとる経済学者たちが現れている。A・マーシャルは『経済学原理』（一八九〇）において、J・R・ヒックスは『価値と資本』（一九三九）において、本文では数学を使わずに経済理論を論じ、補論で全面的に数学を駆使したのであった。こうした解説方法のおかげで、経済学での数学利用への抵抗を減らすことができ、その普及につなげることができたといっても過言ではないのである。日本で経済学における数学利用については、筆者の『日本の経済学』（二〇〇六）を参考にしていただきたい。

第三章　日本の伝統への視線

天野為之と彼の同世代人たちは英語で専門科目を学んだのであるが、彼らは明治一〇年代から、日本の伝統にも視線を注ぎ始め、一部は海外に向けて発信していたことが注目される。天野の世代の人たちは、天保時代に生まれて明治維新を迎えた、いわゆる「天保世代」から学んでいた。彼らは、新しい日本で使えるものを過去から探して、二宮尊徳を見つけ出していた。尊徳は一八世紀のイギリス経済思想家たちと比べても遜色はない。天野編『実業新読本』（一九一三）には、日本語を磨く文章が様々な書籍から盛り込まれたうえ、商業教育、実業教育の手本を示すべく編纂されたようにみえる。天野は、天保世代の代表格のひとり福澤諭吉の著作をほとんど読んでいて、受け容れられること、そうではないことを峻別していた。

1　天保世代と天野世代

二つの世代

変化の大きな時代については、同世代の活動に注目するとよい。天野為之（1861-1938）の同世代である、内村鑑三（1861-1930）、新渡戸稲造（1862-1933）、岡倉覚三（天心、1863-1913）、田中王堂（1867-1932）に注目しよう。彼らは、いわゆる天保世代から学んだ世代である。幕末・維新期に活躍した人たちの多くが天保年間（一八三〇～四四年）に生まれていた。例えば、中村正直（1832-1891）、福澤諭吉（1835-1901）、大隈重信（1838-1922、写真3-1）、渋沢栄一（1840-1931）が代表的天保世代である。

天野が万延元年、内村が万延二年、新渡戸と岡倉が文久二年の生まれで、旧暦年と西暦年の対応に気をつけなくてはならない。日本では、一八七三（明治六）年一月一日（旧暦一二月三日）からグレゴリオ暦が施行されたのである。五人とも、日本人や日本の文化・伝統にも注目し、内村、新渡戸、岡倉は英語で日本を紹介したのであった。

陽明学への視線

内村鑑三は東大予備門から設立二年目の札幌農学校に進学した。一八九四（明治二七）年に英文著書『日本と日本人』（*Japan and the Japanese*）を公刊し、西郷隆盛（新日本の創設者）、上杉鷹山（封建領主）、二宮尊徳（農民聖者）、中江藤樹（村の先生）、日蓮上人（仏僧）を英語で紹介した。近世領主の経済政策をみる場合、上杉鷹山が注目されることがある。もっとも天野は上杉に注目しなかったのであるが、その理由は、金融つまり資金の融通について考察したという記録が残っていなかったからであろう。内村は一九〇八（明治四一）年に『代表的日本人』（*Representative Men of Japan*）と題名を変更して再版を出した。

中江藤樹は日本の陽明学の先鋒で、唐津藩で教えていた奥東江の先生でもあった。福澤諭吉の儒教バッシングにもかかわらず、開国後も儒教研究はいっそう熱心に継続されており、中でも陽明学は幕末維新期の日本においてなかなかの人気を集めていた。

陽明学の始祖・王陽明（1472-1528）は明代の思想家である。彼の『伝習録』（一五五六）の和訳を紐解くと、それは多くの先人の主張をめぐって弟子たちと討論をしている様子を伝えてくれる。「格物致知」を基調とし、良知に訴え、孔子の説といえども鵜呑みにせず自分で考えることが重要であるとした。彼は思考や討論を含む幅広い意味での実践と理論の合一（知行合一）を唱え、心と物の区別にあたる事柄も議論している。陽明学はデカルト（René Descartes, 1596-1650）以降の西洋哲学と重なり合う部分が多い。米ハワイ大学やダートマス大学で教鞭を執った陳榮捷は一九六三年に英語版『伝習録』（王陽明 一九六三）を公刊し、論文「欧米の陽明学」（一九七一）において欧米での陽明学研究動向を伝えていて参考になる。

写真3-1　大隈重信

出典：国立国会図書館ウェブサイト。

新渡戸稲造も東大予備門から内村と共に札幌農学校に進

学し、一八九九年には英文著書『武士道』（*Bushido : the Soul of Japan*）をアメリカで出版した。同書は宗教教育が日本で行われていないことを訝ったヨーロッパ知識人に反論するために書かれ、ヨーロッパの伝統・文化に、東洋と日本の伝統・文化を、いずれも要点を見事に箇条書きにして対照させたのであった。草原克豪（かつひで）の『新渡戸稲造』（二〇一二）が述べたように、平和主義者の新渡戸は『武士道』により国際的に有名になって、一九一九年に国際連盟事務次長に就任するのであった。

日本の覚醒

岡倉覚三は横浜で生まれ、横浜で英語を勉強した。彼の英語能力は東京大学在学時から抜きん出て優れており、大学内外でアメリカ人講師アーネスト・F・フェノロサの通訳をするほどであった。フェノロサは当初より宗教と美術に関心があり、講義に慣れてくると、各地の寺社を訪れてスケッチを描くようになった。岡倉は卒業して文部省に勤務することになり、岡倉にはやがて日本美術の調査や美術行政を与る仕事が割り当てられるようになった。

フェノロサと岡倉を中心に、東京美術学校の設立が準備された。彼らの欧米視察を経て、同校は一八八九（明治二二）年に開校された。岡倉は翌年に、校長心得、校長と昇進していった。同校では、伝統的な日本美術の復帰を基本方針としていた。しかしながら岡倉は職を辞し、一九〇一年暮れからインドに滞在して、一九〇三年に英文で『東洋の理想』（*The Ideals of the East*）を刊行したのであった。同書は「アジアは一つである」とする一文から始まり、「日本はアジア文明の博物館となっている」として、儒教と仏教の伝来をたどり、飛鳥時代、奈良時代、平安時代、藤原時代、鎌倉時代、足利時代、豊臣時代、徳川時代、明治時代までの日本史を描いたのであった。

岡倉は一九〇四年には英文で『日本の覚醒』（*The Awakening of Japan*）を出版した。彼は日露開戦にあたって、次のことを英語で伝えたといえる。第一に、遡って日清戦争開始前には清が韓国政府を事実上支配下に治めていたことである。第二に、特に日清戦争終結・下関条約後にロシアが旅順などを占領していたというその動静、ロシアが満州占領・韓国併合を決意していたことである。『日本の覚醒』には「黄禍論」に対する反論もある。岡倉は世界に正しい日本理解を広げたといってよい。

翻るように、岡倉は一九〇六年には『茶の本』（*The Book of Tea*）を英語で出版した。日本の伝統として、豊臣秀吉がすでに嗜んでいた茶の湯（茶道）および生け花（華道）を伝える本になっている。岡倉はおそらく日露戦争後に日本が韓国を保護国としたことに衝撃を受けて、日本の穏やかにみえる伝統文化を国際社会に印象づけようとしたと思われる。現代風にいえば、民間によるソフト・ディプロマシーだったといえよう。各国がソフト・ディプロマシーに注力し始めるのは第一次大戦の頃からだとされる。

岡倉の英文著書三冊がニューヨークで刊行される頃、天野為之は東洋経済新報社を経営し、『東洋経済新報』を編集していた。そして、東京専門学校を卒業し、米ダートマス大学で教えていた朝河貫一が一九〇四年に英文著書『露日紛争』（*The Russo-Japanese Conflict : Its Causes and Issues*, 1904c）を出版して、日本、ロシア、東アジアの政治・経済情勢を伝えたのであった（本書第六章参照）。

プラグマティズムと日本古典

おそらく古い英語で苦労していた天野為之にとって、英語圏で哲学の研鑽を積んできた田中王堂との出会いは一種の「救い」だったと思われる。

田中王堂は中村正直の同人社、東京英和学校（現青山学院）、東京専門学校、京都同志社等で学び、一八八九年から八年間アメリカに滞在した。彼はシカゴ大学・大学院においてプラグマティスト哲学者ジョン・デューイの指導を受けた。当時のシカゴ大学には、他にも、ウィリアム・ジェイムズ（William James, 1842-1910）、ジョージ・サンタヤーナ（George Santayana, 1863-1952）というプラグマティストが揃っていた。

王堂の哲学は、プラグマティズム（それまでの哲学や諸学問の実践的総合と位置づけられ、対立するものについては結果・帰結で判断する）、ロマン主義、人生批評、文献解釈といった鍵概念で表現される。王堂は多くの哲学書を読みこなし、ジェイムズ、デューイらプラグマティストと同様に、功利主義（utilitarianism）を高く評価していたので、経済思想・経済学にも関心を寄せることになった。例えば、教え子の石橋湛山（1884-1973）が東洋経済新報社に就職した後、エドウィン・セリグマン、J・S・ミル、天野為之の経済書を読むように助言していた。

「ユーティリティ（utility）」は現代経済学では「効用」の訳語があてられるが、天野は「有用性」に近い概念でとらえており、その「有用性」は人間が判断するものと考えていた点で、王堂の功利主義評価と重なってゆく。「ユーティリティ」は「功利」や「効用」と訳される一方、「功利」の概念は江戸時代から儒者により使われてきた。そして、（人間が判断する）「功利」は、しばしば（人間を拘束する、人間が従うべき）「制度」と対置された。新しい日本においては、新しい制度が構築されなければならなかった。

天野と王堂は共に明治維新以後の日本の経済と社会の大きな変貌に関心を寄せ、二宮尊徳について著すことがあり、二人は共に、貯蓄につながる倹約・節倹（二宮尊徳なら「推譲」、アダム・スミスなら「パーシモニィー（parsimony）」）の経済的役割を重要視していた。経済学者の天野が特に国際貿易と銀行業に注目したのとは異なり、哲学者の王堂は、幸福、幸福の増進、民主主義の基礎としての個人主義、芸術・アートを称賛するロマン主義と、主に英語圏の哲学・社会思想を反映させて、広範な論題をとりあげて思索・議論を展開した。

田中王堂は一九一一（明治四四）年九月に『二宮尊徳の新研究』を出版した。経済学者の天野為之は富田高慶（1814-1890）の『報徳記』（一八八三）等を読み、尊徳の神道的要素に気づき、尊徳の勤労・分度・推譲に近代的な経済学につながる要素を見出していた。それに対して、哲学者の田中王堂は、経済学的解釈を猛烈に批判しつつ、福住正兄筆記『二宮翁夜話』（一八八四―八七）を高く評価し、尊徳に、プラグマティズム（実践、実験を含む）、功利主義、中庸、個人主義、重農主義（フランス経済思想の中で、農業こそが価値を生み出すという考え方）等を見出した（中国の日本研究者たちの読み方に近い）。王堂は原典の「解釈」はもとより「改釈」でもよいとした。王堂の『二宮尊徳の新研究』は一九四八年に石橋湛山の序を添えて『ヒュウマニスト二宮尊徳』（『田中王堂選集』第三冊）と題して再版された。注目すべき箇所を抜粋してみよう（引用頁は一九四八年版による）。

『二宮翁夜話』　まず、王堂自身が、尊徳を絶賛した文がある。王堂いわく、「二宮尊徳によって唱えられた学説は、確かに我が国の過去の文明と機運とが産出した最も大なるものの一つである」(八頁)。そして、王堂は、「独自に真理を創設するものを哲学者と呼ぶ」のであれば、尊徳は厳然たる哲学者であるとする――「尊徳はただに徳川時代を通じてのみならず、古今東西を通じてたしかに卓然一家をなせる立派な学者であり、哲学者であったといわねばならぬ。……私は最も忠実に彼の意見を載録したと思われる『二宮翁夜話』によってかく断言するのである」(五頁)と述べた。

第二に、王堂は、「二宮尊徳は最高最新の意味において(今、世上に行われている言葉を用いれば)ヒューマニズムの人であった」(一六頁)とする。その理由は、次のとおりである――「彼の説くところは多枝、多葉であるが、……政治にしても、宗教にしても、学問にしても、すべてそれらのものの役目は人間の生活を助長するという一事に帰することを忘れない。実に尊徳の事業の時流に超越した所以のものは、彼がすべての場合、すべての時代を通じて、人間の欲望と、目的と、可能とは何であるかと推究し、そして何人にも優って明快に切実にこの問題の鍵をとらえたためである」(一六頁)。

尊徳と功利主義

第三に、王堂は、尊徳の学説は、実験的、功利的、平民的であったとする――「彼が最も多くの力を用いて貨殖[経済]を説いていることは事実である。又理財[経済]と修身[道徳]との関係の親密なることを説いているのも事実である。しかし彼の見地よりすれば、あらゆる意味において幸福なる生活、あるいは充実せる経験は、ひとり衣食の充実せる生活によってはじめて需用せられるものと考えられたからである。……彼の学説を通じて最も顕著なる特徴をなしているものは、それが飽くまでも実験的であり、功利的であり、平民的であつたことである」（七頁）と述べた。

王堂は関連して、自己の主張する「欲望と境遇の調和」を尊徳に見出した。王堂いわく、「二宮尊徳は生活を統一する方法として境遇の支配と、欲望の整頓に等しく意をとどめることの必要を説いたのである」（二五―一六頁）。王堂の「欲望の整頓」は「欲望の順序付け」とみなしてよい。

第四に、王堂は、尊徳が人間と下等動物との違いを論じたことに注目し、人間は幸福を享受し、自然を変更し、社会を構造することを論じ、幸福、中庸、徳にも注意を払った。王堂は、「人間は一方に自然を変更し、他方に社会を構造して、動物の知らざる努力を運用すると同時に、又彼らの知らざる幸福を享楽して居るのである。尊徳が到る処説くこと忘れざる労作、分度、推譲、貯蓄、中庸等の諸徳は皆人間が生活を持続するために天然を変更し、社会を構造するという二つの根本事実に含蓄され、後に発展した要素に他ならない」（二二頁）と述べた。

個人主義と功利主義

第五に、王堂は、尊徳に個人主義があるとした。また、欲望は足し合わせることができる（功利主義）とも考えていた。『夜話』から、「天地間我なければ、物無きが如くなればなり」（巻の四、百七十話）を引用して次のように続けた。

「苟（いやし）くも天地間に生をうけたものは皆等しく己れが生存に対して絶対の権利と権威とを有している。ここに尊徳が当時においては驚くべきほどの知見をもっていいあらわしている如く、実に『天地間我なければ、物なき』が故に、この我身は天地間に二つなき尊きものである。それであるから、万有及び社会の中には強大なるものも、荘厳なるものも、美麗なるものも、幽玄なるものも無限に存在するが、これらは皆人間に生活するという欲望があってはじめて発見され、または創設されたに過ぎないのである。そして人間の欲望といえば、無論人類を形造る各個人すなわち老幼、貴賤、賢愚、男女にあって、中に潜み、外に現れたる欲望の総計に他ならぬのである。」（一〇八頁）

それゆえ、王堂は、幸福への道は、対立する欲望を比較して、自己の満足を計る必要があると考えたのである。王堂は、「幸福なる生活を作る道……私生活において、長い間の利益に鑑みて、矛盾する欲望の間の調和を計ることが必要であると同時に、公生活においても広き栄辱、得失の立場より、自分と他人との間の欲望を具体化することが必要である。……実際、世の中に生活する個人は自分の満足を計っておらないものは一人もない」（一一〇頁）と主張した。そして、王堂は、「二宮尊徳は個人主義の人であつた」（一一一頁）と結論した。

王堂は、西洋哲学のより長い伝統の中で、「幸福の増進」は人間の最終目的ととらえられていることを示し、二宮尊徳に共通する思想を見出したのであった。また「中庸」は変化する社会において「幸福」を考察するときに、一種の判断基準となりうるととらえられたようである。

「分度」は一言でいえば「分をわきまえること」である。尊徳の場合、新田開発を推奨し続けているので、現代風にいえば、「分度」は「経済成長」を含んだ概念であるといえる。それゆえ、筆者の

『日本のエコノミック・サイエンスの歴史』(二〇一四)においては、「分度」を「計算可能な一般均衡・持続可能な成長(computable general equilibrium and sustainable growth)」と翻訳した。後述するように尊徳たちは、効率的な灌漑システムの構築、新田開発、自然との融合を唱えていたのであった。

2 農商務省と『報徳記』

開港した頃から外国の書物の積極的な翻訳が始まり、経済的には外国貿易に対する禁が解かれてゆき、明治維新を迎えた後、教育現場では江戸時代までの知識がすべていったん脇に追いやられたようにみえる。しかしほどなく、江戸時代を越えて新しい明治時代においても、教育内容に組み込むべきものが再発見された。天野為之の東京大学でのカリキュラムにも、英文学、ドイツ語とフランス語からの選択のほか、和文学、漢文学が盛り込まれていた。さらに、新しい日本の将来を支える子供たちのために優れた教科書を著すことが社会的に要請されていた。

文明を支える仕組みの選択　天野は彼の『経済原論』(一八八六c)の売れ行きがよかったことから、小学校教科書の作成にも関与した。浅川榮次郎・西田長壽の『天野為之』(一九五〇)には、天野の最初の経済書『経済原論』が大成功を収めたので、出版社の冨山房が、小学校、中学校用の教科書出版の計画を立てて、天野に執筆を求めたとある(一六八―一六九頁)。天野の『経済原論』は冨山房にとっても初めての出版書籍であった。

天野は西村茂樹（1828-1902 写真3－2）と協力して、『小学修身経　高等科生徒用』（一八九四）を作成した。西村茂樹は徳川幕府と明治政府の両方に仕えた経験をもっていた。西村は日本講道会会長で、一八八六（明治一九）年に鹿鳴館外交に代表される欧化主義を批判していた。西村は翌一八八七年には日本講道会を日本弘道会と名称を改め、「日本道徳」を広める活動を開始したのであった（見城悌治、二〇〇九『近代報徳思想と日本社会』参照）。ドナルド・H・シャイバリーは「西村茂樹――近代化についての儒教側の見解」（一九六五）において、西村が儒教には禁止・警句が多く、新しい物事に挑むときの励みにならないこと、他の識者と同様に日本には夷敵（いてき）を追い払うだけの軍事力がなかったことに気づいていたと述べている。西村が文明を支える仕組みを西洋から選択したうえで導入するという考えをもっていたことは興味深いといえる。彼は議会制については少なくとも急いで樹立する必要はないと考えたようである。

写真3－2　西村茂樹

出典：国立国会図書館ウェブサイト。

二宮尊徳への視線

天野謹輯と西村校定の『小学修身経　高等科生徒用』に戻ろう。そこでは、江戸時代の思想家たちである二宮尊徳、熊沢蕃山、中江藤樹、青木昆陽、新井白石のほか、倹約をもっぱらとする商人が模範とされ、富裕者には人倫を尊ぶ行動が期待された。

「国の富強を増さんとせば、内に農工の業を進め、外に航海貿易の業を盛んにするべし。」（第一巻第三三課「公益」三三頁）

この一節に、明治日本の課題が凝縮されている。

二宮尊徳の仕事が地域に限定された称賛を越えて全国的に普及していく契機となったのは、一八八〇（明治一三）年、旧相馬藩主相馬充胤（みちたね）（1819-1887）が上奏して富田高慶の『報徳記』（和装八冊）等を献上したときになる。『報徳記』は一八八三年に宮内省で刊行されて知事以上に配布され、一八八五年に農商務省版が出て省内の必読書となり、一八九〇年に一般普及版として大日本農会版が登場する。

農商務省は一八八一（明治一四）年に内務省と大蔵省の所掌事務を再編統合して設置され、現在でいえば経済産業省と農林水産省が合体したような巨大な省で、まさに産業政策立案の中心になろうとしていたところであった。一八八〇年に横浜正金銀行（三菱東京UFJ銀行等を経て、現在では三菱UFJ銀行）が外国為替取扱専門銀行として国内で営業を開始し、一八八四年にはロンドン支店を開いて、いわゆる直接貿易を進める体制が整えられ、中央銀行である日本銀行も一八八二年に設立された。

興業意見

一八八一年に（天野に英語を教えたアメリカ帰りの）高橋是清が農商務省に入り、一八八三年頃、森有礼の仲介で、農商務省大書記官だった前田正名（1850-1921）に出会って意気投合する。欧州帰りの前田は約四〇人の部下と共に日本の経済産業の実態調査を敢然と行って、一八八四年に「自由放任」を改めて否定して殖産興業政策を目指す『興業意見』（和綴じ三〇冊）を編纂・

完成させた。未定稿段階よりは主張が弱くなったとはいえ、前田たちは「負債有りて貯蓄無き」人民生活を憂慮し、地方の農工商業の強化、貯蓄の増強・資本力の強化、起業家に対する抵当なしでの銀行融資、運送力や倉庫の建設、商業学校の拡張を含め広範な政策を『意見』に盛り込んだ。「学理」ある者が輸入した外国製機械を動かせない諸事例に鑑みて、(輸出につながりうる)伝統企業の発展を推奨して(国防力につながる)重工業発展の基礎を築くことにつなげられると考え、一種の伝統回帰を提唱したのであった。

第一一巻は「精神」と題され、地方のリーダーや勃興する産業での起業家・リーダーが台頭することが待望されていたように読み取れる。実際、前田たちの調査・興業意見作成の作業自体は尊徳たちの調査・仕法書の作成活動と重なり、前田を「貿易解禁後の二宮尊徳」と呼びたくなる一方で、地方や新産業において「第二、第三の二宮尊徳」の登場が嘱望されたことも伝わってくる。

『報徳記』の刊行があった。 天野が西村と共に尊徳に注目した背景には、伝統回帰の動向や『報徳記』『二宮翁夜話』の刊行があった。そして農商務省関係者による推薦もあったのではないかと推測される。

『報徳記』

天野謹輯と西村校定の『小学修身経　高等科生徒用』(一八九四)では、巻ノ三において、長文の第二六課「二宮尊徳」が収録され、次の如く始まる。

「先生は相模国の人なり。身貧賤に生長して、種々の困難を嘗め、勤倹業をつとめて遂に其家を興ししのみならず、又よく他家の財政を整理し、貧人に業を与へ、産を興さしめしこと、挙げ

て数ふべからず。まことに近世の偉人なり。」（三三頁）

第二六課では、この近世の偉人の勤倹、読書、自助、相互扶助、家政の整理、藩財政の再建の様子とともに、財政学の基礎や債務弁済の技術が読み取れる。挿絵だけの入門用では最終の第二〇課において、幸田露伴の子供向け伝記『二宮尊徳翁』（一八九一）で登場した「負薪読書」図が踏襲された。明治期の天野と西村の『小学修身経　高等科生徒用』は、尊徳をいち早く盛り込んだ教科書の一つとなる。

尊徳の英訳

既述のように天野が熱心に読んだのは、富田高慶の『報徳記』（一八八三）であった。一九一二（大正元）年に、東京高等商業学校とオックスフォード大学で学んだ好本督（よしもとただす）（1878-1973）による英訳が *A Peasant Sage of Japan : The Life and Work of Sontoku Ninomiya* と題してイギリスで出版された。好本督が早稲田大学で英語を教えていたことが、同年の『斯民』第七編第二号で紹介されている。

「訳者好本氏は、天性大に博愛の精神に富んだ人で、東京高等商業学校の出身なるにも拘はらず、特に慈善事業を研究せんが為に、早くより英国に渡つた人である。……多年英国に在留して居るので、英語には極めて熟達して居つて、嘗て早稲田大学で英語を教授して居つたともあるのである。されば『報徳記』の訳者としては最も（もっと）其人（その）を得たものと言はねばならぬ。」（八―九頁）

『報徳記』では、尊徳の伝記と、尊徳と彼の弟子たちによる仕法の活動があっさりと描かれている。仕法とは、藩や村の経済建直しをさす。英訳でも、尊徳たちが村人の勤労意欲を引き出すように撫育（教育・訓練）していたことが読み取れる。

福住正兄は、尊徳に随伴していたときに聴いて書き留めていた教訓を『二宮翁夜話』としてまとめた。一八八四〜八七年に和綴じ全五巻の静岡報徳社版が、一八九三年に報徳図書館による普及版が利用可能になった。山縣五十雄（やまがたいそお）（1869-1959）による英語版 *Sage Ninomiya's Evening Talks* が一九三七年に出版された。『二宮翁夜話』は神道、仏教、儒学（儒教）の教えも反映しているのだが、英語版ではキリスト教用語に翻訳されたものがある（池尾、二〇一五「天野為之と日本の近代化」参照）。

カナダ・トロントのアームストロングによる『夜明け前——二宮尊徳の生涯と教訓』（一九一二）は、英語で書かれた最初の二宮尊徳伝である。アメリカのロバート・ベラーは『徳川時代の宗教』（一九五七）において、近代以前の宗教に注目して、石田梅岩と二宮尊徳を論じた。竹村英二は、英文著書『徳川時代の仕事についての認識』（一九九七）において、仕事観・勤労観をとおして石田梅岩と二宮尊徳を論じる一方で、尊徳の教義をマクロ経済学と親和性をもつかたちで整理した。池尾の『日本のエコノミック・サイエンスの歴史』（二〇一四）第八章では、尊徳たちが「仕法」と称して、詳細な調査をして、藩や村の経済の最適貯蓄率、最適税率つまりは財政の最適規模を実際に算出して、財政均衡を達成できるような藩や村の財政再建・経済基盤再構築を計画・実施していたことを論じた。そして、彼らは効率的な灌漑システムの構築、新田開発、自然との融合を義務づけていたのであった。

3　日本回帰と『実業新読本』

天野為之編『実業新読本』は、「各種実業学校および実業補習学校等の読書科教科書」として使えるように編纂されていた。奥付を見ると、一九一一（明治四四）年に初版が明治図書により、一九一三（大正二）年に改訂版が冨山房により作成されたことがわかる。浅川榮次郎・西田長壽の『天野為之』（一九五〇）の年譜には「実業読本脱稿」（二八一頁）とあるが本文では触れられていない。明治図書、冨山房の出版書籍リストには入っていない。その理由は早稲田実業での教科書として使われたものの、出版はされていなかったからだと思われる。それでも、早稲田実業学校に残っている『実業新読本』を読むと、その日本語は天野の著書の中でもっともわかりやすく、天野の経済思想が凝縮されたような書籍となっている。それゆえに、天野の経済学・経済思想を知るうえでは不可欠であるといえる。

天野の実業教育の目標は、開国した日本の人々の幸福・福祉をさらに向上させることであり、そのために国際貿易や近代的銀行業など様々な実業に携わったり、発明を生かして起業したり新商品を開発したりすることのできる人材を育成することであったことがわかる。

質実穏健と剛健　第一巻の緒言に、同書編纂の目的がある。「（一）学生に質実穏健の時文を読み、かつ、文章力（綴るの力）を発達させること、（二）実業道徳および一般道徳の観念を養うこと、㈢健全なる経済上および実業上の常識を得ること、㈣特に日本の伝統と歴史を明らかにすること等にある」とされた。

目的㈠で述べられた「質実穏健」について解説しておこう。第一に、天野はよく知られている四字熟語「質実剛健」を否定していたわけではない。例として、一九二二(大正一一)年の天野の早稲田実業の「新卒業生に対する訓示」から、現代文に近づけて引用することができる。

「この学校のいわゆる精神は華を去り実に就くという、質素主義、倹約主義、倹約にして剛健の気を養うことが学校の精神であるから、……どうか堅く実際の上に実行して貫いたいということを希望するのであります。」(一八頁)

第二に、「穏健」の部分である。天野の一九二五(大正一四)年の「新卒業生に対する訓示」に、「穏健」を示唆する部分がある。天野は生徒・学生たちに「穏健」を伝えるべく、格言「春風接人秋霜自粛(しゅうそう)」を引用したと思われるので、そのくだりを紹介しておきたい。

「春風をもって他人に接し秋の霜をもって自ら粛(つつし)む。これ昔からの格言である。言うまでもなく他人に接する場合には、春風の万物を吹くが如く極く温かに穏かに親切にしなければならぬ。博愛衆に及ぼすという精神を現したものである。とにかく日本人は春風人に接するということが少ない。……どうぞ諸君は学校を出た以上は、博愛の精神をもって人に接し、春風をもって人に接するという、ごくジェントルマンリー、すなわち紳士的君子的の考えをもって世の中に臨むことを希望する。『秋霜自ら粛む』は即ち秋の霜が万物を枯らしてゆくように、自分の身を省みて、自分の身に悪い事があったならば、秋の霜の木の葉を枯らして行く如く悪い事をどんどん刈り取って行くというように自分を慎んで行かねばならぬ。……人を責める時は寛大で自分を責める時は厳粛であって欲しい。すなわち春風人に接し秋霜自ら慎んで行くというようにしたい。」(二〇―二一頁)

天野編『実業新読本』には、こうした調子で、道徳的要素がふんだんに盛り込まれているので、右の引用文も彼の教育方針を知るうえで大いに役に立つ。

『実業新読本』

『実業新読本』の中には、天野が書き下ろした文もあれば、他の著者による文からの引用もある。後者の場合、ほとんどが日本人の書いた文からの引用である。また同書では著者名だけ記載されていて、引用元の書籍タイトルや掲載雑誌が記されていないものが多く、再引用も散見される。それでも、次のような興味深い特徴を記すことができる。

第一に、『実業新読本』全五巻を作成するにあたって最良の手本となったのは、ロンドンで出版されていたピットマン(Isaac Pitman, 1813-1897)の商業読本シリーズであったと思われる。早稲田大学中央図書館にピットマン・シリーズの読本が揃っている。商業読本以外のタイトル・テーマには、簿記、会計、速記（「at」を「@」で表すなどの簡略表記を含む）、商業政策、商業辞典、ビジネスマン・ガイド、商業地理、損害保険辞典、生命保険辞典、広告・印刷辞書、商業書簡、経済学原理、商業原理と実践、産業別業務マニュアル（ジャーナリズム、運輸）、地方自治体管理などがある。

天野が参考文献として明記したピットマンの『商業読本』（一九〇五）は、本文一七〇頁のコンパクトな書籍である。同書は、写真、挿絵、地図をふんだんに使い、最新鋭の工場や電信技術を紹介して、読者を科学の応用（「イノベーション」といってよい）と国際ビジネスへと誘う構成になっている。天野はピットマンの『商業読本』の日本版を作成することを目標にしたことであろう。

第二に、日本語ですでに出ていた幾つかの『読本』を参考にして、質量ともに大幅に改良されたものになっている。そして定評のある文について、同書でも再引用したといえる。天野が参考文献として明記して引用した読本に、『明治実業読本』『日本実業読本』『新訂日本実業読本』『工業読本』『国民読本』『中学読本』がある。すべての読本を現在閲覧することは困難であるが、『実業新読本』（洋綴じ全五巻）は、図こそないが、極めて優れたもののように見受けられる。

第三に、前述のように天野は引用元については著者名を記しても文献の書名をあまり記さなかった。それでも、一九〇七〜〇八（明治四〇〜四一）年に出版された『開国五十年史』（全二巻、大隈重信撰）は大いに参考にし、同書の幾つかの章から引用していることが確認できる。『開国五十年史』は日本語、英語、漢文で出版されており、大隈が渾身の力を込めて世界に向けて「新しい日本（New Japan）」の情報を発信するために作成したのであった。天野は益田孝（1848-1938）の「外国貿易」、伊藤博文（1841-1909）の「帝国憲法制定の由来」、井上勝（1843-1910）の「鉄道誌」の諸章から引用している。また、『実業新読本』での鉄道、外国航路、会社についての情報は、大隈重信編『開国五十年史　附録』（一九〇七〜〇八）を参考にしたとみられる。『開国五十年史』には天野自身も塩沢昌貞との共同執筆の章「商業教育」を寄稿している。

第四に、天野の引用文の著者たちについて、オンライン辞書・事典検索サイト『ジャパン・ナレッジ』（*JapanKnowledge*）などで調べると、雑誌『太陽』の寄稿者が多いことがわかる。『太陽』は一八九五年から一九二八（昭和三）年まで発行された。総合雑誌とされるが、英文論説・記事を含んでいたので、日本情報の海外発信と日本人の海外への関心の醸成を企図したものとうかがえる。『太陽』の寄稿者たちは貿易問題に高い関心を寄せ、日本の若者たちに海外への関心を育てようとした人たちだったといってよいであろう。

技術進歩と国際貿易

天野為之は『実業新読本』（全五巻）をとおして、交通・通信の革命的進歩、国際貿易の重要性を堂々と語った。旧来の身分制観念から脱却することが急がれた。天野は「堪能なる技術家、老練なる職工の養成」（手島精一）が急務であることに同感していた（第三巻　一八頁）。技術家も職工も江戸時代の四つの職業区分制では下から二番目の「工」にあたる職の人たちで下位の階層であった。そのため、彼らも商人と同様に、明治時代になってからも一般市民から平等であるとの理解をえることが難しく苦労があった。「工業教育の父」と呼ばれるようになる手島精一は『青年自助論』（一九一四）では、「技術と事務の調和」を唱え、「商工両者の調和融合が両者の発達進歩を促す所以である」（七八頁）と述べているので、「商業教育」の重要性も認識したようにみえる。

『実業新読本』の第一巻と第二巻では、科学技術における発明が利用されてまずは生産現場や通信・交通手段を変化させ、そして新しい消費財のかたちで商品化されたり通信・交通サービスが商業化されたりして、私たちの生活を大きく変化させていくことが示唆された。天野の主張を要約すれば、「発明が社会を物質的に進歩させ、貿易が世界を変える」となるであろう。

次節で述べるように、天野は福澤諭吉にならって、『実業新読本』第一巻の第五―六課ではジェームズ・ワット（James Watt, 1736-1819）による蒸気機関の発明、これを応用したジョージ・スチブンソン（George Stephenson, 1781-1848）による鉄道の発明を紹介したといえる。そして、天野は若い日本語読者のために「西洋学問の抽象化」を進め、日本の経済社会の文脈において語ってゆく。

第一巻の第四課では江戸時代の学者新井白石を紹介し、第七―八課では日本の鉄道の最新情報を提供した。第九課「外国航路」では、開国後、日本の二つの商船会社が確立した定期の外国航路を紹介して、「世界は目前にあり」（四一頁）と、若者たちを国際貿易へと水先案内するのであった。かくして、天野は開国後の貿易の威力を実感し、国際貿易を担う人材育成の必要性を唱えるとともに、貿易問題についての考察をさらに深めていった。

国際貿易の重要性については、全巻で訴えかけるようになっていて、特定個所からの引用だけでは迫力に欠ける状況である。

天野は第二巻第二八課では、ピットマンの『商業読本』（一九〇五）の第二八課を参照した。イギリスのタイタス・ソルト（Titus Salt, 1803-1876）がアルパカ（Alpaca）という新原料を利用して、新製品の織物を開発したのであった。J・A・シュンペーターの新結合・革新とよく似た議論になっているのは、シュンペーターがピットマンを読んでいたからかもしれない。

特許と電気世界

発明工夫を促すものは何か。天野は第二巻第三八課「特許の話」では、発明が社会を物質的に進歩させると、発明の重要性を開陳した。封建時代には、特許制度がなかったため、発明がほとんどなかったとした。いち早く江戸時代の発明家平賀源内（1728-1779）に注目し、「非凡の才能をもって幾多の発明を成し遂げたけれども、その労に報う手段［特許制度］が備わっていなかったために、非常に困窮していて、彼の才能が十分に発揮されたとはいえない」（一二七―一二八頁）と憐れんだ。源内が薬品の開発・薬品会の開催を手掛けたことを、漢方医の父をもつ天野には知る手立てがあったと推察される。

天野は発明の威力を語り続けてゆく。「石炭と石油」については次節でみよう。第二巻第三四―三五課「電気世界」では、天野は「一九世紀の文明の半分は電気の力に頼ると言われていたが、二〇世紀になるとその活用範囲はますます広がっている」（一一五頁）と正しく予見した。電灯、電信、電話、無線電信、電車が近距離鉄道用に登場した。電気は医療行為にも用いられ、エックス線も登場した。

第三巻第二五課「蓄財」は、カーネギー（Andrew Carnegie, 1835-1919）の自伝『富の福音』（一八八九）の紹介である。「蓄財は義務なり神聖なり」「蓄財は徳行なり」と、事業家を志す人々を励ましてくれたのであろう。

勤倹貯蓄

第二七課は安田善次郎談「勤倹実行の順序」である。彼は勤倹貯蓄を奨励する一方で、投機を戒めている。天野編『実業新読本』に限らず、種々の読本において投機批判が目につく。天野も同感していたようである。

第二九課「勤倹貯蓄論」は天野の書下ろしである。「勤倹、貯蓄の徳は、泰西［西洋］諸国民の、最も尊重する所にして、その効果古今変わることはない。したがって、これ実に、一方には、貯蓄者自身にとって、非常の利益あるはもちろん、他の一方においては、もって、一国の資本を増加し、富力を進め幸福繁栄をもたらすための秘訣である」（八四頁）。天野は幸福と繁栄を見据えながら、「貯蓄が投資を生み出し、資本を増加させる」という論理を展開している。第四巻第五三課「信用組合」でも、多少なりとも余財を集めて、資本の増加に結び付けたい切実な思いが伝わってくる。

天野の分業論

国際貿易に関連して、天野は第二巻第一―二課で独特の分業論を展開する。農家が土地の性質を把握して栽培する農作物を選ぶように、人は才能に応じて職業を選ぶもので、官吏になったり実業家になったりするものである。明治の世になって、交通運輸の道が開け、各地で分業が進んで実業が発達するようになり、貿易による国際分業も行われるようになったとする。E・ヘクシャー（Eli Heckscher, 1879-1952）やB・オリーン（Bertil Gotthard Ohlin, 1899-1979）の「各国での生産要素の賦存率の相違が貿易の源泉の一つである」とする議論が想起される。

国民の義務と三敬

天野は第二巻第五六課では、西村茂樹筆の「国民の義務」を紹介する。西村は、「国民の国家に対する最大の義務として納税と兵役である」（一七七頁）とする。西村の『国民訓』（一八九七、二一一頁）からの引用であろう。福澤も天野も国防意識が高かったことは記しておくべきである。

第三巻第三〇—三三課は「敬に就いて（一）—（三）」である。天野は、「第一には事を尊敬する、第二には人を尊敬する、第三には己を尊敬する、この三つの尊敬を実際に行ってゆくならば、学校に於いても又社会に出でゝも成功することを、深く信ずるのである」（一〇一頁）と書いた。この「三敬」は早稲田実業の校訓になっていることはすでに記した。第三三課は漢文による「敬」である。

冒険的血液

第三巻第一四課「冒険心」（徳富猪一郎）は、J・M・ケインズの血気（animal spirit）を想起させるのでぜひ紹介しておきたい。

「世に処すためには、七分の侠気（義侠心）がなくてはならない。しかも、侠気のみならず、また、何人にも幾分の冒険心があることを要す。とはいっても冒険心のみあって、常識がなければ、これは無謀の変人になるのみである。もし、常識にのみ富み、冒険心がなければ、またこれは平凡きわまる凡人に過ぎない。人生の要は、七分の常識に、三分の冒険心を調合することによって、適当になるが如しである。

人間は、活動しなければならない。……およそ、社会も、国家も、広くいえば、人類も、いわゆる用心家に負うところは少なく、冒険家に負う所が多いことは、古今の歴史が、実にこれが証人となる。アメリカ大陸の「発見者」のコロンブスにせよ、喜望峰を回って、インドへの航路を開始したバスコ・ダ・ガマにせよ、いやしくも人類の恩人帳にその名を登録される資格のあるものは、必ず幾分の冒険的血液がその血管中に流れているものである。」（四二―四四頁）（二〇二〇年二月と二〇二三年八月に神奈川県にある（公財）徳富蘇峰記念塩崎財団徳富蘇峰記念館に問い合わせても、出典は判明しなかった。しかし、同館学芸員の塩崎信彦氏より「蘇峰が書く独特の文調と比較しても、これを蘇峰が書いたと推測して矛盾はしないと思います」との感想を得ている。この一文は大変興味深く、埋もれさせてしまうにはあまりにも惜しいので、ここに紹介する次第である。）

徳富猪一郎は徳富蘇峰（1863-1957）の本名である。彼は世界一周旅行の経験をもち、若者たちに世界に乗り出すように誘いかけていた。

4　福澤諭吉と天野為之

西洋事情　天野為之は福澤諭吉（写真3-3）の著作をほとんど読んでいて、発明、国際貿易、学問の応用等の重要性を福澤から受け継いだといえる。

写真３－３　福澤諭吉

出典：国立国会図書館ウェブサイト。

福澤は一八六〇（万延元）年に咸臨丸で渡米したグループの一人であり、翌年末からは渡欧も果たした。一八六七（慶応三）年に彼はアメリカを再訪した。帰国後出版された福澤の『西洋事情』の初編（一八六六）、外編（一八六八）、二編（一八七〇）は、当時の日本人に西洋をわかりやすく伝える書物として明治期に大ベストセラーとなった。しかしながら一八七五（明治八）年の『文明論之概略』になると、福澤の論調はすこぶる挑発的になった。当時の日本の知識人に対して要するに、「何が何でも、とにかく西洋文明を勉強しなさい」、というのが彼の主張の中心になったのである。時を経て、天野世代になると、「西洋文明」を猛烈に勉強するだけではなくなっていた。

福澤は漢籍の素養をもったうえで西洋文献を読破し、『文明論之概略』緒言で「あたかも一身にして二生を経るが如く、一人にして両身あるが如し」と述べたうえで、西洋文明研究を力強く奨励したのである。福澤のいう「文明」は「人の安楽と品位との進歩」をいい、それを得るのは「人の智徳」とその進歩である（六二頁）。現代風にいうと、政府関係者や外交官だけではなく、民間人、一般人の智徳とその進歩が文明を構成する。そして徳は道徳（モラル）と言い換えられ、智にはニュートン力学など物理学、応用科学、世界地理（政治地理）、統計学等が含まれた。

幕末と明治期、福澤の著書は極めて多くの人々に読まれ、福澤の影響力は余人をもって代え難いほどのものであった。

まず、天野が福澤の議論から採り入れて自分の議論に活かしたものについて考えよう。

技術と技術進歩

第一に、発明（技術や技術進歩）の重要性がある。福澤は一八六六（慶応二）年に『西洋事情　初編』を出したときから発明に注目し、一八七九（明治一二）年出版の『民情一新』ではさらに、発明や近代的制度形成、応用につながる学問の重要性を強調した。同緒言から引用しておこう。

「一八〇〇年代に至て蒸気船、蒸気車、電信、郵便、印刷の発明工夫をもってこの交通の路に長足の進歩をなしたるは、あたかも人間社会を転覆するの一挙動というべし。〔『民情一新』〕本編は専らこの発明工夫によって民情に影響を及ぼしたる有様を論じ、蒸気船車、電信、郵便、印刷と四項に区別したけれども、その実は印刷も蒸気機関を用い、郵便を配達するも蒸気船車に附し、電信も蒸気によって実用をなすことなれば、単に之を蒸気の一力に帰して、人間社会の運動力は蒸気に在りというも可なり。」（四―五頁）

一九世紀の発明工夫は西洋の「人間社会を転覆する」ほどの影響力をもっており、それらの発明工夫が実用化されるにあたって「蒸気の力」が不可欠の役割を果たしていたと認識された。ジェームズ・ワットによる蒸気機関の発明、これを応用したジョージ・スチブンソンによる鉄道の発明は、福澤の『西洋事情　外編』（一八六八）で紹介されている。

天野は『実業新読本』第二巻第二一課「石油及び石炭」でさらに、『工業読本』(詳細不明)を参照しながら、「蒸気の力」を生み出す良質の石炭がイギリスで採れたことに注目した。

「英国の石炭は、その質の良きと、産額の大なるとによって、世界に名あり。わが国の石炭は、その質良好といえないものの、産額多きをもって、工業の進歩を助けること大なり。」(六一頁)

天野はイギリスで世界に先駆けて工業化が進展した理由の一つを見抜いていた。こうした技術史・文明史観は福澤や天野だけではなかったであろう。石炭を基礎にして工業経済は発展してきており、さらに石炭に並んで石油が燃料・原料として重要になってきていた。原油からは、揮発油、灯油、重油(機械油・機関燃料)、アスファルト、タールを生産することができた。

天野は『東洋経済新報』(一八九五年一一月創刊)により、産業界の動向、変化の方向もいち早く伝えていた。一九〇六年一〇月五日号(第三九〇号)の社説「海運業界においての燃料の変遷」では、船舶の燃料として、石炭の代替品としての重油の効能が注目されていた。一九〇七年三月五日号の業界インタビューでは、定期航路の船舶でも重油が燃料として用いられ始めていること、重油が燃料として用いられるようになるにはその供給動向に依存していること、そして石油の用途の多様性が紹介されていた。天野はこうした知識と情報を『実業新読本』に盛り込んだのであった。

国際貿易

第二に、国際貿易の重要性がある。福澤は『実業論』（一八九三）では、「実業の原動力は外国貿易であり」、開国後は「汽車汽船の便により、国中で都市も田舎も人々の衣食住が一変したといってもよい」とした。彼は目下の代表的輸出品として、生糸、茶、そしてマッチ、羽二重等を挙げて関連データを示し、一見ただちには輸出用にはみえなくても、変形して輸出できるものを発明すべしと唱えていた。彼はさらに、外国貿易には確実に商機があり、その「広大無限」の機会をつかむためには高等教育を受けた者（「士人」）の活躍が不可欠だと主張した（三一八頁）。

学問の応用

第三に、学問の応用あるいは応用できる学問の重要性がある。福澤は『民情一新』（一八七九）において、社会で実用に付される学問の重要性を説き、実用に近いところにあると判断したがゆえに、西洋諸国の学問を学ぶことの重要性を唱えていた。天野は学問・知識の社会的応用の重要性を受け容れる一方で、応用できる学問を鎖国時代の日本から見つけ出して伝統回帰したり、福澤に感化された日本人たちの新しい著作・言論活動に注目したりしていくことになる。

第四に、天野は『実業新読本』第二巻第三課において、福澤の『福翁百話』（一八九七）から「独立の法」を直接引用している。福澤が「人が他人の厄介にならずに衣食住において独立するためには、人は利益のある所に群集し、利益の一部を求めて競争することになる」という主旨で語っている一節である。彼が「競走場裡に営々辛苦せざるべからず」と、「コンペティション（competition）」の意味を説明するために、「競争」を（距離毎の）「競走」と言い換えたことから、様々に敷衍して引用される一節となった。続いて天野は、吝嗇（りんしょく）と節倹を区別して、「独立の主義を全うせんとならば、吝嗇を避くると共に、節倹の旨を忘るべからず」との一節も引用した。天野はこのように頻繁に引用される文や自分の議論を補強する文を『実業新読本』に盛り込んだといえる。

徳か商標制度か

続いて、天野が福澤から受け容れなかったこと、あるいは福澤を超えて前進した諸点をみておきたい。天野や彼の同世代人たちの多くは福澤の著作を読み、自分で勉強し思考していく励みにしたといってよい。

後述するように、天野は福澤が褒めた仏教だけではなく、酷評した儒教、神道にも立脚した二宮尊徳の教義を採り入れ、明治期以降に展開した報徳思想（報徳教）にも注目した。報徳教については中村正直による漢文訳が『実業新読本』に収録されている。

福澤が「徳」に関連して、送った見本と同じ品質の製品を輸出すべきことを説いていたことを参照すれば、「徳」は実業道徳や報徳思想の「至誠」と重なり合う。『文明論之概略』（一八七五）から現代文に近づけて引用しておこう。

「又商売上に目前の小利を貪って廉恥を破ることがあれば、これは商人の不正といわれる。たとえば日本人が生糸産卵紙を製する際に不正を行って一時の利を貪り、遂に国産の品価を落して永らく全国の大利を失い、遂には不正者も共にその損亡を蒙るようなとき、面目も利益もあわせてこれを棄てることになる。」（二一一頁）

そして天野はこれに関連して、商標制度の確立を唱えた。商標のある商品は、その供給者への信頼につながると、天野は消費者や取引相手が、その商品の向こうにいる供給者を見据えるものだと考えていた。

もちろん福澤・天野の両者にとって、近代文明は「徳」や道徳、至誠なくして動かなかった。福澤も天野も、清国から留学生を受け入れ、清国人に西洋文明を学ぶ機会を提供していたことも重要である。

さらに天野は『実業新読本』第四巻で、日本からの渡清実業団の無事の帰国を渋沢栄一の講演を通じて紹介している。帰国歓迎会には、農商務大臣や外務次官も参加して国家間の事業として行われたことがわかる。渋沢は、国境を越えて商業を活発にするためには、個々人の往来だけでは不十分で、団体を組んでの往来も行って、「事情を透徹し、阻害を取り除く」（情報を交換して、障害を取り除く）ことが必要であるとした。もちろん天野も同感していたに違いない。

5　経済古典としての二宮尊徳

第二章でふれたように、筆者は二〇〇八（平成二〇）年にアメリカのデューク大学で学部セミナー「一八世紀の経済思想」を聴講する機会をえた。授業はマンデヴィルの『蜂の寓話』（一七一四）から始まり、ロックやヒュームをたどって、アダム・スミスの『道徳感情論』（一七五九）と『国富論』

（一七七六）で終わっていた。そのときに担当教員のニイル・ドゥ・マーキが学生たちに対して示唆していた論点や、日本の経済学史家たちが注目する論点を、覚悟を決めて、日本の古典の中に探してみることにした。するとほぼすべての論点を、福住正兄筆記『二宮翁夜話』（一八八四―八七）と富田高慶の『報徳記』（一八八三）の二冊の中に見つけることができた。

なぜ二宮尊徳なのか

天野為之のように英語で経済学や政治学を学んだ者にとって、福住正兄の『二宮翁夜話』は実践的な知識や思考法を日本語で説く読み物になっていたことであろう。富田高慶の『報徳記』については、伝記であるが、伝記を越える書物になっている。尊徳文献と天野の経済書をあわせ読めば、天野の貯蓄や教育に関する議論には、尊徳の教義がその根底に横たわっていることが一目瞭然である。本節では、尊徳を多少大胆に解釈して、彼の教義の近代性、現代性をさらに読み取り、天野の尊徳理解に通じるものを提供する冒険に挑みたい。

まず『二宮翁夜話』である。よく引用される冒頭の「天地の真理」では、「天地の経文」を「観察」と解釈すれば、自分自身でよく観察して、思考し、理解することの重要性が説かれていると解釈できる。となれば、「我思う、故に我あり」の台詞で有名なデカルトに通じてゆくのである。尊徳は、日々の「天地の経文」にある「永久不変な自然の法則」の中に、水平、垂直、測量術、（携帯）日時計、算術の九九、穀物栽培の知識を含めた。

これに関連して『報徳記』にあるのだが、相馬家の池田家老宛て尊徳書簡にある「私心のない賢者の心境」には、アダム・スミスの「公平無私な観察者」に通じるものがある。尊徳いわく、

「国家の大業をなすにあたって衆人の意見に従ったならば、決してこれを遂げることはできない。なぜならば、凡人の観察は千里の遠きには及ばず、かつ人を推しはかるのに自分の心を基準としている。心を公に置いて髪一すじほどの私心をも生じない賢者の心境、百姓を安んじようとしてわが身を忘れるその至誠を、どうして推察することができようか。」（『報徳記』下、一三四頁）

国の政策を決めるときには、衆人の意見ではなく、専門性・客観性を保った賢者のごとくの心境を確保しなければならないのである。スミスは、ある出来事を観察する際、立場を置き換えてみたときに同じ心情が保たれるように導かれるのは「公平な観察者」が存在するからだと考えていた。スミスの「公平な観察者」はキリスト教神と重なると解釈されることもあるが、尊徳の場合には、自己を高めた人間の営みにちがいない。

貯蓄論

尊徳の貯蓄論に迫るためには、先に「人道と天理」を区別する必要がある。人道は「人がつくったもの」であるのに対して、天理は「自然におこなわれる」のである。翁いわく、

「人の尊ぶ人道は天理に従うとはいっても、また作為の道で、自然ではない。……人間は、住居を作って風雨をしのぎ、蔵を造って米や粟を貯え、衣服を作って寒暑を防ぎ、四時ともに米を食う。これが作為の道でなくて何であろう。……自然の道は永久に廃れず、作為の道は怠れば廃れる。」（『二宮翁夜話』五頁）

それゆえ、尊徳は「人として、屋根の洩れるのを座視し、道路の破損を傍観し、橋の朽ちるのを心配しない者は、これは人道の罪人である」（『二宮翁夜話』七頁）と説き、家屋、一般道路や橋の修繕を怠らないようにと諭している。そして、「富国の大本」として、「譲道」と「貯蓄」が説かれた。翁いわく、

「多く稼いで銭を少なく使い、多く薪を取って焚くことを少なくする。……世の人は、これを吝嗇（けち）だといったり、強欲だという。これは心得違いである。人道は自然に反して勤めることによって成り立つ道であるから、貯蓄を尊ぶのだ。貯蓄は今年の物を来年に譲る、一つの譲道である。親の身代を子に譲るのも、貯蓄の法に基づくものである。だから人道は、言ってみれば貯蓄の一法にすぎない。そこで、これを富国の大本、富国の大道というのだ。」（『二宮翁夜話』一五頁）

貯蓄は人道であり、作為の道なのである。それゆえ、「人道は日々夜々人力を尽し、保護して成り立つ」（四頁）、「人道は、欲を押え、情を制し、勤め勤めて成るものだ」（五頁）と説かれる。「経済の本元」では、日々の作業以外の仕事に着手するための貯蓄（備蓄）が説かれた。翁いわく、

「米はたくさん蔵に積んで少しずつ炊き、薪はたくさん小屋に積んでできるだけ少なく焚き、着物は着られるようにこしらえておいて、なるたけしまっておくことが家を富ます術であり、ま

た国家経済の根源である。天下を富有にする大道も、実はこのほかにはないものだ。」（『二宮翁夜話』一五頁）

『報徳記』で語られるのだが、こうした貯蓄・備蓄を基礎にして、尊徳は人々を、新田開墾、灌漑設備、堤防や堰（ダム）の共同建設に導き、農村の経済基盤の再建を実現したのであった。各人の家屋や小屋についてもその建設となれば共同作業で行うことがある一方で、開墾や根切りに使う唐鍬等については、尊徳が鍛冶場で製作させ、必要な人々に提供していたのであった。明治期の天野は、資本の増加そして生産の増加につながる貯蓄の重要性を、尊徳の教義と実践から認識したに違いない。

持続可能な均衡としての分度

続けて『報徳記』・『補注　報徳記』（一九七六）をさらにみよう。『報徳記』は、疲弊した諸藩・諸村の財政再建と経済基盤の再構築である「仕法」についての詳細な実践記録を提供する。諸村の疲弊の原因を探り出してそれを取り除き、そしてその経済にふさわしい財政規模と租税率・貯蓄率になる「分度」を集計データから見出して、一種の財政均衡・持続可能な均衡を目指して、農村経済を合理的に再建することになる。

明治期の天野は、貯蓄と投資（資本の増加）のバランスによって決まるマクロ経済均衡の概念を、尊徳の仕法から把握したに違いない。天野だけではなく尊徳も、ケインズのマクロ経済均衡やワルラスの一般均衡の概念をもっていたと解釈できるかもしれない。天野も旬刊誌『東洋経済新報』では金融経済データを利用して社説を執筆していたので、経済分析とデータの利用は不可分の関係にあったことも注目される。

仕法の雛型やその背景は、尊徳の一八五二（嘉永五）年の下館での講話の次のような台詞に見出せる。

「およそ国家が衰弱に至る原因は、財政の本源たる分度が明らかでないため支出に節度がなく、人民からの徴収も際限がなく、知らず知らず重税搾取に陥って、人民は困窮して恨みの声が起り、多く取ろうとしてかえってますます租税は減少し、国費がいよいよ足らなくなり、商人の金を借りて一時の窮乏を補い、元利が倍増して君民上下とも困窮のどん底に陥り、ついに何ともいたし方がないようになるのであって、下館の窮乏もこの通りである。それゆえ、衰えた国を興し富裕に返そうとするならば、必ずまず仁政を施して人民の艱難を救い、その苦痛を除いて、安んじて生養できるようにさせなければならない。（『報徳記』下、九八―九九頁）

仕法の基本は、借金に苦しむ藩や村の赤字財政からの脱却、財政再建である。利息二割の借金が返せないことが多かったようである。その借金を「無利子」の借入金に借り換え、財政の透明性を高めて勤倹貯蓄の励行により、毎年元金の二割ずつを返して五年で完済させ、六年目には毎年の返済額と同額の報徳金を差し出させたのである。

もっとも現代的慣行からいえば、これは無利子融資とはいえず、金利年六～七パーセントでの融資になる。この低利融資が軌道に乗ると、尊徳は知り合いの貯蓄・資金を預かって運用する、つまり彼が仲間と協力して一種の金融業も行っていたのである。明治期の天野にとって、尊徳たちの確実で安定した金融の実践は、日本の資本を増加させるための自然な金利水準や制度的課題を考えるための重要なヒントとなったはずだ。

同時に経済基盤である農業生産の立て直しも重要であり、技術指導、誠実に働く人の顕彰、潜在的能力のある農家の活力を引き出すことが要点となっていた。基本は、年貢五割の田畑を売って、当分は無税になる新田を開墾する、また、最初に気前よく推譲金を提供して家屋の修理をするなどして高水準の生活を体験させ、農民がその生活を維持するために努力するようにしむける、などである。尊徳たちが人々のやる気を引き出した方法は現代にも通じるものがあり、とても興味深い。

尊徳は米作が向かない土地では、（米作より手間がかかるが）畑作に転換するように助言した。また、大勢の人を雇って大がかりに灌漑設備を整えたり、新田を開墾したりするときには、公共投資と民間投資の中間のような作業になり、尊徳は経営者の風貌をみせる。仕法が終了した後は、洪水や凶作などを想定して備蓄を行い、余裕があれば、蔵（耐火倉庫）を建てたり、いっそうの新田を開墾して推譲に努めたりすることになる。

慢心と嫉妬心

尊徳たちの仕法の実施を妨げる人々の描写も興味深く、現場が慢心して尊徳の助言を聴こうとしなかったり、官吏が尊徳の声望に対して嫉妬して予め仕法実施を妨害したりすることがあった。慢心や嫉妬は、現実から目をそらせ適切な判断力を失わせるので、合理的行動や科学的施策の障害となりうることがわかる。明治期の天野には、リーダーシップや合理的判断力の涵養など新しい経済・商業教育の重要性を悟らせたに違いない。

最後に、観察に基礎をおく人的資源管理の妙が、『報徳記』にみられる。物井村の開墾においては、尊徳は、日本的経営の祖のように映る。尊徳は、「朝は人夫がまだ出ないうちから出て、これを待ち受けて指図し、夕方は人夫が帰ったあとから陣屋に帰り、人夫を使うこと、自分の手足を使うように自由自在であった」（上、六九頁）。物井村の再興事業においては、人夫たちが開墾しやすいところから着手してその成果を競いがちであったことを見抜き、開墾困難な区画に精を出した老人の功績を見逃さなかった（上、七一―七三頁）。

革新

またシュンペーターを思わせるような革新が、桜川の堰（ダム）造りではみられた（上、一一七―一二〇頁）。尊徳は、村の水利と桜川の水勢を視察し、東の山の岩石を使った。堰をいきなり造るのではなく、川幅いっぱいに屋根をつくってそれを茅で葺かせ、そのあと、とめ縄をなたで切って屋根を水中に落とし、一斉に屋根の上に大石や大木を投げこませて川をせき止めた。その上に石工に堰を作らせ、大小二門を設けて水量を調節するようにしたのである。尊徳の思惑どおり、茅葺き屋根で両岸と水底の細かい砂を閉塞できたので、水は少しも漏洩せず、続けて用水路や堀を整えて、十分な灌漑を実施したのであった。

『二宮翁夜話』にしろ『報徳記』にしろ、直接のメッセージも豊富であるが、多様な解釈を生み出し教義を引き出せる内容も込められていて、後の人々が作品を著す糧となっている。このことは明治期の天野にとっても、大いにあてはまったはずである。

第四章　天野為之の経済原論

天野為之は一八八六（明治一九）年に著書『経済原論』（経済理論）とともに、『商政標準』（経済政策・経済制度論）を出版した。天野の『経済原論』は彼の経済学の要であり、第二次大戦後に複製版が出されるなど、歴史的にある程度注目されてきた。天野経済学の発展の成果である『経済学綱要』（一九〇二）は同時代の人々には注目されていた。第三章でみたように、天野は二宮尊徳の思想を自身の経済学の枠組みに取り込んでいった。高橋是清や石橋湛山は天野と交流があり、二人は「日本のケインズ」と呼ばれるようになるのである。

1 『経済原論』（一八八六）

明治期のベストセラー

天野為之（写真4－1）は東京大学において英語で経済学の教授を受けた。しかし彼は東京専門学校・早稲田大学では一八八二（明治一五）年一〇月の開校以来、「経済原論」（経済理論）を日本語で担当した。彼は一八八六年に『経済原論』を出版した。講義がもとになっているとはいえ、『経済原論』では政治経済の学者のための教科書となるものを提供した、と彼は『商政標準』の自序に記している。

天野自身が『経済原論』につけた英文タイトルは「セオリー・オブ・ポリティカル・エコノミー（The Theory of Political Economy）」であった。天野はミルの『経済学原理』のように、「プリンシプル・オブ・ポリティカル・エコノミー（Principle of Political Economy）」とはしなかったことに注目してほしい。実は、『セオリー・オブ・ポリティカル・エコノミー』は、イギリスの新古典派経済学の旗手W・S・ジェヴォンズが一八七一年の著書につけたタイトルであった。それゆえ、天野は新進気鋭のジェヴォンズを意識していたといってよいと思う。第二章でみたように、前年の一八八五年に、天野編集『中央学術雑誌』にジェヴォンズの限界効用逓減（ていげん）の法則を紹介する論考が掲載されている。ジェヴォンズは同書の第二版以降、書名は変更することなくそのままにしたが、本文では「ポリティカル・エコノミー」ではなく、「エコノミクス（economics）」を使い始めたことはすでに述べた。

天野の『経済原論』の定価は一円三〇銭で、決して安いとはいえなかったにもかかわらず、一八八八年三月から一九〇三年頃までにかけて二五版ほどを重ね、三万部が売れたことが調査でわかっている（木下 二〇一二）。当時は、書籍こそが専門知識を普及させる主要媒体であったことを念頭におかなくてはならないが、それにしてもその売れ行きは誠に驚異的である。天野の通信教育用教科書・講述書の売れ行きもよかったとされる。

天野の『経済原論』は三部構成をとり、生産、分配、交易を論じたあと、付録として、「収穫逓減の法則」や「ニューヨーク手形交換所の景況」がおかれた。天野の経済理論の基礎には、J・S・ミルの『経済学原理』から抽出された経済理論があることに疑いはないが、当時それだけではイギリスやアメリカの経済の現実だけではなく、日本経済の現実をも説明できなくなっていた。

正直なところ二〇一一〜一二（平成二三〜二四）年に、筆者が初めて天野の『経済原論』を何度か眺めるように読むと、ミルの『経済学原理』（一八四八）原典や米ラフリン編集版『経済学原理』（一八八四）より理論的であり抽象的であると感じられた。ミルの『経済学原理』と比べると、まず天野の『経済原論』ではヨーロッパの事例がほとんど削除され、アメリカの事例が残されていることに気づいた。筆者は時間を経るにつれて、天野が日本の事例を少しは追加していたことに気づくようになった。筆

写真４-１　天野為之

『経済原論』出版の頃
出典：『都の西北——建学百年』（1982）。

者は江戸時代・明治時代の経済状況を知らなかったので、明治期の難解な日本語に埋もれたようになっていた諸事例を見出すのに時間がかかった。経済学のよい教科書には、読者の想像力をかきたて理解を高進させるような例示的説明が必要であると、天野は認識していたといってよい。

さらに、天野の経済学はマクロ経済学につながるタイプのものであったことに注意を促したい。イギリス古典派の経済学では、市場や価格の変化・構成を意識しながらも、経済全体を生産に携わる主体の分配面から考察していた。それに対して、新古典派のマーシャルやジェヴォンズは消費者の需要行動を新たに射程に入れており、さらにマーシャルは市場のタイプや価格による需要と供給の調整を考察したのであった。それゆえ、マーシャルの経済学は「交換の経済学」と呼ばれることもあった。ジェヴォンズやマーシャルはミルの経済学を補完しようとしたのに対して、天野（やJ・M・ケインズ）はミルのマクロ的経済理論を発展させたといえるのである。

天野のマクロ経済学

マクロ経済学についてまったく勉強したことのない人のために、ミルと天野にそって要点をいくらか解説しておこう。後の本書の議論にも登場するが、ミルは『経済学原理』第一篇「生産」の第一一章において、「資本増加」について考察している。「生産の要件となるものは、労働と資本と土地とである」。もし毎年の経済活動全体から生み出される生産物がすべて消費されてしまっては、投資も経済成長もない。それゆえ、ミルも天野も、「資本の増加」をもたらすものは何かと考察していって、毎年の生産物全体あるいは所得全体から消費されずに残される「貯蓄」に着目していったのである。

「貯蓄」こそが経済全体に資金を提供して「資本の増加（投資）」につながってゆく活動なのであった。ミルは「資本はすべて貯蓄の産物である」と繰り返し述べている。

個人でも企業でもビジネスを開始したり拡張したりするときには、まず資金が必要になる。そのための資金は、自らの貯蓄、知り合いや銀行・金融機関からの借金、株や債券の発行によって調達されることになる。ミルの場合には貯蓄から資本の増加への因果的順序、時間的順序が意識されていて、マクロ経済的に同時に進行する銀行業など金融活動、金融制度についての十分な考察がなかった。実際、池尾の『二〇世紀の経済学者ネットワーク』（一九九四）で述べたように、ミルの次の世代の経済学者になって、文明の進歩とともに金融制度が発達して、貯蓄は金融制度をとおして資本の増加に向けて円滑に配分されると考えられるようになってゆく。

天野に至っては、生産活動と金融活動が同時に進行していることがすでに意識されていた。本書第七章でみるように、天野は金融の調整役を銀行制度に期待し、株式市場は（法制度の未成熟により）賭博場と化している、つまり客観的で公平な監査制度が整わない限り株式市場には期待できないと主張したのであった。金融制度が、経済全体での貯蓄資金と投資資金の調整をうまく担えないときに経済活動は収縮して不況に陥る可能性があると考える点で、天野の経済学はジョン・メイナード・ケインズの経済学とよく似てくるのである。

ミルの批判的検討

そして、天野は同書では、イギリス古典派経済学者たちによる資産家の「生産的消費」（労働雇用による生産活動）と「不生産的消費」（贅沢支出等）の区別を批判的に検討した。少し専門的にはなるが、この区別はミルたちにとって大きな論争点でもあった。ミルは『経済学原理』第一篇の第一一章「資本増加の法則について」で、次のように述べていた。

「貯蓄をなしうべき財源とは、労働の生産物のうち、生産に関係したすべての人（原料を補給するのに使用される人や固定資本を修理するのに使用される人を含む）に生活必需品を供給したのちになお残るところの余剰分である。……この余剰分は、生産者たちに享楽品を、必需品以外の享楽品を供給するところの財源であり、また自らは直接生産に携わっていないすべての人を雇い、また資本に対するいっさいの増加分を引き出すところの財源である。」（邦訳、第一巻、三〇七頁）

それに対して、天野は『経済原論』で次のように問いかけて議論を展開してゆくのであった。

「仮令は人あり客集め酒を飲む其価一年に平均一万円なりと仮定せよ　さらに問題を転して此人が一万円を費して酒を沽う（か）を止め以て労力者を雇ひ入れ他の物品を産出せりと想像せよ　語を換へて之を言ふに前には不生産的に消費せし金員を生産的に消費するゝとはなれりと仮定せよ此場合に当て一国の生産上に如何なる差等を産出するや。」（三七頁）

天野は（「道徳にかなう例」とはいいにくい）酒盛りを例に挙げて、このような質問を投げかけ、結局、一国全体の産出高については決定論的なことはいわなかったものの、「殖産上の相違がある」、すなわち、一国全体の生産物の構成、労働者の仕事内容に相違が生じるだけである、と議論を続けていった。後でみるように、天野は『経済学綱要』（一九〇二）で、よりわかりやすい、マクロ経済学の議論を展開することになる。さらに、高橋是清が同様に道徳的とはいいにくい例を挙げて、ケインズ的推論を述べているので、それを後でみよう。

経済学の多様化

一九世紀の後半、経済学は多様化し、大きく変容していく。天野の『経済学研究法』（一八九〇a）を読むと、経済学の変化と多様性がわかりやすく伝わってくるので、石橋湛山が天野の三部作として同書を入れたのはこのあたりに理由がありそうである。おそらく学生向けの経済学副読本のような書物として位置づけられたのであろう。専門家たちですら、「経済学とは何か」と問うてその定義自体を議論し、経済学と称して議論されている内容を確認し合っていたのである。

道徳と経済学

天野の『経済学研究法』（一八九〇a）では経済学の理論と応用も大きなトピックであり、このことは、J・S・ミルの考えていた「社会哲学への応用」から脱皮したことを意味する。そして改めて「経済学と諸学の関係」が議論され、「経済学（政治経済学あるいは国民経済学）を勉強するためには、民間経済学、道徳学、歴史学、統計学、法律学、政治学も学ぶべきである」とされた。道徳学に関する叙述は日本人研究者によって注目されるようなので、次の文を引用しておこう。

「元来経済学は全く道徳学より異れる学科なりと雖ども而も尚ほ之と密接の関係を有し殊に其応用部分に於て然りとなす　経済学の地位は其応用の部分に於て歩を道徳学に譲るものなり　故に道徳学の最高の教旨は決して単純なる経済上の利益のために軽々看過せらるべきものにあらず。」（三六―三七頁）

天野は、道徳的感情をもつことの大切さを、児童労働を例に挙げて説明している。一般的な議論もさることながら、どういう場面で道徳的判断が経済的判断に優先されるのかは、その都度、自分の道徳的感情に訴えて判断するべきことを示唆している。『経済学研究法』（一八九〇a）では、方法論も盛んに議論されており、演繹法や帰納法のほか、総合法、合理法、先験法、後験法、経験法、分解法が挙げられている。数学利用にもふれられ、リカードゥの数値例やクールノーの数学的分析にも言及されていて、経済学が隆盛している様子が伝わってくる。ジョン・ネヴィル・ケインズの『経済学の領域と方法』（一八九一）と重なり合う点があり、大変興味深いといえる。

天野為之は経済学方法論研究をつづけてゆく。天野がロッシャーのドイツ語著書の英訳『経済学原理』（一八七八）を読んでいたことはすでに述べた。そのほかに天野は、ルイジ・コッサ（Luigi Cossa, 1831-1896）の一八七八年のイタリア語書籍の英訳『政治経済学研究ガイド』を講義で使っていた。「天野為之コッサ講義・利光孫太郎編集『経済学の性質』」と題する印刷物が、早稲田大学中央図書館に一八九八年に寄贈されている。筆者は同印刷物がコッサの英訳版を和訳したものであることを確認している。

2 『経済学綱要』（一九〇二）

天野の『経済原論』（一八八六c）は経済理論とその理論を使っての考察が中心となっており、経済政策・制度論は『商政標準』（一八八六d）にゆだねられていた。天野が東京大学を卒業したのと入れ替わるように、一八八二（明治一五）年秋から、渋沢栄一が「本邦商業の実況」および「本邦国立銀行の起源沿革並びに銀行実際の業務」について、主として「余が従来経験する所の実務を述べ」るかたちで講義をしていたことはすでに述べた。それに刺激されたか、天野は東京専門学校設立の翌年一八八三年から銀行原理の講義を始めており、「銀行原理」（一八八六b）や『銀行論』（一八九〇b）の公刊につなげている。銀行論に対する学生や世間からのニーズがかなり高かったと思われる。

天野は、銀行の資金融通業務、貿易を支える国際決済業務に関心をよせていた。彼は銀行実務家の話を取り入れ、ウォルター・バジョットの『ロンバード街』（一八七三）などのほか、小野梓が直接赴いて調べたイギリスの銀行の資料も参考にしたのではないかと思われる。さらに、杉原四郎が『日本の経済思想家たち』（一九九〇）で注目したように、天野は資本の増加を支える貯蓄について雑誌『東洋経済新報』で論じ、その論考をまとめて『勤倹貯蓄新論』（一九〇一）として出版した。

二宮尊徳の勤倹貯蓄論

徳川時代には、「江戸っ子は宵越しの銭を持たない」という言い回しに表れるように、財産を増やしたり貯蓄をしたりすることを恥とする空気が強かった。米遣い経済に特有とされる、貴穀賤金の思想もあった。それゆえ、江戸時代末期に農村指導者として活躍した二宮尊徳も、次のような戒めを発しなければならなかった。

「夫譲は人道なり。今日のものを明日に譲り、今年の者を来年に譲るの道を勤めざるは、人にして人にあらず。……宵越しの銭を持たぬと云は、鳥獣の道にして、人道にあらず。鳥獣には今日の物を明日に譲り、今年の物を来年に譲るの道なし。人は然らず。今日の物を明日に譲り、今年の物を来年に譲り、其上子孫に譲り、他に譲るの道あり。」（『二宮翁夜話』第七九話）

そして明治維新後には、政府主導によって貯蓄運動が苦労しながらも地道に粘り強く展開され、天野も勤倹貯蓄の必要性を説いたのであった。

一九〇二（明治三五）年に天野は『経済学綱要』を公刊し、資本の増分（投資）と貯蓄のバランス、銀行の機能等を極めて明快に議論した。また、天野は一八九一年にミル『経済学原理』の米ラフリン編集版（一八八四）を『高等経済原論』（一八九一）と題して訳出しており、ミルを土台にした経済学教科書の多様性も実感していたに違いない。

経済学とは何か

天野為之の『経済学綱要』（一九〇二）は、『経済原論』（一八八六c）以来の経済学の発展と応用を詰め込んだ書物である。『経済学綱要』は七篇構成で一部を現代用語に置き換えれば、（一）総論、（二）財の生産（生産の三要件）、（三）財の分配（賃金、利潤、地代）、（四）財の交換（価格、通貨）、（五）財の消費、（六）経済政策、（七）財政（租税、公債及び予算）となる。総論の冒頭では、経済学が定義される。

「経済学とは何ぞや、経済学とは財の生産、分配、交換、消費を論ずるの科学なり。」（一頁）

現代のマクロ経済学の授業においてならば、一国内の経済循環を想定し、生産、流通・分配、消費の簡単なモデルを使って、ＧＤＰ（国内総生産）を説明することになるだろう。天野は生産の三要件として、「自然（天然）」「労働」「資本」を挙げ、「自然」は主に土地からなるとした。

資本とは何か

本章では近代的銀行の機能についての議論に近づきたいがゆえに、天野の資本の定義に注目しよう。天野の資本の定義は柔軟で、物財、金銭、いずれの形態も取りうることが要点である。そして彼は、資本の増加を貯蓄と結び付けていく。

「資本は生産に使用せられ居る生産物及び之に代ふる目的を以て貯蓄せらるる財なり。例へば一の工場に於ける機械、道具、原料等は生産に使用せられ居る生産物にして資本なり、然れども資本は此種の生産物に止まらず苟しくも之に代へんとの目的を以て貯蓄し居るものはその金銭たり、商品たり、何たるを問はず皆資本なり。」（一二三頁）

続けて、天野は、機械、器具、家屋、工場のごとく固定資本と、燃料、原料、給料のごとく流動資本を明確に区別している。

では、資本の増加に関わる原因は何か。天野は六つの原因を挙げ、第一は「領土の与奪（譲渡と取得）」、第二は「資本の国際的出入」とした。第三は「自由収入の多少」で、現在では「所得あるいは可処分所得の多少」で、収入や所得が大きければ貯蓄も増える、と翻訳できる。

「第三　自由収入の多少、但し自由収入とは人がその所得の内にて総へて必要欠く可からざる費用を支弁し猶ほ余す所の部分　自由収入少なくんば如何に貯蓄をなさんとするも能はず、日本の労働者の貯蓄少なきはその貯蓄心の乏しきに由るもその所得の少なく、自由収入亦従て少なきにも由る。」（二九—三〇頁）

天野為之の勤倹貯蓄論

天野の資本増加に関わる第四原因は「貯蓄心」である。これはJ・M・ケインズのいう「貯蓄性向」と呼びかえることができる。天野の「貯蓄心」の強さは知識や家族愛に依存すると考えられた。

「第四は貯蓄心なり。夫れ資本は貯蓄の結果なれば国民に貯蓄心少なければ資本の増加少なきこと勿論なり。而して貯蓄心に大小ある原因は、（甲）智識の多少。智識ある者は将来の計をなすに由り貯蓄心大なり、（乙）道徳心の多少、夫れ道徳は博愛にして之を小にしては家族親戚を愛し、之を大にしては一国を愛し、世界を愛す、而して実際に道徳を施さんとすれば大抵の場合には金銭を要す、故に道徳心の大なる国民にありては貯蓄亦た自ら盛なり。」（三〇頁）

貯蓄心に影響を与える要因（乙）には、二宮尊徳の思想と重なる部分があるといえる。

天野の第五原因は、「利息の多少、資本の利息多けれは国民の貯蓄心を増す」ということで、利子率であった。彼が数学を使えば、利子率を調整変数ととらえたことであろう。

金融機関の社会的役割

天野の第六原因は銀行などの金融機関の経営状態、信用状態であり、資金の融通役としての社会的役割を期待したのである。彼は日本の状況を反映させて、銀行だけではなく、郵便貯金制度にも注目した。

「第六　信用機関の状態、夫れ銀行なり、郵便局なり、それそれ貯金の制度整頓し居る場合には国民は安じてのその貯金をなし遂に資本の増加を来す。夫れ社会には財を蓄積すれども之を生産に使用する能はざるものあり、又之を生産に使用する力あれども蓄積したる財を有せさる者あり、安全なる貯蓄機関は此両者の媒介となりて資金の貸借を佐け、国民の貯蓄を変して一国の資

本となし以てその分量を増加するの機関なり。」（三〇―三一頁）

すなわち、貯蓄と資本の増加（投資）を調整するメカニズムを銀行・金融制度（郵便貯金を含む）が担うと、とらえられている。ケインズの表現を使えば、「セイ法則」（供給はそれ自らの需要をつくる）が受け容れられているのである。

銀行が人々の勤倹貯蓄を、事業を開始したり拡張したりしたい実業家たちに効率的に配分する役割を担うべきであった。つまり、貯蓄を資本の増加につなげていくためには、銀行制度が安定して機能しなければならなかった。尊徳の時代には、推譲の一部は藩や村などでまとめて融通されていたが、明治期には、近代的銀行が資金余剰者の貯蓄を預金として受け入れて地域を越えて資金不足者に融通するようになっていたのである。しかし、信用機関の状態が不安定であれば、貯蓄が資本形成に結び付かないのである。この点で、天野の議論はケインズの理論に似てくるといえる（天野は賭博場と化した取引所には期待していない）。

さらに第五編「財の消費」に、「ケインズに先行するケインズ理論」を日本に誕生させた言明が見出される。まず、天野の消費の定義をみておこう。

「消費は財の使用をいう。そして生産の目的は消費、即ち使用にあり。故に如何なる物品といえども消費されないものはない。」（一〇七頁）

生産の社会的目的は消費財を増やすこと、今ではサービスも消費財に含まれるので、消費活動を活発にすること、となる。そして天野によれば、浪費家（散財家）も蓄財家も、消費活動の活発化に貢献しうるのである。

「散財家……彼れの資産を使って贅沢品を買うことにより、その需要を増やし、これを作る労働者に職業を与える。」（一一六頁）

「蓄財家といえども決して正金を保蔵するにあらず、あるいはそれによってある事業に投下しうるか、あるいはこれを銀行に預け入れるに違いない。銀行に預け入れた金は銀行の手を経て社会の金融を資することは明らかである。従って蓄財家の資産は社会に活動して労働を買い物品を買い入れる。これを察せず、いたずらに蓄財家をその財を保蔵する者とみなすことは誤っている。」（一一六—一一七頁）

J・S・ミルがイギリス古典派経済学の伝統に従い、「生産的消費」と「不生産的消費」を区別する議論を続けていたのだが、天野は一八八六（明治一九）年の論文「経済学の必要」と『経済原論』でその議論を批判して、一歩先に歩み出した。そして、『経済学綱要』では、それを「謬論」（誤った議論）として退け、贅沢品の消費の増加は贅沢品を生産する労働者に仕事を与える一方で、蓄財も銀行を通して行われるので、社会的には資本財を生産する労働者に仕事を与え、資本の増加につながるはずであるととらえた。

贅沢品への支出であれ何であれ、消費活動が増えれば、ジョン・メイナード・ケインズのいうように、企業にとっては商品の売れ行きが伸びることになるので、現在の生産および将来の生産能力を伸ばす実物投資の増加につながりうるのである。

両方向の議論の存在

それればかりではなく、貯蓄が増えれば、銀行など近代的金融制度を通じて、社会に配分される貸付可能資金が増加するので、企業は投資がしやすくなるはずである。つまり銀行などが資金を融通するという社会的役割を担っているので、「貯蓄のパラドックス」は起こらない。天野の『経済学綱要』には、ケインズの新理論とそれ以前の理論の両方が、「一般論」を論じるかたちで併論された。つまり、ケインズの革新的理論を含む（「消費の増加は、生産と投資、したがって所得を増やしうる」）と、ケインズが批判したセイ法則（「供給はそれ自らの需要をつくりだす」）に基づく理論の両方が盛り込まれていたのである。

3　高橋是清と石橋湛山

J・M・ケインズ以前のケインズ理論

では、すでに百回以上は紹介されてきたことであろうが、高橋是清と石橋湛山のケインズの『一般理論』（一九三六）に先行するケインズ理論たる主張を確認しておこう。

ジョン・メイナード・ケインズは、『平和の経済的帰結』でパリ講和会議を批判した一九一九（大正八）年以来、日本のジャーナリスト、政治家、経済学者、経済専門家の間でも、徐々に人気を博していった。ケインズは、イギリス政府の為替政策（旧平価での金本位制復帰）などを批判し、景気刺激策や赤字財政について世論に影響を与えるべく、パンフレットを書いたり、ラジオで話したりしていた。日本の政治家やジャーナリストたちは、日本政府の当時の金融引締政策に対する批判を展開する際に、自分たちの演説や論説でケインズが繰り出す新しいアイディアをすぐに借用することがしばしばあった。彼らは、ケインズの主張を日本経済の文脈に適するように言い換えるだけではなく、ケインズの議論にさらに磨きをかけることもあった。

一九一八（大正七）年に第一次大戦が終了した後、日本では、アメリカよりも高い率でインフレーションが進行していた。しかし、一九二七（昭和二）年に金融恐慌が発生し、それ以来不況が続いて、物価に下げ圧力が働きつつあった。政権担当者たちは旧平価で国際金本位制に復帰するために、物価水準を下げようとして消費節約政策を訴えたのであった。不況から経済を回復させなくてはならないはずの時期に実施された消費節約政策に対して批判を展開した人々の中には、高橋是清のような野党政治家（当時）や、石橋湛山のような経済ジャーナリスト（当時）たちがいたのである。

一九二九（昭和四）年七月に浜口雄幸（おさち）（1870-1931）総理・井上準之助（1869-1932）蔵相の新政権が誕生したときから、平価を切り下げることなく円を安定化させるために足並みを揃えた努力が始まった。日本の経済学者の多くは、一九二七年の金融恐慌のため物価水準が下落したときに、百円＝四九・三七五米ドルの旧平価で国際金本位制度に復帰する（金解禁を実施する）機会が日本に到来したと感じていた。筆者の知る限り、この時点では、日本の国際金本位制度への復帰自体に反対する経済学者は日本にはいなかった。日本は、一九二〇年代半ばにイギリス政府がとり、ケインズが猛然と反対したのと同じ政策コースをたどろうとしていた。またそれは、池尾の『日本の経済学』（二〇〇六）で紹介したように、スウェーデンのグスタフ・カッセル（Gustav Cassel, 1866-1945）（購買力平価説の提唱者）が委託論文「日本円に付て」（一九二六）によって警告した道筋でもあった。

節約キャンペーン批判

一九二九年一一月、野党政治家であった高橋是清は、旧平価での金解禁を目指す節約キャンペーンを批判する中で、ケインズ的支出乗数の要点を明快に述べた。

「例へば茲に一年五万円の生活をする余力のある人が、倹約して三万円を以て生活し、あと二万円は之れを貯蓄する事とすれば、其の人の個人経済は、毎年それだけ蓄財が増えて行つて誠に結構な事であるが、是れを国の経済の上から見る時は、其の倹約に依て、是れ迄其の人が消費して居つた二万円だけは、どこかに物資の需用が減る訳であつて、国家の生産力はそれだけ低下する事となる。故に国の経済より見れば、五万円の生活をする余裕ある人には、それだけの生活をして貰つた方がよいのである。

更に一層砕けて言ふならば、仮に或る人が待合へ行つて、芸者を招んだり、贅沢な料理を食べたりして二千円を費消したとする。是れは風紀道徳の上から云へば、さうした使方をして貰ひ度くは無いけれども、仮に使つたとして、此の使はれた金はどういふ風に散らばつて行くかといふのに、料理代となつた部分は料理人等の給料の一部分となり、又料理に使はれた魚類、肉類、野菜類、調味品等の代価及其等の運搬費並に商人の稼ぎ料として支払はれる。此の分は、即ちそれだけ、農業者、漁業者其の他の生産業者の懐を潤すものである。而して此等の代金を受取たる農業者や、漁業者、商人等は、それを以て各自の衣食住其の他の費用に充てる。それから芸者代として支払はれた金は、其の一部は芸者の手に渡つて、食料、納税、衣服、化粧品、其の他の代償として支出せられる。即ち今此の人が待合へ行くことを止めて、二千円を節約したとすれば、此の人個人に取りては二千円の貯蓄が出来、銀行の預金がふえるであらうが、其の金の効果は二千円を出でない。

然るに、此の人が待合で使つたとすれば、その金は転々して、農、工、商、漁業者等の手に移り、それが又諸般産業の上に、二〇倍にも、三〇倍にもなつて働く。故に、個人経済から云へば、二千円の節約をする事は、其の人に取つて、誠に結構であるが、国の経済から云へば、同一の金が二〇倍にも三〇倍にもなつて働くのであるから、寧ろ其の方が望ましい訳である。茲が個人経済と、国の経済との異つて居る所である。」（高橋是清「所謂緊縮政策に就いて」『随想録』二四八―二四九頁）

このように高橋は、いくらか不道徳な例を挙げて倹約を批判し、雇用の第二次波及（間接雇用）効果に言及して数値例を用いたのである。最後の段落にあるように、特に理由は添えずに、彼は支出乗数が二〇から三〇になりうると考えていた。高橋の場合、J・M・ケインズと同様に、浪費家と蓄財家の区別はなく、消費は所得の関数である、つまり所得が増えると消費も増えるととらえられている点が新鮮なのである。

もっとも、高橋是清の数値例を厳密にたどると、限界消費性向は一と仮定されている。J・M・ケインズは『一般理論』(一九三六)において、限界消費性向を、追加的所得からの消費の増分の割合と定義し、これは通常ゼロと一の間の数値になると想定していた。J・M・ケインズは数学的処理をして、「もし社会の消費心理が、たとえば、所得増分の十分の九を消費しようとするものであるなら、その場合には乗数は一〇となる」(一一七頁)とした。つまり、限界消費性向が九〇パーセントの場合、ある人の消費増加が連鎖して次々に他の人々の消費増加につながり、全体としての所得や雇用の一〇倍の増加につながるとしたのであった。高橋是清の乗数過程は、限界消費性向を一と想定している、つまり、限界貯蓄性向がゼロと想定されており、無限に発散して収束することはないので、問題はある。それでも、数値例を用いた貯蓄のパラドックスの説明は当時としては見事というべきである。

消費と生産

石橋湛山(写真4-2)は早稲田大学文学部出身で、学生時代に、天野の経済学の講義を受けることはなかった。しかし、一九一一(明治四四)年に東洋経済新報社という社名に「経済」の入る会社に就職したことから、師の哲学者田中王堂たちに薦められて、天野為之の『経済学綱要』(一九〇二)を読んで経済学の勉強を始めた。『湛山回想』(一九五一)には、「これは、よい先生がいて、講義の筋書きに用いるのには適当の教科書であるかも知れぬが、哲学書生の私には、あまりに簡単すぎてかえって理解が出来ず、興味をもち得なかった」（九三頁）と記している。

翌一九一二（大正元）年一〇月に、編集を担当していた『東洋時論』が廃刊になったため、石橋は『東洋経済新報』の記者となり、エドウィン・セリグマン（米コロンビア大学）の『経済原論』（一九〇五）、ミルの『経済学原理』（一八四八）等の英文原書を読み始めた。天野の『経済学綱要』はその際のよき参考書になったのではないかと思う。日本語の経済書に目を通すことなく、英語の経済書を初めて読むのは極めて困難だと思われるからである。

セリグマンの『経済原論』は古典派経済書とされ、アメリカの大学の多くで教科書として採用されており、経済英語を学生に学ばせるのに最適とされる読み物でもあった。同書は早稲田大学でも教科書にされており、日本人にとっては経済英語だけではなく、アメリカ経済事情も学べる書物であったといえる。経済を構成する単位として、個人（individual）だけではなく、家計（household）に注目していることも、日米の学生に近づきやすかったのだと思われる。ビジネス（business）の語源は「忙しいこと（state of being busy）」であるとの説明も何か愉快である。のちにポール・サミュエルソン（Paul Samuelson, 1915-2009）の数理的教科書『経済学』（一九四八）が（最初は理系学部生向けに）登場したのちも、セリグ

写真 4-2　石橋湛山

出典：国立国会図書館ウェブサイト。

マン『経済原論』の定評は揺るがず、英語母語話者向けのアメリカ経済古典の位置を占めているようだ。

とはいうものの、石橋の経済学のバックボーンはミルの『経済学原理』によって構築されたというべきである。石橋は、貯蓄や投資の概念や定義、および貯蓄の増加が資本の増加につながりうるといったマクロ経済学的思考は、ミル、天野、『東洋経済新報』の社説からえたのだと思う。そして石橋は『湛山回想』において、日本銀行総裁などを務めて故人となった深井英五（1871-1945）が『東洋経済新報』から「経済学」を自修したことにふれている。石橋自身が『東洋経済新報』を担当し、金融経済問題、貯蓄と投資の調整問題を真剣に考察して記事や社説を執筆していた頃と重なるのであった。

石橋は一九二〇（大正九）年頃からJ・M・ケインズにも注目し始めていた。石橋は偶然、犬養毅（1855-1932）新内閣が金の輸出を再禁止した翌日と翌々日、つまり一九三一（昭和六）年一二月一四—一五日に、JOAKのラジオ番組で「消費経済と生産経済」と題する講話を流したのであった。石橋は「消費節約の誤謬」と表現したが、経済学者が「貯蓄のパラドックス」や「合成の誤謬」と表現することになる論点をよく理解していたことがわかる。

「世の中の人は、……消費は道徳的に悪い事、物を無くなすマイナスの行為だとばかり思っているのであります。そこで成るべく消費を減じ、所謂貯蓄をしなければならぬと申します。之は一個人としては或程度無条件に真理だと云うても宜しいが、社会全体としては条件なしには承認し得ない事であります。何んな条件かと申しますれば、貯蓄は其れに依って残した金を、唯だ積んでおいたのでは有害無益である、それは必ず新たな生産設備を作ると云う形で矢張使われねばならないと云う条件であります。若しそうではなく唯だお金を使わないで積んで置く、そして大に貯蓄したと社会全体の人が考えていますと、今まで流通していたお金の中、それだけが、銀行の庫の中なり個人の銭入の中なりに隠れて、世の中に出ないことになりますから、即ち物は売れなくなり、物価は下落し、従って総ての物の生産者は利益がなくなり、或は損失をするに至ります。故に其等の生産者は、致し方なく工場の仕事を縮小する、使用せる人を減らす、賃金を下げると云うことになり、ここに社会は所謂不景気の現象を呈します。昭和四年以来浜口及若槻内閣の取られた緊縮節約政策なるものは、即ちこれであったのであります。」（『石橋湛山全集』一九七一、第八巻、四九八―四九九頁）

ラジオの普及はラジオ放送の展開と足並みを揃えており、一九二〇年代に急速に進んだのであった。天野が活躍し始めた頃は、市販書籍や通信教育の教科書が、専門知識の普及にもっぱら貢献していたことは何度でも強調しておこう。

ここでも、J・M・ケインズ自身の議論をみておこう。彼は説得力のある文章を書くことで有名であったが、『一般理論』（一九三六）だけは例外で、出版後すぐに主要論点を解説する論考をいくつか出さなくてはならないほど難渋であった。まず、その革命的書物から引用しよう。

「消費を切りつめることによってより多くを貯蓄しようとするあらゆる企ては、所得に対してその企てが必然的にそれ自体挫折するような影響を及ぼすであろう。もちろん、社会全体として当期の投資額以下の貯蓄をすることも同じように不可能である。なぜなら、そうしようとする企ては、個々人の貯蓄しようと欲する額が合して投資額に等しい額となる水準まで、所得を必然的に高めるからである。」（八五頁）

貯蓄と消費の意思決定が一体になっていることに注意すれば、これを理解できるであろう。最初の文は「貯蓄のパラドックス」と呼ばれる現象である。そして、社会全体として当期の消費額を［当初均衡以上に］増やそうとすると、個々人の消費増加の連鎖反応により、［新しい均衡に到達するまで］社会の所得が高められるのである。

よりわかりやすいとされる「フランス語版への序」からも引用しよう。

「一般に、産出量および雇用の現実の水準は、生産能力や既存の所得水準に依存するものではなく、生産に関する現在の決意に依存するものであって、この決意はさらに投資に関する現在の決意と現在および将来の消費に関する現在の期待とに依存する。」（「序」三四頁）

J・M・ケインズは、時間が過去から現在へ、現在から将来に流れる中での企業家の意思決定を語っている。企業家たちは、現実の消費の動向を観察し、他の関連情報を交えて、現在および将来の消費に関して期待を形成して、現在の生産活動および投資に関する意思決定をしている。そうした有効需要こそが現実の産出量および雇用の水準を決定すると、ケインズは経済学者仲間に主張したのである。

高橋是清や石橋湛山は、ケインズが主張する以前に「貯蓄のパラドックス」などケインズの新理論の要点を把握して、自分たちの主張をサポートするのに用いていたことは今では広く知られている。しかし、経済学の教育を受けなかった二人に、なぜそれが可能だったのかが、依然として謎のまま残っていた。彼らは、天野の経済学に依拠していたに違いないのである。天野は、資本の増分（投資）と貯蓄が銀行仲介の金融メカニズムによりバランスすべきことを見抜いていた点で、この二人より先行していたのであった。「貯蓄のパラドックス」を強調するか、金融メカニズムの作用により貯蓄と投資、総需要と総供給がバランスするという「セイ法則」を強調するか、それは政治的判断である。一旦どちらかを選択してしまうと、政治的判断が白日のもとに晒されるので、天野の一般論を参照したとはなかなか正直には言えなかったのだと思われる。

第五章　政府の商業政策（商政標準）

天野為之流の自由経済思想が彼の『商政標準』（一八八六d）によく表れている。天野は一方で、経済人たちが倫理にしたがい、産業の発展を考慮することが大切だと考えていた。また他方で、政府の役割は、度量衡や工業規格、通貨と金融、商標登録・専売特許・著作権などの制度を整え、必要に応じて消費者や労働者を守るために産業を規制することだと考えていた。天野は、政府による民間の経済活動・経済過程への介入（干渉）は少ないほうがよいと考えていた。とはいえ、民間商業経済活動を担える人材は不足しており、普通教育そして商業教育を充実させなければならなかったのである。

1　自由放任と教育の重要性

天野為之が『商政標準』につけた英訳タイトルは、"The Principles of Commercial Legislation"であった。

天野の研究課題

天野の研究課題（リサーチ・クエッション）は、「政府は商業に向うて如何なる所為をなすべきや」であり、『経済原論』（一八八六c）では政治経済の学者のための教科書となるものを提供したのに対して、彼は『商政標準』が実際の政務家（政策担当者）並びに事業家のための参考書となることを期待した。

自序には、一八八六（明治一九）年七月から八月にかけて、信陽で過ごしたことが書かれている。市井健夫の『信州学大全』（二〇〇四）によれば、「信陽は『太陽の恵みが豊かな信州』という意味である」（一九九頁）。ただ公式文書では信濃国が用いられて信陽・信州ともに異称とされる。そして信濃国は現在の長野県にほぼ一致する。一八八六年には鉄道の敷設が進みつつあったが、陸上交通の主役は馬車と人力車であった。天野は、浅間山、有明山、諏訪湖、千曲川など、信陽の山水を絶賛し、おかげで執筆が進んだとする。避暑地体験は新しかったので、カタカナをひらがなにして、現代の漢字とかな使いに近づけて引用しておこう。天野は「序」でいわく、

「今年七、八月、余は信陽に遊ぶといえども、信陽の国たる仙山万峰の間にあり、地高くして

境幽なり。すこぶる運思執筆の業に宜し。余、ここに逍遙する。ほとんど三旬、その間もっぱら本書の述作を事せり。もし神経を倦み気疲れして筆硯に耐えざるときはたちまち萬楼に寄りて双眸を放ち以て山川の霊秀を願望す。その心神の爽快となるに於ては又寂坐して文を草す。この如くする。日又一日、著作大いに進み、余帰途につくときは大抵すでに成れり。……序にて信陽の山水の我が此の著に助けあるを公言し併せて信陽の山水に向うて謝する所ありと言ず。」（「序」『商政標準』）

天野の『商政標準』はアカデミズム、政府、実業界の幅広い読者をえて、大きな反響をえたようだ。同書を生み出した避暑地の新たな誕生に感謝しよう。

参考文献　天野は例言に、英文の書名と著者名のみを参考文献として掲げている。漢文や和文の文献も読んでいたはずであるが、参考文献として記されていないことが多い。天野が記した文献を日本語にし、また参考にしたと思われる文献やできごとについて簡単にみておこう。

第一に、J・S・ミルの『経済学原理』（一八四八）である。同書については、第二章でみたように東京大学の経済学教科書として採用されており、第五版（一八六二）、第六版（一八六五）、第七版（一八七二）あたりを使ったのであろう。ミルは第一篇「生産」第二章「生産要因としての労働について」の第八節において、「発明および発見の労働」について論じている。例としてニュートン（Isaac Newton, 1642-1726/27）やワットの労働を挙げていて、ミルは「人間の努力はすべて若干の精神的要素と若干の肉体的要素とから合成されている」ことを主張したいようであった。

第二に、独ライプチヒ大学のW・ロッシャーの『経済学原理』である。天野が読んだのは、ドイツ語原典第一三版（一八七七）のフランス語訳をリレー英訳してニューヨークで一八七八（明治一一）年に出版された版である。天野はアメリカ版で追加された国際貿易に関する章を読み、ミルとの共通点を確認したことであろう。天野は輸入原料に対する課税に力強く反対するときにはロッシャーの反対論に励まされたことであろう。

第三に、イギリスのヘンリー・シジウィック（Henry Sidgwick, 1838-1900）の『経済学原理』である。天野が同書の初版（一八八三）を使ったことは確実である。シジウィックは発明に関する特許にも注目しており、特許をレント（地代）の一種ととらえて数回にわたって簡単に論じている。

第四に、アメリカの政治経済学者のジョン・レイロー編纂の事典『アメリカ合衆国における政治学、経済学および政治史』（*Cyclopaedia of Political Science, Political Economy, and of the Political History of the United States*, 1882-84）である。レイローはロッシャーの本のリレー英訳者でもある。初版は全三巻であった。日本では『サイクロピジャ』などと呼ばれて注目されたようだ。

第五に、英米の商業史、特許と著作権法、アメリカの特許制度に関する書物である。天野はこれらを参考にして、特許制度、著作権制度、商標制度の内容と意義を理解したのであろう。そして彼は、三つの制度を国内で確立して関連する国際条約を批准することを、政府の役割として位置づけたのであった。唐津で天野に英語を教えた高橋是清が初代の商標登録所長と専売特許所長に一八八五〜八六

（明治一八～一九）年に就任したことも、これらの制度の重要性に注意を払う契機になったことであろう。

第六に、文献以外にも、官営事業の払い下げが進行しつつあった現実経済の動向も天野の経済思想形成に影響を与えたと思われる。新規大事業として始められた官営の工場や鉱山が経営不振に陥り、一八八〇年代に明治政府はそうした事業を民間に払い下げたのであった。後でも述べるが、天野は「政府の失敗」を目の当たりにしていたといえるのである。

そのほかに、天野は荀子の議論を使っている。荀子は紀元前三世紀に活躍した中国の思想家・儒者である。彼は日本の経済学者がときどき言及する「性悪説」を唱えた学者であるが、同時に教育によって人は変わりうると教育の重要性も強調していたのである。荀子は江戸時代から明治時代まで日本でよく読まれていたようだ。

介入論者の議論

天野為之は、政府による民間の経済活動・経済過程への介入（干渉）はできるだけ少ないほうがよいと考えていた。もっとも彼は、当時、活発な商業経済活動を担える民間の人材が極端に不足していると認識しており、普通教育そして国際ビジネスを担える人材の早急な育成が必要であると考えていた。

これらは天野の経済思想の核心にあたる。天野は自由放任に反対する典型的主張を解説したうえで、その主張を論駁してゆくスタイルをとる。彼のその議論の展開の仕方を、原文に近いかたちでみておこう。

介入（干渉）論者の議論は次のように要約される。本文のカタカナをひらがなにして、さらに現代表記に換えて引用しておこう。提撕（ていせい）とは学習を意味する。

「干渉論者は云うならん（甲）夫れ政府は聖賢の巣窟なりとは思惟せざれども一般の人民よりも一層の知識あり幾段の道徳ある人々に因て組織せらるるものなれば尋常の農工商の思いも寄らざる名論卓説あるに相違なし　故に政府に於いて商業に関し人民を誘掖提撕（学習）するは理の当然也　（乙）次に商人は官吏と相違し己れ一個の利益のみにて是れ謀り一国の幸福は毫も之れを思わざるに因り往々一般消費者の幸福を犠牲にして己れの利益を計画するあるをまぬかれず此かる場合にも一国の安危を以て自ら任する政府は之に立ち入り一国を保護する為めに二三商家の自由の行為を制限せざる可からざるなりと。」（『商政標準』五―六頁）

つまり第一に、政府には賢者が集まっており、民間人が思い及ばない卓見があるはずなので、商業に関し、民間人を誘導するのは当然である。第二に、商人は一個の利益を追求しようとし、一国の幸福を少しも考慮せず、一般消費者の幸福を犠牲にして自らの利益を求めようとする恐れがあるので、政府は一国を守るために商業の自由を制限するべきである。これが介入論者の見解である。

天野流の自由放任

それに対して、天野は消費者による「評判」を考慮する選択、その効果に思いをはせて、政府による介入（干渉）は不要である、つまり、私利だけを貪欲に追い求めて法外の利益を上げようとするものは、評判を落とし、結局、損失を出すことになるので、自由競争に委ねることが望ましいと主張する。

「一般の消費者は商業者と同じく私利に汲々たる人なれば商人中最も己れに利益をなすを選択し之に就いて物品を購買し夫の方外の利益を貪らんと欲するものは自然に其評判を堕とし遂に損失をなすに至る　之を以て商人たりとも私利の情に制御せられ無謀の貪欲を逞うする能わざる政府の干渉を要せざるなり。」（七頁）

さらに天野は、商人は一時の利益を求めて行動し続けるより、より長い視点で商業界、産業界、消費者のことを考慮して改良を行って社会に貢献しようとするものであり、政府の人が他人のために考えることよりも優れているはずであり、政府の介入は不要で、自然の競争が上策であると考える。

「商人が商業上の改良をなさば……実に改良者其人の利益に帰するなり　故に商人は己れの利益の上より奮って産業の改良に従事す　其熱心なること政府の人が他人の為めに謀るよりも勝ること萬々にして其結果も亦た著明なり。」（六頁）

「夫れ斯の如く今日の社会に於いて商人と消費者とは其利益を同うし商業上の改良をなし社会を役する者は益々繁昌し　之に反して改良もなさず甚だしければ一時の利益を謀りて方外の収得を貪る者は衰残するに因り　政府は之に干渉するを須いず　宜しく之を自然の自由、自然の競争に放任するを上策とす。」（七頁）

天野は商人ひいては実業家の行動に対して大変楽観的である。その背景には天野の普通教育、商業教育（ビジネス教育）に寄せる大きな期待があることは強調しておかなくてはならない。

教育の重要性

後段の章になるが、第五篇「或る者の干渉主義を掲げ並びに之を論評す」の中の第二章「実地教育論」から引用しておこう。

「自由の競争をなす前に適当の教育あるを要するは如何なる人類と雖も皆な然らざるはなし因りて商人にも適当の教育を与え天賦の才能を顕出せしめ此才能に因りて独立独行をなさしむべしとは誰れしも是認する所にあらずや。」（一六一頁）

「事業に従事せんとするには農たり工たり商たるを問わず先ず教育あるを要す　政府に於いて充分に教育の職務を担当して之を自由に放任す可からざるを確信す　元来如何なる人類と雖も教育を受ける必要あり　殊に商業家の如きは最も然りとなす。」（一六四頁）

自由競争に任せる前に教育が必要であり、自由に事業に従事するためには教育が必要である、これらは当然である。その先の政府の介入は不要なのである。

「政府に於いて普通教育の普及を計り、読書習字算術等の教育を与え、商工学校及び博物館を設立し特別に商工上の才能を発達せしめ且つまた商業に関係ある学術上の諸般の報告を公示して以て商人の見聞智識を開発するを望むなり　若し夫れ此上にも教育をなさんとし実際の事業にまで指図命令を下すあらば其害云う可からず　尤も自由の主義を採取すれば当初は如何にも失策多くして見るに忍びさることあらんかなれども次第次第に進歩して氷寒藍青遂に政府をして驚嘆の声を発せしむるに足る隆盛活発なる商業社会の現出するに至るは期して待つ可きのみ。」（一六四―一六五頁）

天野は、政府は必要な教育を提供すべきであるが、そのあとは、実際に事業に対して指図をしたり命令を下したりすることは不要である、自由主義を採用すれば失敗もあるであろうが、「氷寒藍青」（氷は水より出でて水より寒し、青は藍より出でて藍より青し――弟子は師匠の学識と技量を越えるものである）、政府を驚嘆させるような「隆盛活発なる商業社会」が必ずや出現するはずである、と。天野は政府介入には徹底的に批判的であり、教育を受けた人たちの自由な事業に対してはたいそう楽観的であった。

2　専売特許制度と著作権制度

政府の最小限の役割は何か。天野為之の考察過程を再構成しよう。彼はあくまで実践的な接近法をとってゆく。

第一に、国内の特許制度の確立、国際的専売特許条約への加盟、著作権制度の確立である。これらの必要性について、天野は揺るぎない信念をもっていた。

天野は第四篇の第一章「新発明の場合に政府の干渉を必要とする所以」において、発明と特許について極めて詳細な考察を展開した（一〇三―一一五頁）。

天野は、公衆と一個人とで経済上の利害が異なる場面があり、一個人の利益を優先して公衆の利益を犠牲とする場合として、新発明をとりあげた。商業の自由と対立するものであるとしながらも、新発明の専売特許の必要性を訴えた。天野の議論には現代に受け継がれている論点が含まれている。原文はかなり長いので、現代語に近づけて縮約して天野の考察をたどろう。

一国の経済の進展のためには産業上の改良を図るべきである。一国の学者が化学・理学・工学等の実学の道理を実地に応用し道具・器械・その他物品に改良を加えて、まったく新規の物品を製造したり、製造方法を改良したりするとき、発明者には専売特許を与えるべきである。つまり、ある人が新たに有用な物品を作出あるいは新たな有益なる作出（生産）の方法を発明するとき、この発明者にその発明品の販売あるいはその発明方法の使用をもっぱらにする（独占させる）ことがある。

この発明に関する専売特許制度に関して、当時のイギリスでは「産業の自由」や「社会の幸福」を唱えて、反対する者による訴訟が起きていた。また、アメリカでは制度の廃棄を主張する者もいた。たしかに、専売特許の直接の効果は、社会の利益を犠牲にして少数の利益を進捗することである。天野は特許制度が人々の間に経済格差をもたらしうることに気づいていた。

しかしながら、天野は次のように発明に関する特別の専売特許を支持する。ある人が一つの発明をなすためには非常に刻苦勉強しなければならない。自由主義を施せば、他の人々はすぐにこれを聞知し発明品を模造し発明法を利用する恐れがある。発明者はその苦心に報酬を見出すことができない。これは、一つに発明心を減殺する、二つに秘蔵心を増長するという、大弊害をきたす。第一の発明心の減却とは、発明者に報酬なければ発明が減りそのため産業上の改良を妨害することで、これは結局のところ公衆の大不利益になる。第二の秘蔵心とは、これを発明する人が他にはありそうになく、公開すると相当の報酬もなさそうなとき、その製造方法を秘蔵することである。発明された製造法が世間に知れ渡らなければ非常の高利を博するのである。新物品の発明のときも、発明人はその製造法を秘蔵することになる。

発明者への報酬

発明者の忍苦に報酬を与える方法について、二つを考案することができる。

第一は、発明者に手当あるいは金員（金一封）を与えて、その代わりにその発明を天下に公にし自由製造を許す方法である。しかし、その価（あたい）を定める標準を見出すことができない。というのも、社会にもっとも利益を与えるべき発明はその価を高くし、利益が少ない発明はその価も少なくすべきであるが、政府には、社会に利益の大きい発明か否かを初めから区別することは到底できない。

第二は、専売特許の制度である。この制度下では、ある発明によって必ず報酬を受けられるとは限らない。公衆の需用（需要）がなければ報酬はない。それに対して大変有益であれば、大きな需用があり、したがって大きな専売の利益を受けることができる。実際の公益の多少にしたがって報酬が多少となる。さらに一定期限を設け期限内は独占権を許可する一方で、発明を世間に表明するようにすれば、その期限内は利益を得られるので発明をする者は多く、専売特許を願い出る者も多いであろう。したがって、発明を世間に発表する者は多く、期限後は一般の人民は自由にこの発明品を製造しまたは発明の新法を使用できることにより相互の競争によってその価が下落し、遂に必ず一国の経済となり、そして初めて一国の産業の発達を望むことができる。

天野は、私利のために発明に挑む者をそうでない者に比較すれば、熱心に勉強するかどうかの差はほとんど天淵の違いがあると信じて疑わない。特許反対論者が社会に一時の不利益をみ、発明者の一時の巨利に幻惑されてこの制度を非難するのは、真正の経済を知らないからであるとする。発明に関しては自由の商業は不都合にして干渉の要する所以である。

著作権保護　天野はつづく第二章「著訳者美術家の勤労の結果に就いて政府の干渉を必要とすること」において、著者や美術家の著作権、翻訳権は政府によって護られるべきで、放任論はあてはまらない、それは新発明の場合と同様である、と議論を展開した。そして、著作権などが著者の死後何年くらい保護されるべきかについて、イギリス、アメリカでの議論について詳しく紹介した。

天野の『商政標準』（一八八六d）は、ちょうど著作権や翻訳権の保護を目的とするベルヌ条約が調印された年に出版された。翌一八八七（明治二〇）年、同条約が発効する。日本語ではコピーライト

（copyright）は当初「版権」と訳され、一八六九年に、著作権法の萌芽とされる出版条例（著作権保護と出版規制）が制定された。一八八七年の改正により、版権保護の部分が切り離されて、日本で最初の版権条例として独立した。一八九九年に新たな条文が追加されて大幅に改定された著作権法が制定され、ベルヌ条約を批准した。もっとも、イギリスなどとの不平等条約の改正に向けての交渉にあたって、ベルヌ条約とパリ条約の批准は、江戸幕府が諸外国との間に結ばされた不平等条約を解消するための交換条件の一つとされていた。著作権制度は文部省が管轄してきたので、ベルヌ条約批准が条約改正の条件とされたことについては、文部省の『学制百年史』第一編第五章第三節の三「著作権制度」（一九七二、六六三頁）でも確認できる。

ベルヌ条約は著作権に関する基本条約として改定を重ね、現在では、工業所有権のパリ条約とともに、その機能は国連傘下の専門機関である世界知的所有権機関（ＷＩＰＯ、一九六七年設立）に継承されている。ＷＩＰＯは、「人間精神の作品の利用と擁護を促進する」ことを目的とする国際機関である。その作品が知的財産であり、「諸国民の真の富」であると位置づけられている。日本では国際条約の改定とともに国内条約も改定されてきたものの、著作権は国ごとに異なる部分もあるので、注意が必要である。さらに、パリ条約とベルヌ条約はともに世界貿易機関（ＷＴＯ）憲章の「付属書－Ｃ」に含まれて現在まで継承されている。

次にみるように、日本での専売特許制度ならびに商標登録制度の整備には、唐津で天野に英語を教えた高橋是清が大きく貢献した。

写真５－１　高橋是清

出典：国立国会図書館ウェブサイト。

高橋是清と知的財産保護

一九二三（大正一二）年九月の関東大震災にともなう火災で、初代の特許庁庁舎は資料とともに焼失し、『高橋是清自伝』（一九三六）や高橋の遺族が提供した遺稿（『自伝』作成に使われている）によってしか、特許庁の最初の四〇年近くの活動がわからないようだ。天野の専売特許支持論は、高橋が初代商標登録所長と初代専売特許所長を兼務するようになり、高橋がそれらの調査のための外遊に出かけた後、信州（信陽）において執筆されていた。

高橋是清（写真５－１）は、一八八一（明治一四）年に文部省に入るものの、まもなく新しく設立された農商務省の工務局に移り、商標登録と発明専売規則の作成に従事した。高橋がヘボンやモーレー（David Murray, 1830-1905）から知的財産権保護の必要性を聞いていたことが背景にあった。特許制度については、一八七一年頃に発明専売略規則が制定されたものの、発明の審査にあたる者がおらず、外国人を多数雇うにも費用がかかりすぎるとのことで、一八七二年に執行停止になっていた。また反対意見も強かった（『高橋是清自伝』上、一九〇頁）。

しかし外交官の任期を終えて帰国したばかりの森有礼（1847-1889、高橋の生涯の助言者）の協力により、専売特許条例が一八八五年四月に発布、七月より施行となって事態は進んでゆく。発布とともに、前一八八四年から商標登録所長の任にあった高橋が、専売特許所長を兼務し、伊藤博文に勧められ、欧米に視察に行くことになった。伊藤自身、一八八二年三月から一年五ヶ月間、憲法調査のために長期渡欧した経験があった。そしてこのときには、日本での専売特許制度に対する関心は以前より高くなっていた。高橋はできる限りの準備をして、一八八五年一一月二四日には「専売商標保護に関する現法実視のため」横浜から視察の旅に出発し、翌年の一一月二六日に横浜に戻った。一年かけて、アメリカ、イギリス、フランス、ドイツの制度と実施の様子を聴取りと書類作成により実務的に調べ、資料を確保した。各国の過去五年間の事務資料（有料）を、今後五年間の日本の資料と交換することを約束して、無料で入手する策は頭脳的である。高橋はアメリカからヨーロッパに向かう船上で追加の外国語の勉強をした。

高橋は帰国後、土地売却により政府に余裕資金があることを知るや否や、庁舎建設を提案する一方で、一八八七年初頭に報告書を取りまとめる。彼は続いて商標条例、意匠条例、特許条例を起案し、特許局独立に向けて運動し、そして実現させてゆく。そして「当時都人士の目を驚かした」建物が築地に建てられ、一九二三（大正一二）年の関東大震災のときまで使われてゆく。天野為之の『商政標準』はタイミングよく一八八六年一二月に出版されたので、非常に注目されることになったのであろう。

3　各種保護政策と標準化

天野為之の『商政標準』から、政府が介入する保護政策（商業政策を含む）を拾ってゆこう。

第一に、新規の大事業の場合には、「勤労と報酬と相離れて伴わざる」ことがあり、そのときには、政府の介入が必要であるとする。例として、国際貿易が挙げられており、オランダやイギリスがそれぞれの東インド会社に特権を与えてアジア方面の国際貿易を独占させていたことが念頭におかれた。とはいえ、天野は具体例をとりあげながらもできる限り一般的な議論を展開することに努めていた。

新規の大事業の保護

大事業の起業後は、若干年間独占権を与えて自らの利益を追求させ、その後は自然の競争に一任すべきであると考える。選ぶ企業には、「自ら至適者と確信する者を選ぶべきである」（一四三頁）。そうすれば、当該企業は事業成就に向けて利益を出すために熱心に勉強するはずである。もしその企業が失敗するときには、その独占権をとりあげて、他人に与え、不適格者に長きにわたってその地位を占めさせないことが肝要であると唱えられた。

一八八六（明治一九）年に『商政標準』が執筆され刊行されたタイミングから判断して、天野は一八八〇年代に実施されつつあった不振官営事業の民間払下げを念頭においていたことであろう。明治政府は、経営不振だった官営の鉱山や工場、工員リーダーを育てる模範工場の役割を終了していた施設を民間企業に売却して、資金回収を狙った。営業資本の即時納入を求めるなど厳しい条件の「工場払下概則」（一八八〇年一一月施行）のもとでは販売が進まず、これは一八八四年一〇月に廃止された。天野は、（一九七〇年代以降に使われ始めたと思われる）「政府の失敗」を目の当たりにしていたのである。「工場払下概則」廃止後、個別の案件ごとでの対応が行われた。まず不振鉱山が払い下げられ、その後、富岡製糸場（一八七二年建設の模範工場）、幌内鉄道、三池炭鉱、長崎造船所、兵庫造船所、深川セメントなどの売却が進んだ。官営大事業を引き継ぐのは、それなりの規模をもつ民間企業になることであろう。「政府の失敗」の発生は、天野流の「自由放任」の想源にもなったと推測してよいであろう。天野はまさに進行中の具体的な事例にはふれられなかったのだと思われる。

幼稚産業保護論

第二は保護貿易の問題である。「外国の競争に対して内国の産業を保護する」のは、政府の役割であるか。天野はこれについては種々の説があると展開する。彼は、保護貿易が実施されれば、国際市場と国内市場が分断され、二重市場が発生することを認識している。そして、国際貿易の利益を次のようにまとめている。

「風土に適不適あり　故に各々其才の適し土の宜しき事業を選択して物品を産出し互に交換をなすときは其労は少なくして其結果は大なり　如何なる国と雖も其人民の所長あり　其風土の所適あり　故に各国已れの得意の事業を選択して物品を産出し互いに交換をなさば資本労力の産出力を増加すること必条なり。」（一四八―一四九頁）

風土の相違をみている点で、スウェーデンのヘクシャーとオリーンの貿易論に近いように感じられる。

保護政策には、輸出税、輸入税、実物給付（機械の貸与など）の三種があるとし、そのうち輸入税が最上策であるとした。輸出税を課して、国内の消費者を守ることは考えられていない。

幼稚産業保護論は、「政府による教育的干渉」（ロッシャーの表現）とも称され、次のように支持されている。

「現時は猶を未だ発達せざれども適当の提撕をなさば必ずや自国の一大物産となるべしとの見込みある産業の成立つ場合……　輸入税を以て之を保護し暫時外国の競争の域外に置き適当の時機を謀りて之を自然に放任するを要す。」（一五三頁）

天野は、提撕つまり学習の期間が終わったならば、輸入税を廃止して、自然に放任すべきであると考えた。

商標制度

第三に、「製品の品質を保証するために、政府が製品の検査検印制度を実施することにより干渉することはやむを得ない」という説があるが、天野はこれに同意しない。彼はそうではなく、商標（トレードマーク）制度の確立を支持する。

検査検印制度では政府に負わせる責任が重くなりすぎ、政府は過誤を避けるために綿密な検査をすることになるので時間をかけるようになり、商業の時機を逸失するのみならず、物品の種類を増加させにくくなる。それゆえ、製品の品質保証のためには、商標制度が望ましいのである。天野は、「政府が商家の商標を保護すれば、誠実な商家の物品はその上に附せ」（一六九頁）て販売することができる、そして商標により人々は「善良な物品」を区別することができ、消費者の利益を保護することができ、かつ誠実な商家の幸福を進展させることができる、と主張した。

イギリスの諸政策

第四に、天野は経済政策や制度、規制について詳細に具体的に論じた。イギリスの商業・産業が世界でもっとも発達していて、政府の政策も綿密にもっとも完全に規定されているように思われたことから、天野はイギリスの諸事例に大いに注目した。現代の教科書にもあるように、政府は、国防、警察、司法に関するサービスを提供しなくてはならない。

政府は加えて、本位つまり法定通貨を定めて、その安定を保たなければならない。当時は、金本位制、銀本位制（中国、インドなど）、複本位制の三種の本位制が採用されていた。天野はそれぞれを紙幣制度と絡めて説明し、特にイギリスのピール条例（一八四四年）に注目して、イングランド銀行（当時は民間銀行であったが、中央銀行業にも本格的に取り組み始めた）とイギリス政府の関係を論じた。

政府は、度量衡を定めなくてはならないとして、この点では、イギリスではなく、フランス発案のメートル制度が注目された。

政府が「公衆の衛生及び安全を保持する」ために行う諸政策については、イギリスの規制や規格が具体的に紹介され、簡単に論じられた。船舶、鉄道、馬車道、客馬車、有害的商業、瓦斯（がす）、電気灯、化学上の事業、烟（けむり）、爆裂物、家屋、旅宿、製麵麭（ぱん）所・製麵（せいめん）所、公然家屋（公的建物）、劇場、家畜などに関する規制や規格が、イギリスでは非常に細かく決められていることを伝えている。

イギリスの商標制度、商業律が紹介され、破産法も注目された。

さらに、政府や公的部門が実施する独占事業についても、イギリスの諸事例を参照しながら、日本にも応用できるように網羅的かつ具体的に議論された。詳しく論じられたのは、鉄道、郵便物や荷物の運搬、海運、逓信事業（書状の運送、小荷物郵便、電信、電話器、貯金預かり、郵便為替および小為替）、ガス供給であった。そして書状の運送に関して、民間でも「通信の秘密」が保たれていることに注目している点が興味深い（六五頁）。

第六章　『東洋経済新報』と経済策論

一九世紀末までに、日本では経済雑誌が幾つか創刊され、世論の形成が目指された。杉原四郎の『日本の経済雑誌』（一九八七）、杉原四郎・岡田和喜編『田口卯吉と「東京経済雑誌」』（一九九五）では、自由貿易を支持した『東京経済雑誌』、保護貿易の論陣を張った『東海経済雑誌』が注目された。イギリスの『ロンドン・エコノミスト』（*The Economist*、一八四三年創刊）と『スタチスト』（*The Statist*、一八七八〜一九六七年）の刊行は日本の論壇にも大きなインパクトを与えていた。

石橋湛山が、「『東洋経済新報』の編集者であった時期に、天野の人生物語の中でおそらく最も重要な章が書かれていたことであろう」と述べたことは、すでに書いた。天野為之は同誌の創刊から関わり、町田忠治から引き継いで第二代編集長になると、まず東洋経済新報社という会社のかたちを整えた。そのうえで、経済論壇をリードするように、日本が直面する経済や金融、通貨の諸問題について社説や論説の執筆を続けていった。本章で、租税、外交と貿易に関わる経済論議をみよう。

1　経済雑誌の創刊

政策形成過程を知る経済学者

天野為之は新聞に記事を寄せたほか、経済雑誌の刊行に熱心であり、経済論壇での影響力は大きかった。天野は一八九〇（明治二三）年の第一回衆議院選挙で当選するものの、一八九二年の第二回選挙で落選して、元の活動に復帰する。天野は議員在任中も東京専門学校の授業を続けていて、期末試験も出した記録が残っている。加えて一八九一年九月に、天野は米ハーバード大学のジェイムス・ローレンス・ラフリンがアメリカの大学生向けに編集したJ・S・ミル『経済学原理』（一八八四）の和訳を、『高等経済原論』と題して出版した。訳書は一八九六年に第五版が出ている。帝国議会議員を経験して、天野は経済政策が形成される政治過程を知る経済学者になっていた。

天野は『商政標準』（一八八六d）での丁寧で詳しい議論の多くを『東洋経済新報』（一八九五年一一月創刊）での彼の社説に生かし、いっそう大きく幅広く発展させた。そして天野は日本の経済学界に与えた功績により、一八九九年三月二七日、法学博士の学位を授けられた。和田垣謙三法学博士（東京帝国大学）が博士推薦会で天野を推し、『東洋経済新報』誌上での財政経済の実際問題について批判的議論を主導した天野の功績を称えていた（『東洋経済新報』一九三四年一一月一七日号、二六頁）。

最初の経済雑誌

天野は自著『経済原論』（一八八六c）の売れ行きがよかったので、その印税二百円を資本として、一八八九（明治二二）年二月に『日本理財雑誌』（月二回発行）を独力で創刊した。経済雑誌の編集と発行は天野のかねてよりの念願であった。書籍の刊行には時間がかかるので、時宜を得た情報や知識を普及させるためには定期刊行物が必要だと感じていたのである。手本は『ロンドン・エコノミスト』であった。その創刊号の「本誌創刊の要旨」には、天野の「学理と実際」のアプローチがよくわかる一節がある。頻繁に引用される部分を含むので、現代語に近づけて引用しておこう。

> 「本誌発刊の目的たるや経済上政治上世態［社会］上の出来事を評論しまた右に関する学問の理論及び適用を叙述するにあり　すなわち一方では学問の光明に照らして事実を明らかにし、他の一方には事実の根底に基づけて学理を確かめ、もって学問の理論と応用とを相併行させて、実際と学問の両者を関連づけることによって、多少の裨益［貢献］を日本の学問上及び政治［政策形成］上に与えようと期待する。」（『日本理財雑誌』第一号、一頁）

天野はこの方法論・アプローチを折にふれて再確認してゆき、生涯にわたって変えることはなかった。天野が参加した組織的な活動には必ず「学理と実際」がうたわれているので、これはいずれにおいても天野が主導したと考えてよいように思われる。

写真６-１　町田忠治

出典：国立国会図書館ウェブサイト。

天野が翌一八九〇年七月の第一回衆議院選挙への出馬を決意したため、『日本理財雑誌』は一八八九年一二月に一年足らずで最終刊を迎えることになる。とはいうものの、この雑誌は一八八九年二月の大日本帝国憲法発布のタイミングで創刊されていた。天野自身が、一年足らずの間ではあるが、多くの記事を積極的に寄稿しており、衆議院議員に当選した暁には、経済の専門家として活躍できるように準備をしていたといえそうである。とりわけ、租税問題に関する実態調査の報告と論考がもっとも多く、各地の租税制度の実態を調査した結果を細かく報告していたのである。だからこそ、第一章でみたように、帝国議会において、政府の租税政策案につき論点を整理しながら、賛成意見を述べることができたといえる。すでに述べたように、天野は第一回選挙で当選したが、第二回選挙で落選したことを機に、政治生活を終えることにした。

町田忠治との出会い

天野は再び経済雑誌の創刊に関与した。『東洋経済新報社百年史』（一九九六）によれば、後に政治家になる町田忠治（写真６-１）は見聞を広めるために（篤志家の援助により）欧米を視察していたとき、イギリスの二大経済雑誌『ロンドン・エコノミスト』と『スタチスト』が経済界に大きな信用と権威をもっていることに気づいた。そしてこのような雑誌が日本でも必要であると痛感した。また町田はロンドン大学に留学中の日野資秀（すけひで）伯爵（1863-1903）と親

写真６－２　『東洋経済新報』創刊号表紙

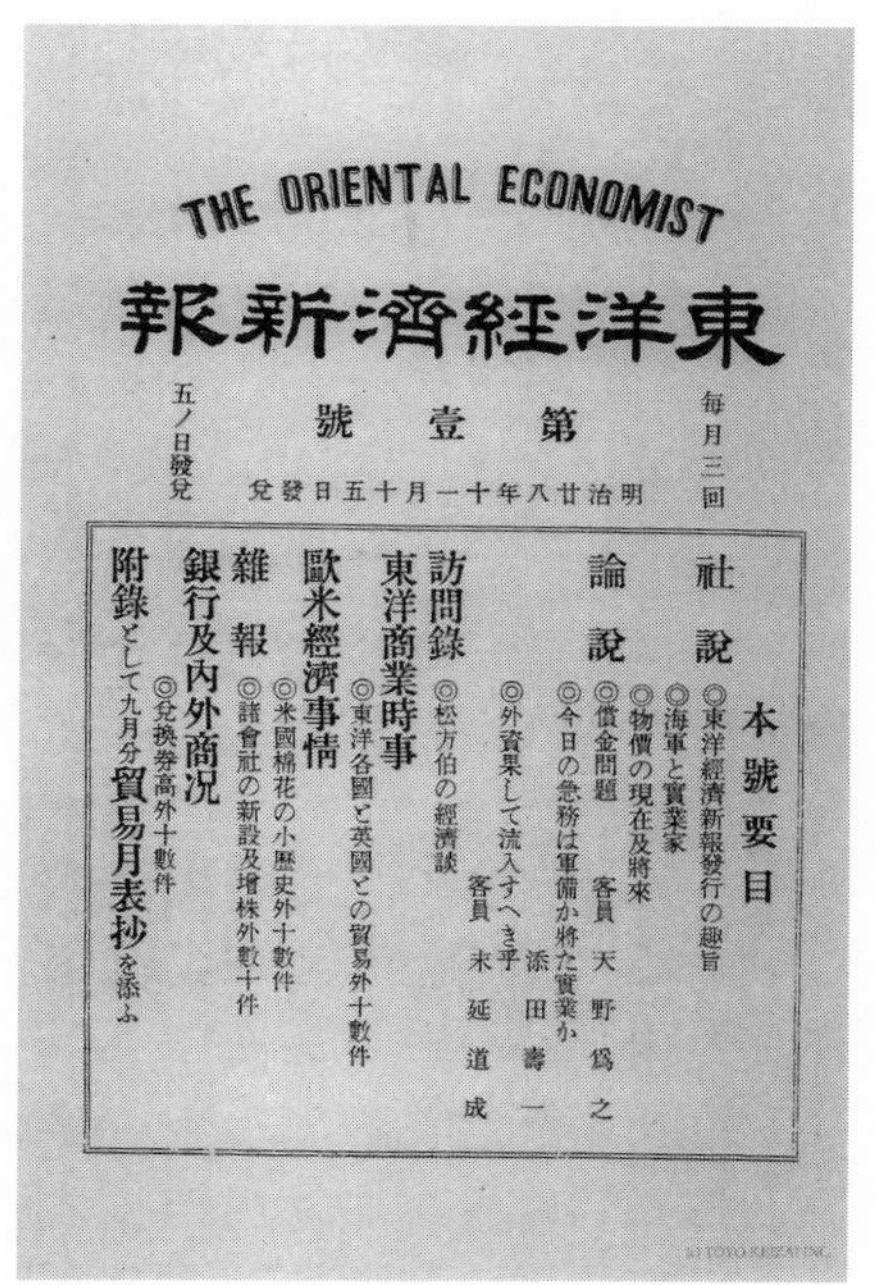
THE ORIENTAL ECONOMIST

東洋經濟新報

每月三回　第壹號　五ノ日發兌

明治廿八年十一月十五日發兌

本號要目

社説　◎東洋經濟新報發行の趣旨　◎海軍と實業家

論説　◎物價の現在及將來　客員　天野爲之　◎償金問題　◎今日の急務は軍備か將た實業か　添田壽一　◎外資果して流入すべき乎　客員　末延道成

訪問録　◎松方伯の經濟談

東洋商業時事　◎東洋各國と英國との貿易外十數件

歐米經濟事情　◎米國棉花の小歴史外十數件

雜報　◎諸會社の新設及増株外數十件

銀行及内外商況　◎兌換券高外十數件

附錄として九月分貿易月表抄を添ふ

出典：東洋経済デジタルアーカイブズ。

交を結び、経済雑誌の発行計画を話して助力を要請していたのであった（上宮二〇二一）。

町田は一八九四（明治二七）年五月に帰国した。日清戦争が七月に勃発した（八月一日に宣戦布告）。町田は一八九五年初めか春頃には財政経済の専門雑誌を刊行する具体的な計画をもっていた。町田は当初は反対した周囲の人々を説得し、日本経済会員の渋沢栄一、近藤廉平（1848-1921）、豊川良平（1852-1920）、朝吹英二（1849-1918）、山本達雄（1856-1947）らの援助を得て、旬刊誌『東洋経済新報』第一号を一一月一五日号として公刊した（写真６－２）。この雑誌を発行するために東洋経済新報社が設立され、天野は客員となって多くの論説を寄せ経済論陣を張ってゆく。

町田と天野は方法論を共有していた。町田は創刊号の「発行の趣旨」において、「東洋には東洋固有の事情があり、我国には我国固有の国情があり、人間と密接な関係をもつ経済問題に西洋諸国の学説実験をそのまま東洋に応用すべきではない」、内外の事情をふまえて「学理と実際を調和させる」と宣言したのであった。町田は、日本銀行に副支配役として突然転進するまでの一年余り、ほとんど一人で編集に取り組んだ。

経営責任者としての天野為之

『東洋経済新報』は軌道に乗りつつあった。町田忠治の後を任されたのが天野であった。天野は当時すでに、東京専門学校講師（教授）と東京高等商業学校（現一橋大学）嘱託講師として教育活動に時間をさいていた。天野は署名論説「償金問題」を一八九五（明治二八）年一一月の創刊号に掲載していた。とはいえ、天野の署名社説が次に登場するのは、彼が編集者兼経営責任者となったあとの一八九七年三月一五日号であり、テーマは「幣制改革論」であった。

天野は『東洋経済新報』編集・発行の事業を分割してゆく。一九〇〇年三月、植松考昭（1876–1912）、松岡忠美、三浦銕太郎、松下知陽の四人に経営実務を委任し、そして植松を編集主任、松下を営業主任にすえることにした。そのうえで、彼は名実ともに社長として経営全般をみるようになった。

天野は一九〇二年一〇月に早稲田実業学校校長に、一九〇四年一月に東京専門学校から昇格した早稲田大学の初代の商科長に就任した。そこで天野は、東洋経済新報社の社長として統括は続けるものの、新しく「主幹」制を設け、植松考昭を主幹として日常的な経営・編集の責任を任せることとした。また植松は同時に「主筆」として本誌を主宰し、その下で三浦銕太郎が「編集長」として日常的な編集業務の統括をする体制となった。植松が日露戦争に際して召集されている間は、三浦銕太郎が主幹代理を務めた。植松は一九〇六年春に帰任した。

会社事務所は、最初は町田の居宅の借家（牛込区）におかれていて、一八九九年一月に同区内の別の借家に移転した。一九〇五年の秋には、同区内の土地を購入し、一九〇七年三月には完成した新社屋に移転した。換言すれば、それまでの東洋経済新報社はいわば町田や天野の私物であった。

天野は会社のかたちを整えてゆく。一九〇七年五月一日、植松考昭、三浦銕太郎、松岡忠美、松下知陽の四人の社員をもって、合名会社東洋経済新報社を成立させた。天野はといえば、固辞して合名会社には加わらず、経営を後輩四人の手に完全にゆだねたのであった。社員総会では天野に対する尊敬の念を込めて社長に推戴する決議が挙げられた。『東洋経済新報社百年史』によれば、天野の署名社説の掲載はこの年の九月五日号が最後となり、それ以降、演説の要旨などが掲載されるにとどまるようになった。それまでの天野の多くの署名社説、天野執筆の無署名社説、アップデートを意識した書下ろし「社説」や演説原稿を集めて、一九一〇年に『経済策論』が実業之日本社から刊行された。総頁数は一〇一七頁の大部であった。

経済論戦

創刊当時は、国際金本位制樹立（二年後に実現）が目指されていたときであった。『東洋経済新報』は一〇日毎に発行された。社説（金融市場を含む）、論説、訪問録（インタビュー）、東洋商業時事、欧米経済事情、内外の経済データが、国際貿易や実業を目指す人々にマクロ経済情報や経済的思考法を提供した。不平等条約の影響が解消するのは一九一一年で、一九一〇年頃まで同条約の影響が残っており、国際貿易、特に輸出を伸ばすことが日本社会の要請となっていた。

天野の署名論説・社説は、雑誌表紙で宣伝された。国債・公債をめぐる問題、貿易・関税問題、国際通貨制度、銀行制度・取引所の問題、社会が抱える問題を社説等でとりあげた。特に租税政策をめぐる積極的な言論活動により、天野は法学博士の学位を授与されたことはすでに述べた。『東洋経済新報』の天野の社説には、強調を加えるルビがたくさんふってあり、閣僚たち、帝国議会議員たち、政治家たち、官僚たちに訴えかけるような書きぶりになっている。天野自身、政府や国会、日本銀行に向けて街頭宣伝するが如く、マイクロフォンも拡声器もまだない中、謡曲で鍛えた地声で絶叫しているつもりなのであった。また、田口卯吉の『東京経済雑誌』との見解の相違から、事実上の論争になっていたにもかかわらず、それを誌上では伏せたようなので、論調が激しくなったときもあるようだ。

しかしながら『東洋経済新報』での議論を盛り込んだ二書、『勤倹貯蓄新論』(一九〇一)、『経済策論』(一九一〇)をじっくり読み進めると、天野は議会や政府での政策論議の進行過程を正確に把握したうえで、対立しそうな論点を丁寧に拾い上げて整理し、そして彼自身の議論と主張を述べていることがわかってくる。それゆえ、編集部に届く大量の定期刊行物と資料に目を通し、社外者の執筆記事を読み、編集会議での議論を参考にして、あるいは専門家たちの会合の席上で開陳された内容や討議を反映して、社説が書かれたであろうと推測することができる。

天野は演説会に出席したり、またその要旨を参考にしたりしたことであろう。日本貿易協会、専修学校(後の専修大学)理財学会の演説が月一回かそれ以上の頻度で紹介され、早稲田経済会での演説、日野資秀の労働組合期成会演説「英国における雇主と被傭人の関係」(一八九八年一〇月五日号)の要旨も掲載された。『東洋経済新報社百年史』によれば、創刊一周年会の出席者の和田垣謙三(東京帝国大学）・鈴木純一郎（東京工業学校）により、翌年に「経済学攻究会」が立ち上げられた。松野尾裕の『田口卯吉と経済学協会』（一九九六）によれば、田口主宰の経済学協会に天野はときどき出席しており、大隈重信が参加することもあった。

天野は多くの政府文書や草案を読んでいた。とりわけ第三章で紹介した農商務省刊『興業意見』（和綴じ三〇冊、一八八四）のインパクトは大きく、天野も参考にしていたことに疑いはない。例えば、天野は日本では資本不足が顕著であるとの認識を共有するようになっていた。前田正名らは、「学理」ある者が輸入した外国製機械を動かせない諸事例に鑑みて、（輸出につながりうる）伝統企業の発展を推奨して、（国防力につながる）重工業発展の基礎を築くことができると考え、一種の伝統回帰を提唱したのであった。町田や天野の見解はともに多くの点で共通するものがあったといえよう。

私経済と公経済　天野為之の経済思想の基本は、政府介入を受けないように、実業家が独立して事業経営を行い、問題状況（貿易問題など）に応じて実業家同士で団体をつくって見解をまとめて対応することにあった。各事業の独立採算制（天野の「私経済」）と実業家団体の運営を基本にしながらも、日本経済の近代化と発展を目指して教育や制度を整えることを議論しているので、天野の経済学や経済政策論（天野の「公経済」）は開発経済学のような様相を帯びていた。

天野はドイツの経済学や財政学の英訳をよく読んでいた。ゲッティンゲン大学のグスタフ・コーン（Gustav von Cohn, 1840-1919）はアメリカでも注目されていた。コーンの『財政学』（一八八九）は米シカゴ大学のT・B・ヴェブレン（Thorstein Bunde Veblen, 1857-1929）によって英訳されており、その英訳を植松考昭が和訳して天野が校閲し、一八九九年に出版している。また天野は国民的銀行制度とも呼ばれた信用組合制度について、ドイツのライファイゼン銀行やシュルツェ銀行の展開に注目していた。ライファイゼン型銀行が、日本では信用組合の前身とされる産業組合の誕生（一九〇〇年）につながったのである。イギリスのジョン・ネヴィル・ケインズの『経済学の領域と方法』（一八九一）からは、開発経済学のように解釈されたドイツ歴史学派の議論、効率的に機能する市場を象徴するイメージで描かれたロンドンの証券取引所、経済現象の相互依存関係を強調する一般均衡論的アプローチが参照されたことは、第二章ですでに述べた。

天野は『東洋経済新報』の一九〇〇年九月五日の第一七〇号から、社説「勤倹新論」を七回にわたって連載する。初回のみ無署名で、第二回以降は署名が入った。天野の「勤倹新論」は、二宮尊徳の名前を伏せながらも、尊徳の「勤倹論」の現代化を図ったものであるといえる。天野は空売買を批判しながら、「勤倹の公益」（資本の増加、国富の増加につながる）を論じ、経済教育の重要性や銀行制度の安定性を唱えるようになった。

こうした議論を盛り込んだ天野の『勤倹貯蓄新論』（一九〇一）では、日本銀行総裁の山本達雄と松方正義（1835–1924）の同趣旨の演説が収録されて、彼らが天野の主張を支持していることが示された。さらに天野は、国際貿易・産業振興のためには、有能で誠実な経営者を含む人材育成も急務であると考え、経済教育（経済道徳を含む）の重要性を力説し、「学理と実際の調和」を目指して大学での商科設立を提言して、一九〇四年に実現にこぎつけるのであった。

浅川と西田の『天野為之』によれば、『経済策論』には、天野執筆の署名社説（二五九件のうち一四九件）と、無署名社説の一部（計一七〇件ほど）が収録されていて、天野執筆の無署名社説を確認することができる。『東洋経済新報』掲載の無署名社説でも、文頭や文中に「吾輩は（こう考える）」の表現が出てくると、それは間違いなく天野が書いたものだと読者はすぐにわかったことであろう。時機・内容に応じて、正確さ・わかりやすさを期すための書下ろし「社説」も『経済策論』に収録された。

2 租税論議

地租増徴問題

租税政策をめぐる論戦は相変わらず激しかった。天野が初代衆議院議員として、租税政策案に対して意見を述べたことは第一章ですでに書いた。またその前から天野が『日本理財雑誌』において、租税制度とその実態を研究して発表していたことを思い出してほしい。『東洋経済新報』においても、後の「ライオン宰相」と呼ばれるようになる若き浜口雄幸と天野為之の間で、地租増徴をめぐって論争を引き起こすほどの重要事項だったのである。

天野は、地租と営業税を同時に議論していった。江戸時代から明治時代へ、幕藩体制の終焉から新しい制度への大きな変化の中、制度の調整には遅れが生じ常に不公平感がつきまとっていた。天野の基本姿勢は不公平な制度を是正し、各事業の独立採算制を主張して、政府介入を極力抑えることであった。

天野の署名社説「本邦地租の真相」(一八九八年六月二五日号)等が、当時の問題状況をわかりやすく伝えており、『経済策論』冒頭の三五頁にわたって収録されている。天野いわく(天野の漢字ひらがな交り文を現代の漢字かなづかいに近づける——以下同様)、

「地租は極めて不公平なり。殊に都会の宅地と地方の田畑との負担の如きは大に軽重あり。……第一に特筆すべき要点は本邦耕地々租が純収入に比例せずして総収入に比例することこれなり。」(『経済策論』一—二頁)

徳川時代の地租が総収穫に対する税であり、明治の地租は総収入のうちより種子・肥料等の諸入費を引き去った残額に課される純収入に比例する税であり、旧幕時代の年貢米とはまったく趣旨が異なることを、世の人々は知っている。そのとおり、徳川時代の年貢米は総収入税であり、五公五民、四公六民、三公七民の割合が採られ、その徴税の割合は藩々で同じではなかった。幕府も藩政府も課税の標準を総収穫の多少にとり、その費用の大小と純益の多少には少しも頓着なかった。

天野は、明治の地租改正の当時の地価検定の原則について、一八七三(明治六)年七月二八日通達、地方官心得書第十二章検査例から細かく数値例を引用して吟味していく。この心得書の目標は租税を徴収するために地価を計算することにある。そして二つのモデル例では、それぞれ自作農か小作農で

あることが前提とされたうえで、地価を計算することになっている。天野は詳細に腐心して追っていった結果、結局、この心得の自作農の場合では、「種籾肥代」が引かれずに、総収入に比例して課税されることになっていることをまずは指摘した。

地租の問題は幾つもが重なり、文字どおり重層的であった。天野の指摘をたどろう。

第一に、すべての土地の純収益が総収入の八割五分であると想定されており、そうだとすれば、地価と地租を割り出すにも、純収益を基礎として計算されるべきである。それにもかかわらず実質的に、費用支出を考慮しない、総収入を基礎として算出された地価と地租の数値と同じになるような地価検定の心得書になっているのである。

第二に、たとえ同じ総収入を生み出す耕地であっても、「上田」と「下田」の相違があり、肥料等に要する費用が異なっている。そのときには、純収益は違っているのである。

天野は、いずれの場合にも、「旧幕の年貢米と同じく純然たる総収入税」になっているという。

第三に、耕地と市街地の問題がある。明治維新当時「土地の売買盛んならず、殊(こと)に農民は、先祖の田地は生命よりも貴び之を売る者ほとんど無くその売買地価を知る由なし」（一五頁）という状態であった。そこでやむを得ず、法定地価を見積もって課税したのであった。「市街地の実価に至りては、平均少なくとも十二倍の騰貴あるが如し」（一五頁）としている。ただ地価への課税は、次の営業税が絡んで単純なことはいえない。

第四に、地租に関連して、当時課されていた営業税の問題があった。天野いわく、「現行の営業税は不公平を極る悪税なり」（一八頁）。理由は二つに分かれる。一つは課税の標準として、資本額がとられたり、売上高、職工の人数がとられたりして、各営業者の所得には比例していない点で不公平であること。二つに、今日は商工業の発達が急務であるはずにもかかわらず、この階級に重税を課していて、「営業者と他の階級との負担の不公平」が発生していることである。

第五に、耕地地主と市街地地主の間の不公平がとりあげられる。そして「地代」が登場する。天野いわく、「思うに土地の地代は、営業所得と異なり、社会の変遷に伴って自然に増加する特殊の傾向あり。したがってその地価も騰貴するの趨勢あり」。そして天野は、「是れ地主の骨折の結果にあらず、地主睡眠の間に偶然に起る所の利益なり、此種偶然の利益は、その一部分を国家に取り上ぐるも、毫も［少しも］公正の道に背くなし」（二二頁）とした。

かくして天野は、地租の改正と営業税の全廃を唱えてゆく。そして法定地価を全廃し、全国民有地の売買地価を評定し、これに準じて地税を課すことを提案する。耕地については平均二倍半、市街地、準市街地については平均一二倍の騰貴ありとみてさしつかえないとした。

未来のライオン宰相、天野に挑む

浜口雄幸は「倚天」の筆名で、いち早く一八九七年五月一五日号と二五日号に「営業税法改正私議」を寄稿した。読めば、政府の側から租税徴収の現場に身をおいて書かれていることがすぐにわかる。実際、浜口が大蔵省に入省した後、地方の税務管理局などを回っていた時期と重なるようだ（『東洋経済新報社百年史』七七頁）。「政府が営業税を以て直接国税に編入したるは商工業者の参政権を拡張し、且地方自治体に於ける彼等の勢力を増大するものとして、頗る注意すべきとなり」として、営業税を支持している。浜口が天野の議論に噛みついたのは営業税絡みで自然であるが、矛先は地租に関する議論に向けられた。

浜口は一八九八年七月一五日号では、「倚天坊」の筆名を使い続けたが、天野の求めに応じて二回目（八月一五日号）で実名を明かし、九月一五日号には「三たび天野君に質す」を寄稿した。天野が九月二五日号で地租問題の論点を整理し、東洋経済新報社の他の匿名社員（天野の文体ではないので、天野以外と推測される）が一〇月五日号で浜口に答えて、論戦にけりをつけた。土地改良から生じる所得が争点になっており、同じ費用を投入しても土地の品質により生ずる追加利益（利潤と呼んでいる）が異なる問題が含まれていた。

増税問題については、他誌の論壇でも激しく闘わされていた。

自然独占事業の独立採算制

独占税の徴収も何度かとりあげられた。自然独占の事業で収益を上げている事業から独占税を徴収して、整備が遅れる他の（独占的）公共事業にいわば開発補助金として提供すべきであるとの意見があった。天野はそれに対して、「否」との議論を展開し、各公共事業、各独占事業において、政府の介入を抑えること、つまり独立採算制を提案した。

逓信事業（郵便・電信事業）は収益を上げていた。天野は無署名記事「逓信事業の収入は之を逓信事業の外に使用すべからず」（一八九八年一月二五日号、『経済策論』収録）において、次のように議論した。

交通機関（当時、逓信事業を含めていた）の現状は、道路・鉄道をはじめとし郵便・電信その他に至るまで極めて不完全で、到底、社会進歩のニーズに応じるには不足している。逓信事業の収益を国庫収入に振り向ける提案がある。しかし、逓信事業の収益は、逓信事業のために使用すべきである。すなわち、(一)逓信事業の改良、(二)逓信事業の拡張、(三)逓信事業改良拡張のために募集した公債の元利の償却、(四)もし前述の費用が不要ならば断じて利用料金引下げの資金にあてるべきである(『経済策論』五五頁)。

天野は、逓信事業など当時の自然独占事業について、「中央国庫の会計より独立せしめ」、「専ら手数料の原理に基づきこれを経営する」ことを望むと主張した。「手数料の原理」というのは、「費用原理に基づいて利用料金を決定する」と言い換えてよいであろう。

3 外交と貿易

天野為之が社説を寄稿していた時期、日清戦争(一八九四~九五年)戦後処理、植民政策開始、北清事変(義和団の乱、一九〇〇年)、日英同盟締結(一九〇二年、第二回一九〇五年)、日露戦争(一九〇四~〇五年)があった。台湾や清国、欧米に関する記事・経済データが豊富に毎号掲載され、台湾に関する演説会が盛んに開催されてその要旨が毎月のように掲載されていた。満州に関する経済談話や韓国に関する記事もあった。

『イェール・レビュー』との交換

米イェール大学の朝河貫一(1873-1948、写真6-3)は、『日本の禍機』(一九〇九)を出版して日本でも有名になった。その前、米ダートマス大学で教鞭をとっていたとき、朝河は一九〇四（明治三七）年に英文著書『露日紛争』（*The Russo-Japanese Conflict : Its Causes and Issues*）を出版した。彼はその中で『東洋経済新報』の記事などを参照していたので、同誌を毎号丁寧に読んでいたことは間違いないであろう。朝河はアメリカ人の同僚たちから厚い信頼を寄せられており、一九〇六年二月から〇七年八月にかけて、米国議会図書館と（次の赴任先になる）イェール大学図書館とから日本研究のための書籍・資料を収集するように依頼をうけて、日本に帰国した。清泉女子大学附属図書館の松谷有美子氏の調査によれば、この機会に、『東洋経済新報』と『イェール・レビュー』（*Yale Review*）が交換されるようになったのである。

『イェール・レビュー』のオールドシリーズ（一八九二～一九一一年）のうち第一七～一九巻（一九〇八年五月～一九一一年二月）と、ニューシリーズ（一九一一～二〇一三年）について、当時発行の贈呈版が、そして一九〇八年二月以前の諸号についてはリプリントが早稲田大学図書館に入っている。一九〇七年以前の『イェール・レビュー』は歴史・政治学系雑誌と銘打ち、一九〇四年には朝河の論文「日露衝突の諸問題」（一九〇四ａ）、「東洋で戦争につながった事件」（一九〇四ｂ）を掲載していたものの、経済学の論文や経済時論が過半数を占めた。一八九六年から経済学者のアーヴィング・フィッシャー（Irving Fisher, 1867-1947）が『イェール・レビュー』編集委員会に加わっており、フィッシャーと朝河は親しかったようである。

写真6-3　朝河貫一

写真提供：二本松市教育委員会。

後述するように、天野は『イェール・レビュー』一九〇六年一一月号掲載論文を『東洋経済新報』の社説で参照した。早稲田大学図書館には同号のリプリントが入っているので、おそらく朝河がニューヘイブンから東京に持参して、天野に雑誌見本として贈呈したのであろう。その雑誌に目を通して天野はゴーサインを示したので、雑誌交換に至ったと推測できる。イェール大学図書館のオービスを検索すると、一九〇七〜一四年、一九二五〜二九年、一九三〇〜三一年、一九三三年、一九四一年、一九五〇年の『東洋経済新報』諸号の所蔵が確認できた（二〇二〇年八月）。天野と朝河は互いが書いたものを読んでいたことは確実であり、このときにはおそらく会談もしたと推測してよいであろう。

朝河貫一 朝河貫一の『日本の禍機』（一九〇九）は、天野の『経済策論』（一九一〇）と同じく、増田義一（1869-1949）の実業之日本社から出版された。このことに注目すると、二書の補完的な関係がみえやすい。『日本の禍機』は、『東洋経済新報』と同様に、政府関係者や経済人たちに向けて書かれた書籍だったとみなせばよいであろう。日本は、日清戦争に勝ち、日露戦争にも勝利して、世界を驚かせた。そして日本は、韓国を保護国とした。ここでの「保護国」（プロテクトレイト、protectorate）が、「自由貿易」と対置される「保護貿易」（プロテクショニズム、protectionism）と重なって響き合う。朝河の表現を援用すれば、韓国政府が外国人の生命・財産を護れないので、外国人である日本人の生命・財産を護るために日本政府が動いたわけである。だからこそ、イギリスもそれを承認したのである。

日本は一八九五年から台湾統治に莫大な費用をかけるようになっていた。さらに韓国まで「日本の延長」として統治しようとする主張、そして満州までも統治しようとする主張が聞こえてくるようになっていた。韓半島だけではなく、満州も手に入れようとして、日本の膨張を目指す扇動的言論が起こっていた。朝河も天野も、国際情勢を見据えて、慎重な言論を展開した。第一章でみたように、一八六一年に起こったロシア艦による対馬の芋崎占領、租借要求は、北九州の唐津（天野が少年時代を過ごした）の人々にとっても国防問題を身近に感じさせる重大事件であった。山内晴子の『朝河貫一論』（二〇一〇）をみると、朝河はその経緯について、二本松藩士の彼の父正澄や、アメリカ留学支援者の勝海舟や徳富蘇峰から直接聞いていた可能性が高いといえる。

天野の見解は次のようにまとめられるであろう。当時は、保護国や植民地としなければ、当該国と安全に自由貿易ができない状況があるので、保護国にすることについては真っ向から反対することはできない。しかしながら、自由貿易を行うために保護国や植民地にするのでなければならない。そしてそれは実際イギリスが多くの植民地に対して行っている政策であり、日本もそうした国々に対して工業製品の輸出を伸ばしている。それゆえ、保護国とした国で、貿易保護主義の政策をとり、他の国々に対して門戸を開放するのでなければ、イギリスを含む諸外国から反発を招くことになるであろう。

天野の実際の議論をたどっていこう。

日英同盟の締結

天野は一九〇二（明治三五）年二月二五日号に署名社説「日英協約に就て吾輩の所感」を寄せ、日英同盟の経済的利益を前面に論じて、その締結を次のように絶賛した。

「日英同盟は、両国の間に締結せられ、清国の平和、清国の門戸主義は茲に一大保障を得たり。是れ東洋の安寧と、繁栄とのために、尤も喜ぶべきは勿論、世界の経済、世界の平和のために、頗る慶すべきの出来事なり、殊に日本の経済に取りては、筆舌に盡し難き大利益あり。」(『経済策論』一七六頁)

天野は開放主義、自由貿易を唱えて変わることがなかった。『経済策論』収録の書下ろし社説「何ぞ速に積極的権力を収めざる」(一九〇六年某月、二一九―二二三頁)では、次のように記している。

「対韓経済政策に就いては吾輩は当時の英国の如く、飽迄(あくまで)自由開放の主義を取り、一面には世界の同情を厚うし、一面には国民の独立精神を振起して経済的戦闘に盡瘁(じんすい)(尽力)せしむべきを信じて疑わざる者なり。」(『経済策論』二二二頁)

自由貿易を唱えて、天野はイギリスなど諸外国の見方に配慮していた。

満韓経営の開放主義

天野は、反対論者の見解も紹介する努力を怠らなかった。一九〇四年八月二五日号の署名社説「満韓経済政策は飽迄開放主義を採るべし」では、日清戦争での勝利の結果を維持するために、さらに多くの犠牲をともなう膨張案が出てきていることを憂慮していた。彼らは「対満政策の傾向を見るも国民は多く保護主義を希望するが如し」(『経済策論』三〇八頁）という。そして、貿易保護主義が内地の政策にとどまらず、満韓経営にまで延長されていたのであった。

天野は主張した。我国がもし満州と韓国に対して保護主義を採るならば、英米をはじめ他の列国は非常なる不利益を感じ、日本に対する共感（同情）熱を下げることであろう。今まで英米両国が日本に共感し、ロシアに対して冷淡であった最大の原因は、ロシアが鎖国主義的であるのに対して、日本が門戸開放主義を主張してきたためである。それは日英同盟の精神にもほかならない。戦争の結果とはいえ、その政策を翻すことになれば、英米両国は失望憤懣の情に耐えず、外交上極めて危険な状態に陥るのは必然である。

それゆえ、保護国においても貿易保護政策を採用してはならない。外交と経済が衝突するのである。保護主義を採用すれば、日英同盟の継続の見込みはない。日本はいわゆる「東洋の巡査国」となってしまう。天野は日本経済発達の歴史を振り返り、そしてまた国際情勢を見渡し、自由貿易、開放主義をとることを断固として主張し続けたのであった。

「開国以来今日に至るまでの我国経済の発達を回顧し、殊に日清戦後の有様を観察すれば、自由制度の下におけるその進歩の迅速なる実に驚くべく、那翁［ナポレオン］戦争後の英国の勃興と雖（いえども）、……歴史および統計の明白に指示するところなり。……我が邦人は保護を要せずして立派に大実業国民となるの素養は十分に之を備えり。

之を要するに吾輩は我が国民をもって経済的国民なりとし、保護は益なくして害ありと認む、故に我が満韓経済政策については吾輩は当時の英国の如く、飽迄自由開放の主義を取り、一面には世界の同情を厚くし、一面には国民の独立的精神を振起して経済的戦闘に尽力せしむべきを信じて疑わざるものなり。」(『経済策論』三一〇―三一一頁)

植民地や保護国をもつ場合でも、独立精神をもって自由解放の主義をとるべきである。これは、相手国を信頼できるようになれば、植民地や保護国にする必要がなくなり、さらに自由な国際貿易が活発に展開すると主張する石橋湛山の小日本主義につながっていくといってよいであろう。

著作権同盟の提案

発表時期は前後するが、天野は一九〇二年一月二五日号に署名社説「日清版権同盟が日本の実業に及ぼす永遠洪汎の利益を論ず」を寄せた。ここでの版権は著作権をさす。東京書籍出版営業組合が過日、「清国に対する版権保護の儀に付請願」という文書を、内務、外務両大臣宛に提出したことが言及されており、無断翻訳や海賊版の出版の問題に悩まされていたことがうかがえる。天野はまず、両国間の版権同盟が、日本の書籍の輸出振興につながり、日本人著述家のために一大市場を供して印税により報いること、そして清人の智識の開発に莫大なる影響を及ぼすことができるとした。

著作権条約締結の効果はそれだけにとどまらず、経済関係強化につながりうると考えられた。天野いわく、対清経済政策には三つの策があり、「(一)彼の資本を我に収容すること、(二)我より進んで彼の国に事業を起すこと、㈢日清貿易を増進すること」（『経済策論』三一九頁）である。㈠は清の資本を日本に提供してもらう、つまり、日本への投資を促すことである。しかし、これには清の日本に対する信用がなければならず、また成果を生むには歳月を要するので、望むべきものではない。㈡は日本からの海外直接投資（ＦＤＩ）であるが、その成功は容易だとはいえない。㈢の貿易拡張の策については、短い間にも効果を上げられるもので、清国と日本の両者の幸福を図ることにもつながるのである。天野は深慮遠謀を次のように語る。

「支那［清国］に向って盛んに日本の貨物を売り込まんと欲せば、まず、その嗜好を変更し、その需要を改革しなければならない。……維新当時の日本の如く、彼らも大に西洋流の衣服器具其他百般の貨物を使用するようになるであろう。……需要の改革を欲せば、まず彼らをして文明流の書物に接触させて、その思想上に大きな改革を施さなければならない。そして彼らをして文明流の書籍に接せしめんと欲せば、まず日本著述家出版社の版権を清国に保護させて、その述作と輸出とに努めなければならない。是れ吾輩が版権同盟によって、ひとり書籍の輸出額に増加を見るの結果あるのみならず、貿易全体の上に非常の発達をきたすに相違なしと断言するゆえんなり。それゆえ清国需要の改革、しかも急激なる改革は、日本の貿易に利あるのみならず、彼らにとっても切要なり。」（『経済策論』三二二─三二三頁）

天野の推薦図書は、福澤諭吉の『西洋事情』シリーズ（一八六六―七〇）、『世界国尽』（一八六九）等であった。日清版権同盟は、日本の著述者保護を目的とするが、清国人の啓蒙（教育）につながり、対清貿易全体を振興し、したがって、「日本支那〔清国〕をして世界の経済的競争に備えしむる経済的興亡問題」なのであった。

観光

天野は物品貿易を振興するためだけではなく、一九〇三年四月二五日号の無署名社説「我邦と外客の来遊」では、海外からの観光客を歓迎するための設備を整備することを提案した。手本は、フランスやイタリアである。天野いわく、「方今世界に於ける外国遊覧者の消費金は頗（すこ）ぶる莫大なり、之を利用して以て経済一方面を開拓する者、欧州に於いては実に仏伊二国の著例あり」（『経済策論』三三九頁）。これらの国々にならって、東洋の観光を振興すること、さらには東京湾での築港や外国人向け設備を整える提案につなげていくのであった。

天野と貿易理論

『経済策論』に収録された「関税問題の経過に就て」はわかりやすい書下ろしであり、天野の経済学者としての立論が『商政標準』（一八八六d）のときから発展していることがうかがえる。

旧条約では、日本は五パーセント以上の関税をかけることができなかった。一八九九年までに発効した条約改正により、日本は税権を多少回復し、一九一一（明治四四）年には日米新通商航海条約が調印され、関税自主権を完全に回復することになっていた。

貿易についての保護主義と自由主義の対立について、天野は理論のみの議論は相対的に重要ではないとした。

「理論的の議論というものは比較的に肝要でないと思う、すなわち世界の学者の中で絶対的に自由主義を主張している者は決してない、また絶対的に保護主義を主張している者も決してない、保護主義を主張している人といえどもだいたい自由主義で、特殊な場合に保護しようという条件付きの保護論をしている、自由主義の論者もいかなる場合でも自由主義がよいというのではない、特殊の場合には保護しようといっているのである。」(『経済策論』二六四頁)

その特殊な場合とは、J・S・ミルのいう幼稚産業保護論が適用されるときである(第五章参照)。保護貿易論にしても、外国貿易をすべて止めるというのではない。特定の物品に対して関税をかけて、外国の物品を排斥しようというのである。保護関税には二つのタイプがある。穀物保護関税および工業製品(鉄、機械、レール)に対する関税である。

天野は「その保護の結果が他の方面に如何なる影響を及ぼすかという国家的永遠の目をもって之を判断することが必要である」(二六八頁)とする。輸入穀物に重関税を課してその輸入を禁止すれば、穀物価格が上昇し、給金が低い人々の負担を増やし、苦痛を増すことになる。鉄や鉄関連製品、機械に関税をかければ、鉄や機械が割高になる。割高な鉄や機械からつくったもの、割高な機関によって運搬したものは割高になり、外国の市場に出そうとするときに割高になり、外国製品に対抗できず、輸出の減少が免れないことになる。天野は、J・N・ケインズ解説の一般均衡論的アプローチを使っているといってよい。

天野は「日本は……維新以来今日に至るまで自由貿易の下に非常に発達をした」（二七一頁）と断言する。不平等条約のもと、強制的自由貿易ではあったが、そのおかげで維新の頃から比べると貿易が一〇倍になり、その他百般の経済制度が発達した。以前は普通の消費財の輸入が多かったが、それらはだんだんと少なくなって、今日では輸入品の主なるものは原料や機械である。日本が外国に向かって輸出する品物は、工業製品（製造品）がだんだんと増加しているのであった。

天野は、「支那〔清国〕、印度〔インド〕等に於いて外国と激烈な競争を試みて、そうして負けないと云う立場に立って居るのでありますから、是等から見ると強いて日本に於いて保護を行わないでも随分日本はやって往かれるのではないか……と思う」（二七二頁）。こうした自由貿易主義は、後の編集主幹石橋湛山にも引き継がれたといってよい。

イギリスの貿易政策変更

天野はそれだけに、イギリスの貿易政策の動向に気をもんでいた。図表6－1で示すように、当時のイギリスは不平等条約を押し付けた相手国からの輸入品に対して、関税を課していなかった。つまり、イギリス自体、関税ゼロの自由貿易を堂々と行っていたのである。その輝かしい政策に陰りがみえ始めていた。天野は一九〇三年一〇月一五日号の社説「英国貿易政策変更に就て」で、まず自由貿易を改めて称賛する。世界各国が十分な自由貿易を行っていれば、経済の妨げになることがないのみならず、経済は進歩発達することが理の当然である。貿易が衰退すれば、経済

図表 6 - 1　先進国における貿易保護（歴史的回顧）

（非加重平均％）

		1820年	1875年	1913年	1925年	1930年	1950年	1987年
工業製品	オーストリア		15〜20	18	16	24	18	9
	ベルギー	7	9〜10	9	15	14	11	7
	デンマーク	30	15〜20	14	10		3	
	フランス		12〜15	20	21	30	18	7
	ドイツ	10	4〜6	13	20	21	26	7
	イタリア		8〜10	18	22	46	25	7
	オランダ	7	3〜5	4	6		11	7
	スペイン		15〜20	41	41	63		
	スウェーデン		3〜5	20	16	21	9	5
	スイス	10	4〜6	9	14	19		3
	イギリス	50	0		5		23	7
	アメリカ	40	40〜50	25	37	48	14	7
全貿易品	オーストリア			16	18	14	17	
	カナダ		14	17	14	13	9	6
	日本		4	20	13	19	4	8
	アメリカ	45※	41	40	38	45	13	6

※1820年ではなく，1821年のデータ。

出典：世界銀行『世界開発レポート1991』97頁，ボックス5.2「工業国における保護関税率：歴史的視野」。

人々の幸福を害することになるのである。日本のような小国にあっては、富国への道の第一歩は外国貿易から始まるのである。天野は、「本邦の如く弾丸黒子（だんがんこくし）の［狭い］国土に至りては、富国の道は一に外国貿易に待つの外なし」（『経済策論』三三四―三三五頁）と断言した。

当時、イギリスの勢力範囲（版図）において、世界的に貿易が伸長してきたのであった。天野は、イギリスのジョセフ・チエンバレン（Joseph Chamberlain, 1836–1914）やアーサー・バルフォア（Arthur James Balfour, 1843–1930）の貿易政策を注視していた。彼らはイギリス帝国内での低関税を維持することを提案していた。日本への影響は今のところ少ないであろうが、日本の製造業が発達してくると、その前途の障害となることであろう。天野いわく、

「今や英本国およびその植民地は世界貿易の最大市場にして最良得意市場なり。各国外国貿易の基礎は皆な英国の版図に築造せらる。従って今、貿易政策の変更によって、もし英国忍んで外国貿易の衰頽に甘んじ、これを補うに版図［勢力範囲］内の貿易興隆をもってするかもしれない。……

日本品にあっては、英国への輸出極めて小額なるのみならず、その種類の多くは素品［素材］および半製品であるので、目下のところ影響を受くる甚だしからざるべし［今のところ影響は少ない］と雖、日本がついには製造国となるとすれば、英国の保護策採用が我が経済界の前途に横たわる一大妨害物とならざるをえない。」（『経済策論』三三五—三三八頁）

天野は、将来の日英貿易摩擦を予見していたといえる。

朝河貫一は、帰米後イェール大学講師となり、日米の衝突を予見して、日本語で『日本の禍機』（一九〇九）を発表した。彼は自由貿易（関税自主権を得ても関税を課さない）を推奨した。

排斥問題

『東洋経済新報』アーカイブズを利用し、「排斥」で検索すると、日本製品、日本人に対する排斥を伝える記事だけではなく、清人や東洋人の排斥に関する記事がヒットする。明治期だけで四〇の記事・雑報がヒットした。

天野は、『経済策論』所収の「邦人排斥の真相」では、「英本国を除くの外、大抵の国ではその貿易政策において国産保護の主義を採り、盛んに外品の輸入を妨害しつつあり」（二三〇頁）とした。天野は北米において、排日熱、人種差別が日増しに深刻になっていることを特に憂慮していた。一九一〇（明治四三）年頃の国際情勢である。

保護関税

関税自主権をえた後、天野の憂慮にもかかわらず、日本政府は約二〇パーセントの関税を輸入品にかけた。関税問題は現在でも関心が高いので、世界銀行の『世界開発レポート１９９１』（九七頁）から工業国における保護関税率の歴史的推移を簡単に鳥瞰している表の一部を引用しておこう（図表６－１）。一九一三年時点ではフランス、スウェーデンの関税率が日本と同等の約二〇パーセントで、スペイン、アメリカの関税がこれより高い。

図表６－１の『世界開発レポート１９９１』では、移行経済の国々においては実施可能な開発戦略が検討されている。多くの経済学者の協力を得て、現在の工業先進国が過去に高関税を設定していたことをデータで示し、世界銀行は性急に貿易自由化を進める必要はないことを示唆したのであった。

第七章　金融政策論と人材育成

日本円と国際金本位制とのリンク、国債の発行と海外の取引所での上場、国債の累積、取引所改革、国内の勤倹貯蓄を集めるための信用組合（ライファイゼン型銀行）など新しい金融制度の構築、経験のない人でも地域生活を支える小売業に従事できるようにする制度（消費組合）の設計と構築、と日本は新しい金融経済問題の挑戦を受けていた。明治の日本は人材も勤倹貯蓄も不足していた。教育を充実させて人材を育成し、貯蓄を奨励して資本の増加につなげなければならなかったのである。天野は日本銀行（中央銀行）に対して、現金の供給を円滑に行うために支店を増やすようにと提言し、また勤倹貯蓄を奨励するという観点から「自然の相場」を下回るような低金利政策をきびしく批判したのであった。

1 貨幣制度と公債

幣制改革

貨幣問題、通貨問題は、『東洋経済新報』の創刊時よりの大問題であり、多くの関連する社説、論説、記事が掲載されてきている。特に、一八九七(明治三〇)年二月二五日号では、雑誌表紙右端に「本号には金貨制施行に関する論説記事豊富なり」と印刷されているとおり、同号から三号連続で幣制改革と金本位制を特集した。そして大隈重信、益田孝、渋沢栄一、阪谷芳郎(1863-1941)、田口卯吉、天野為之、ギャレット・ドロッパーズ(Garrett Droppers, 1860-1927 慶應義塾)、金井延(のぶる)(1865-1933)、高橋是清、和田垣謙三ら諸大家二五人の意見を紹介している。

天野は、金銀両本位制よりも、金貨単独本位制を支持していた。両本位制を用いると、金銀比価変動の将来について妄(みだ)りに予想を立てなくてはならず、この点について正確に予言することはできないとした。そして欧米文明国では金本位制をとる国が増えている、従来の一円金貨二分の一をもって一円とすることは外国貨幣との交換計算上もすこぶる便利である、物価には格別の影響を及ぼすことはないであろうことを指摘した。そして同年三月一五日号掲載の署名社説「幣制改革論」では、外国から資金を借り入れるときに金貨本位制を採用しているほうが有利であると考えている。それゆえ、天野は「外資利用の効能あり」と主張した。

一年遡って一八九六年、日本政府は陸軍と海軍を拡張し、鉄道の建設や鉄鋼生産を奨励するために、国債を発行することを決定している。同年に日本は、国債――明治維新による政府刷新の費用を賄うために一八六八年に発行された――を初めてロンドン証券取引所に上場し、国際金本位制を採用するために必要な条件を一つ整えていた。そして一八九七年に、国際金本位制への移行と、七五〇ミリグラムの金を一円とすることが決定された。これにより、一八七一年水準と比べると円の価値は半減したものの、日本は海外の金本位制ネットワークにつながり、世界の資本市場に組み入れられることになった。

一八九七年四月、天野の校閲のもと、増田義一の『金貨本位之日本――幣制改革後の影響』(大日本実業会)が刊行された。時宜を得て、同年九月には増訂三版が出るほどの売れ行きをみせた。

高橋是清の外債募集

天野は「牛中山人」の筆名を用いて小論を寄せることがあった。一九〇六年五月一五日号では、「牛中山人」の筆名で「ロスチャイルドの忠言」を寄せた。はたしてイギリスのロスチャイルド家が、高橋是清日本銀行副総裁の外債募集に応じたことを示唆しつつ、関税自主権の回復を見据えて日本政府が輸入原料に課税しようとすることに対して異を唱える内容になっている。

日露戦争に際し、軍費調達の大任を帯びてロンドンに赴いた高橋が、その使命を全うして帰国の途につこうとしたとき、彼はロスチャイルド家に暇乞いに出かけたのである。ロスチャイルドは日本の財政について次のような忠告をしたという。

「いずれの国、いずれの大戦争においても、交戦国の公債募集はなかなか困難であってその売出しには、大割引をしなければ買う者はない。しかしながら今回の戦争に際して、日本は比較的容易に十数億［円］の外債を募集することができ、またその値段がさほど割り引かれなかったのは、歴史上異例である。今日における日本の信用は相当の程度に達していて誠に喜ぶべき次第である。とはいえ一歩退いて考えると、日本の信用を樹木に譬えればまだ若木である。幾百年の雨風雪霜に耐えてきた老木ではない。となれば今後、信用を護るように勉めなければならない。もし日本の戦後経営がよくなければ、この信用は台無しになり、その前途は容易ならざる状態になるであろう。」（一八—一九頁）

天野（牛中山人）は持論を続けた。「遺憾千万にもこの信用を破壊する所業は頻々として行われている様である」「信用の根本は国の実力であり、その国の実業がいよいよ発達し、その実力が従って増加すれば、外国人はますますその国を信用するのである」「しかし、実業を衰退させる方向への政策が採られる時、その国に不安を感じ、容易には貸さなくなるものである」。

天野は、輸入原料にまで課税することに不安を感じていた。「諸種の原料に課税して、その国の実業を発達させる事は到底できる事ではない、心ある英人は大いにこれに驚き、日本将来の経済に非常の疑問を起している」「このように一方においては国力の発達を妨げつつ、他の一方をみれば、借金政略は盛んに行われ、元金三十億円、利子毎年一億五千万円となるは、遠からぬ内である」。

天野は、四ヶ月後の九月一五日号の署名社説「高橋是清氏と新外債の成否」（『経済策論』収録）で、高橋是清日銀副総裁による新外債の募集にロスチャイルド家が応じたことを改めて紹介した。

累積する公債の問題

発表時期は前後するが、天野は一九〇四年五月五日号から七月二五日号にかけて、署名社説「那翁戦争に於ける英国と今日の日本」を連載している。那翁とはナポレオン（Napoléon Bonaparte, 1769–1821）をさす。同盟国イギリスのナポレオン戦争後の戦時公債の発行高、利子負担、償還の問題を参照して、日本の日清戦争から日露戦争後にかけての時期における同様の問題を議論していたのである。

天野は、イギリス自体の公債発行の歴史を簡単にたどり、「イギリスの公債負担」（図表7－1）を示して、ナポレオン戦争後の一八一五～二〇年にかけて、イギリスの負担が大きいことを確認した。そのうえで、当時の日露戦争後の日本との比較を行ってゆく。ナポレオン戦争におけるイギリスの負担は経済上財政上極めて重く、一千八百万人の人口により九〇億円余の公債を負担しており、その利息平均三・五パーセント（三歩五厘）と見積ると三億二千余万円になり、毎年一人当たりの利払い約一七円を支出しなくてはならない。

図表７－１　イギリスの公債負担

1763年（七年戦争後）	1億3,300万ポンド
1784年（米国独立戦争後）	2億7,300万ポンド
1815年（ナポレオン戦争後）	9億200万ポンド
1854年（39年間平和の後）	8億50万ポンド
1856年（クリミア戦争後）	8億3,400万ポンド

出典：『東洋経済新報』1904年5月5日号，5頁，および『経済策論』（1910）81–82頁。

日本はといえば、二二億円の公債を負担することになり、その利息を五パーセントとして一億一千万円になる。それを五千万人で割れば一人二円二〇銭になり、これを当時のイギリス人の負担に比較すれば、僅か七分の一にすぎない。年間一人四〇円の所得があるとしよう。公債的負担の割合は約五パーセントである。過日のイギリスの負担に比すればもとより少額であるが、その大きな負担の二分の一に相当する。これは決して軽々と看過してはならない。過日のイギリスは莫大な公債に苦しんでいた。将来の経済的競争上、日本にとって極めて不都合を感ずるところであり、一億一千万円の利払いは決して軽んじてはならないのは明らかである。

そのうえで、天野は日本の開国以来、明治初年以来の日本の経済発達を振り返った。人口、歳出、貿易、鉄道、船舶、電線、貯蓄、通貨はみな大きな変化を被った。

「日本人が極めて経済的ならば、巨額の負担も之を脱却する、難事にあらず。……開国以来における其の経済的進歩を見るに夫の産業革命後の英国に比して優るあって劣る無きの有様なり。果たしてしからば、区々たる［取るに足りない］十億二十億の公債は決して我国力の進歩を防げることはない。なお当時の英国の如くなるを信じて疑わざるなり。」（『経済策論』一〇四頁）

天野は変化を振り返る。陸海軍の組織は、武士の使用した弓槍刀から大砲小銃に、帆掛け船は汽船軍艦に、服装は洋服に変わった。そして鎖国時代と比べて産業の分業も大きく変わった。例えば刀剣の製造は、まず刀鍛冶が刃を鍛え、次にその柄を作る者、その鞘を作る者、その鍔（つば）を作る者、これに漆を塗る者がいた。駕籠（かご）や礼服の製造における分業は極めて細微にわたった。開国後に機械など諸種の舶来品は、輸入を防ぐ重税にもあわず、内国品の競争にもあわず、自由自在に日本国内に流入した。維新後一〇年間における年々の輸入ははるかに輸出を超過していた。天野は結論を続けた。

「我邦の経済的耐忍力、回復力、および膨張力は決して英米に譲らないことは過去の歴史が証明するところなり　故に日露戦争のために新たに起せる国債の元利はこれを支払う事は難しくない　英国が那翁戦争のために起せる負債に打ち勝ちたるが如く。」（『経済策論』一一二頁）

天野は「条約の改正は眼前に迫り　完全改正の問題は国民の解決を待てり」（『経済策論』一一二頁）と読者を鼓舞したのであった。

金本位制の将来

天野は、一九〇七（明治四〇）年二月五日号の署名社説「金の激増と金貨本位の前途」では、金の産出額と物価指数を用いて議論をした。金の産出額と物価指数が比例しているようにみえる。さらに興味深いことに、天野はイェール大学の『イェール・レビュー』一九〇六年一一月号掲載のピース・ノートン（J. Pease Norton, 1877-?）の論文「金の減価」をとりあげて、是非一読するようにと読者に注意を喚起した。

天野は解説する。すなわち、一八九六年一月一日より一九〇六年に至る期間に、世界の金の在高は四一億四四〇〇万ドルから七四億八七〇〇万ドルに増加し、すなわち八割強の増加あり。そして同期間の物価は「ダン（Dune）」物価指数によれば、三七・七パーセントの増加あり。もしこの趨勢が止まらなければ、金貨はその貨幣たる資格をなくすことであろう。この救済策とは何か。一つには、政府が金山を買い上げ、その産出額を制限すること。二つには、金の産出額に適当な重量税を賦課して産金額の制限を図ること。三つには、金本位制を廃して、その表掲本位（tabular standard、平均物価指数本位）を採用することである。これらは管理通貨制度の提案につながりうる点で大変興味深いのである。天野は、「要するに今日の金の下落は貨幣制度上の大問題なり。吾輩は世の識者の大に之に留意せん事を望むなり」（四一七―四一八頁）とした。

折しも同一九〇七年、アメリカに中央銀行も連邦準備制度もなかった時期に、ニューヨークでの株価暴落が金融パニックを引き起こし、他の国々にも波及しかけたことから、金融制度改革が内外で議論されるようになった。日本では、早稲田大学から東京帝国大学（現東京大学）に移った山崎覚次郎（1868-1945）、京都帝国大学（現京都大学）の神戸正雄（1877-1959）、慶應義塾大学の高城仙次郎（1881-1934）の三人が金本位制をめぐって『国家学会雑誌』などで論争を繰り広げていくのであった。海外の専門誌に掲載される貨幣・金融問題に関する論文や報告の数は増加傾向にあり、彼らはそれらを読むことによって、国際的な研究動向を的確に把握していった。

歴史家のジョセフ・ドーフマン（Joseph Dorfman, 1904-1991）の「無視された米社会科学雑誌『イェール・レビュー』」（一九六九）によれば、一方でイェール大学のヘンリー・ファーナム（Henry Farnam, 1803-1883）が、ドイツ留学中にドイツ歴史学派の領袖グスタフ・シュモラー（Gustav von

Schmoller, 1838-1917）の自宅に滞在するほどまでして、経済研究における制度と歴史の重要性を強調する方法とその成果を吸収して、アメリカに持ち帰っていた。他方で、イギリスの経済学者たちや同僚のアーヴィング・フィッシャーは理論的抽象化の意義を強調するようになっており、その長所も認められるようになっていた。アメリカ経済学会は一八八五年にドイツ歴史学派の影響を受けて設立され、機関誌刊行については試行錯誤の末、一九一一年創刊の『アメリカン・エコノミック・レヴュー』（*American Economic Review*, ＡＥＲ）が軌道に乗り始めた。池尾の『日本の経済学』（二〇〇六）でみたように、フィッシャーはＡＥＲに寄稿し始め、日本でも彼の諸論文がますます注目されるようになってゆくのであった。

2　近代的銀行業と信用組合

江戸時代中期の大坂の儒者中井竹山（1730-1804）のアイディアに基づく「社倉」が、村落内で穀物や資金を融通する機能を果たしていた。マーク・ラヴィナ（Mark Ravina, 1961- ）はこれを「儒教的銀行業」と呼んだ。「社倉」は、「常平倉」「義倉」と並んで日本的保険思想の祖型「相互救済と備荒儲蓄」ととらえられることもある（小林 一九八九）。二宮尊徳は「五常講」と呼ぶ金融互助制度を提案して実践に移したことから、荒村・借財に苦しむ藩の再建（仕法）を依頼されるようになった。そして高利の借金が原因にある（商人から二割の利息で借り入れたとき、利息しか払えず元本の返済が滞ることがあった）ときには、自らが提供する低利融資（実質的に七パーセント弱）に借り換えさせて、借財の負担を減じたのである。現代語で表現すれば、この場合は、金利二〇パーセントの借財は返済できなくても、七パーセント弱なら六年で完済できることを示しているのである。

天野の銀行論

銀行は明治時代になって日本に登場した。天野は銀行と銀行制度の社会的機能を精力的に研究し、銀行が期待される社会的機能を果たせるように制度設計を細かく提案し、同時に近代的経済制度の要と思われた銀行を支えられる人材の育成に力を注ぐのであった。天野は『銀行論』（一八九〇b）の冒頭で、「銀行家は通貨を取り扱う商人にして貸借の媒介を勤める」として、銀行の事業を列挙した。

「第一　利息付きもしくは無利息にて他人の金銭を預かることにあり
第二　他人に金銭の貸付をなすにあり
第三　手形の割引をなすにあり
第四　他人のために遠方の負債を支払うにあり
第五　他店のために取次をなすにあり」（一―二頁）

第四と第五の事業については国際貿易の支払いを含んでいる。国際貿易の振興のためにも、外国為替取扱銀行は社会的に不可欠な存在になっていたのである。

銀行の資金は、株主提供の資本、預金、紙幣発行権があるときは発行銀行紙幣、送金依頼者の金銭から構成される。それらを割引、貸付、公債や他の証券の買い入れ、準備金に利用して事業をなすのであった。

では、当時の現状はどうか。天野は一九〇一年四月二五日号の署名社説「本邦銀行の一大欠点」で述べる。

「吾輩熟（つらつ）ら本邦の銀行の有様を観るにその性質如何にも富める者に便利にして貧しき者に便ならず、本邦の銀行は実に大資産家の金融機関にして無資産家の金融機関にあらず。」（『経済策論』四二七頁）

「事業の精神に富み事業の才能に富む者にとっては、本邦今日の銀行のあり様に遺憾なきことはない。というのも本邦今日の銀行がひとり長者の機械となって広く貧者の朋友となっていないこと、これは貧者その人にとって気の毒なことはもちろん一国の経済上甚大な欠点なりと言わざるをえない。」（『経済策論』四二八頁）

天野は、事業に乗り出したり拡大したりする意思のない人たちの余裕資金を、事業の才能をもつけれど資金をもたない人たちに貸してゆくことが、銀行の重要な使命の一つだと考えていた。日本ではとにかく資本が欠乏していると認識されていた。それゆえこの種の銀行批判は繰り返し行われてゆく。

後述するように、天野は地方や農村における信用組合の確立も大きな課題であると考えていた。

天野の中央銀行論

一八八二（明治一五）年、日本銀行が営業を開始していた。天野の日本銀行観は当時の姿を反映していて興味深い。一八九七年五月五日号の署名社説「日本銀行支店の増設を望む」では次のように主張した。

「よくも国家が一部の少数の人に兌換券発行等の大特典を与え、これをして中央銀行を組織させる」理由は何か。それはこの「金融機関を利用することによって社会の金融を潤すにあるのみ」と天野は答える。中央銀行の株主はその責任を感じて、「金融の調和」を実現させていただきたい。そのためには、「まず大いに支店を設置していただきたい」とした。日本銀行の支店は、まだ大阪、名古屋、馬関（下関の古称）、函館にしかなかった。イギリス、フランス、ドイツの事情について、天野は「英蘭［イングランド］銀行は……十有余の大支店を有し、……仏蘭西［フランス］銀行は九十有余の大支店を商工の用地に設置せりと又聞く、……独逸［ドイツ］帝国銀行は二百有余の支店を有し」ているとした（『経済策論』四三七頁）。天野は、地方の事業家にも公平に資金が融通されるべきであると考えていた。

日本銀行の低金利政策批判

天野は一八九八年四月二五日号の署名社説「日本銀行の金利を論ず」において、日本銀行が「自然の相場に則らずして、自家特別の低利主義を採る」と批判した。「（金利の）自然の相場」は「自然利子率」と解釈してよいであろう。彼は日本銀行が貸出日歩を下げても、そのために「全国の金利を引き下げる力のないことは理において明々白々たるのみならず」、日本銀行が低利の資本を貸し出せば、世間の金利が大いに下落して、したがって株価が大いに騰貴して、全国至る所が会社設立熱の冒すところとなり、会社を設立しては株券を売り逃げする動きが出てくる、それゆえ「幾多の資本家企業家が七転八倒の苦海に沈み、経済社会を悲境に陥れる」ことであろう。こうした推論は、天野の厳しい取引所批判に関係するので、後ほど改めてとりあげる。日銀が景気浮揚のために低金利政策をとっているのに対し、天野はマネタリストの如く介入主義政策を批判していることがうかがえる。

　天野は低利主義の問題を三点挙げる。第一に、銀行事業の発達を妨げるものである。銀行は一方に借り、もう一方に貸し、「その利違いをもって利益の源泉となす」。銀行が盛んに貸出しをなして金融を潤そうとすれば、他から貨幣を借らざるを得ない。それは預金に依存せざるを得ないはずである。日本の諸銀行の預金は如何にも僅少であり、幾多の銀行は中央銀行に依存して兌換券を借りてみるべき営業をなしうることになる。

　これは第二の問題につながる。すなわち、「貯蓄心の発達を防ぐるの弊あり。およそ人貯蓄をなすや、相当の報酬あるを要す、……天下多数の人民、殊に労働者等に至っては適当の利息を得れば貯蓄し、そうでなければ貯蓄しないという、これ人情の自然なり」（四五三頁）。そしてこれが第三の問題、「資本の増加を妨げる弊害あり」につながる。「本邦資本の欠乏人皆な之を知る、それゆえ之を充実するの法一つは国民の貯蓄心を奨励するにあり」（四五三頁）。天野は持論を展開する。

「多数の鞘取り銀行に……独立自衛の心を興し預金の利子を相当に引上げて滾々不尽の公衆の貯蓄を吸収することとならん、……銀行の基礎は確然として預金の上に立ち国民の貯蓄心は発達してそして一国の資本遂に大に増加するや、瞭々として火を観るが如し、吾輩が日本銀行に断然その低日歩主義を廃し我が金融社会に大改良を加えよという所以はここにあり。」(『経済策論』四五四頁)

『経済策論』四五四頁には、続けてフォントサイズを下げて、「この後間もなく日本銀行はその低利主義を廃止せり、是れ同行方針の一大改良なり」と付記されている。天野の喜びがうかがえる。

日銀課税論

日本銀行は独占事業の一つととらえられていた。天野は、一八九八年一〇月一五日号の無署名社説「日本銀行課税論」において、日銀が「兌換券発行の特権を社会に有する」ものであり、「社会に相当の特別義務を負担すべきこと言うまでもなし」とした。天野は従来日銀に課税するよりは、支店設置の義務を果たすことを主張してきた。支店数は増えつつあり、政府の財政が困難になっているので、日銀に課税して増収につなげることに賛成した。天野は、『経済策論』四六七頁に小さめの文字で「明治三二(一八九九)年三月、日本銀行は特別税を納むる事となれり、これは日清戦後における一改良なり」と記した。

天野は一八九九年四月五日号の署名社説「日本銀行は此の際奮て支店を増設すべし」において、日銀の支店はさらに増加させる必要性があると説いていった。

天野の銀行論や関連社説を読んでいると、彼の経済学が開発経済学の様相を帯びていることがわかってくる。日本の銀行は、起業したい無資産家や農村の担い手に対して融資する余裕がなく、批判の的になっていた。それゆえ現代風にいうと、規制が細かくなっても、社会を改善したいが資力のない人、農村の事業家や農家に融資するような「銀行」が、社会的に必要であると感じられた──それは天野だけではなかった。そのような「銀行」がないので、事業経営の才能と意思のある人も「高利貸しの餌食」になるか、既存企業に雇われるしかないか、なのである。そうした「銀行」は、ピープルズバンク（国民銀行）と呼ばれたり、貧民銀行（天野の場合）と呼ばれたりして議論を呼び、日本でも、信用組合（最初は「産業組合」と呼ばれた）の設立につながってゆく。

信用組合論

ヘンリー・ウォルフ（Henry W. Wolff, 1840-1931）の『国民銀行論』は、英文初版が一八九三年にロンドンで出版され、一八九七（明治三〇）年六月に和訳が早稲田大学出版部より出版された。後に社会事業家、衆議院議員となる柏原（かしわばら）文太郎（1869-1936）による和訳を天野が校閲し、大隈重信、前島密（1835-1919）、松崎蔵之助（1866-1919）らが序や書簡を寄せ、世間の注意をひいた。ウォルフはドイツを起点とする大陸諸国の信用組合制度を丹念に調査し、イギリスの対応する諸制度と比較考量して、イギリスの信用組合制度のほうが優れている点が多いと述べた。それに対して天野は、ドイツのライファイゼン型銀行とシュルツェ型銀行のほうに注目して、ライファイゼン型を推してゆくのであった。

天野は、『東洋経済新報』一八九七年六月五日号の署名社説「貧民銀行の必要及其方法」で次のように展開した（『経済策論』六〇二頁）。天野が毎号のようにいっていることであるが、本邦の銀行は富者の金融機関にして貧者の金融機関ではない。つまり、「身代なき抵当なき貧者は銀行に至るも門前払いの冷遇を受くるのみ」であり、「資産なき者が自家営業に従事しようとすれば己を得ず高利貸の餌食となって自由自在の動作をなすことができなくなる」。高利貸の喰い物になるのを避けようとすると、他に資金をえる方法がないので、「やむを得ず他人の給を受け他人の手足となり、機械となって労働せざるを得ない」。「要するに貧困なる者は如何に事業の精神に富み事業の才能に富むもその千里の才能を伸ばすことができない」のである。

問題は資金提供の不足

天野は「事業の精神に富み事業の才能に富む」人材が不足しているというよりは、そうした人材が活躍するための資金提供が不足しているのではないかと考えた。

続けて天野はその弊害を挙げてゆく。（一）世間無数の貧困者のために一大不幸である。（二）この天下多事のときにあたって有為の士が何もなすことができないことは実に国家の一大不幸である。（三）かつ資本と勤労との間の鴻溝（こうこう）（大きな溝）が永く続いて今日のようになり、その恐るべき忌むべき資本と労力との軋轢を防ぐことができなくなる。そして、（四）事業権が少数者の手中にあることにより、一国の産業は寡人的［寡占的］独占的となり、多数的競争的とならず、そのために大いに邦家の経済上に障碍をきたすことを免れない（『経済策論』六〇二―六〇三頁）。

今少し現代語訳にすると、事業経営者となりうる人材が埋没して活躍できないことは、多くの貧困者の不幸であり、ひいては国家の不幸でもある。それでは、資本と労力あるいは雇用者と被用者の間の軋轢も防ぐことができないであろう。そして新規の事業参入者が増えず、産業内では少数者による寡占が起こり、多数者による競争状態が実現されないのである。

では、これをどうすればよいのか。その解決策は貧民銀行の設置である。

「貧民銀行を設置して貧民のために金融機関を供するにある。それゆえ（一）貧者その人の幸福なるのみではない。（二）邦家の千里の才を埋没させない。（三）雇者と被雇者の軋轢も大いに避けることができる。そして（四）一国の産業自ら競争的となり、進歩的となるために世に裨益［益］を大きく及ぼすことであろう。貧民銀行は今日の急務である。」（『経済策論』六〇三頁）

産業が競争的になると、進歩的になるものである。貧民銀行の設立は急務である。

天野は貧民銀行設立に向けての方針として、ライファイゼン型農村信用組合とシュルツェ型市街地信用組合の銀行の二つを比較して紹介した。まずは共通点である。

「（一）貧困者をもって組織す。
（二）その資金には政府の保護は要さない、また富豪の慈善に頼らない、貧困なる組合員その人を導きて盛んに貯蓄をなさしめこの預金をもって盛んに貸出しをなす。
（三）銀行の組合員にのみ貸付をなし、普通の銀行の如く広く組合員以外に貸出割引きをなさず。

（四）世間並より低き利子にて金を貸すを主眼とす。
（五）無限責任なり。
（六）その業務として手形の割引貸出保護等をなす。」（『経済策論』六〇四―六〇五頁）

次に相違点である。

「（一）組合員に関して、ライファイゼン銀行は隣保団結の精神に基き一市なり一村なり一小地方の人民より組織することとなせり、シュルツェ銀行に至りては……今日にありては如何なる地方の人といえども組合員となるを許せり。
（二）銀行の位置に関しては、ライファイゼン銀行は組合員所在の地方に設立する。シュルツェ銀行はその組合員は全国に散在するので、ある組合員は銀行の近傍にいるが、他の組合員はそうではない。
（三）資金に関して、ライファイゼン銀行は少しも株金制度に依存せず、その財源は専ら組合員の預金に依存する。故に潤益があっても普通の会社のように株主に配当することはなく、これを積み立てて更に運転資本の増加をはかる。シュルツェ銀行に至って株金の制度を取り、他の会社と同様に潤益配当がある。
（四）重役の報酬に関して、ライファイゼン銀行はこれに相当の報当を与えない。シュルツェ銀行の重役は有給である。

（五）預金に関して、ライファイゼン銀行は組合員外の貨幣を預からない。シュルツェ銀行は組合員外の預金を預かる。

（六）貸出しに関して、ライファイゼン銀行はまずその使用方法を調べて貸否の決定をなし、その借主および保証人の株金の多少については賛否を決定する標準とはしない。シュルツェ銀行に至ってはその資を貸す時にその使途の如何を問わず、ただ信用表および借主保証人の株高を標準として貸すという。」（『経済策論』六〇五―六〇八頁）

おそらく、ライファイゼン型銀行とシュルツェ型銀行の異同について、日本語でのもっとも明快な説明ではないだろうか。天野はライファイゼン型銀行を勧めて、「独立自営の大共済銀行を設立」することを呼びかけるのであった。

一九〇〇（明治三三）年、ライファイゼン型銀行に近い信用組合が産業組合の呼び名で設立されてゆく。天野は同年一二月一五日号と二五日号署名社説「信用組合模範定款の発布に就て」等においては標題どおり具体的な検討を行ってゆく。一九〇一年一月一五日号と二五日号の署名社説において、F・W・ライファイゼン（Friedrich Wilhelm Raiffeisen, 1818-1888）の伝記を「信用組合の元祖」「対人信用の論と勤倹貯蓄の説と本邦識者の間に鳴り響けり」と感慨深げに紹介した。近代ドイツのライファイゼンに近世日本の二宮尊徳の姿が重なり合ったようである。

時代がとぶが参考のために記すと、落合功の「復興期における中小企業金融システムの再編成」（二〇二〇）が、第二次大戦終結後、中小企業金融のために信用金庫（市街地型信用組合、シュルツェ型銀行と呼べるであろう）が確立されていったことを、国会審議の過程をとおして明らかにしている。

天野の消費組合観

天野は消費組合についても事業者の養成場とみなしていた。天野は一九〇一年二月五日号では無署名社説「消費組合を起すべし」で、まず信用組合が「相互団結の力に依頼し組合員共同の利益を進むるを目的とする機関として」その効能は極めて大きいと改めて次のように解説した（『経済策論』六四三―六四五頁）。

そして天野は消費組合を次のようにとらえてゆく。第一に、消費者はこの組合により廉価に需要品を購求することができる。通常は、「中間幾多の取次商小売商の手を経て、幾多の手数料を徴収せられ、結局消費者は生産元価に比し非常の高価を以て物品を購うこととなる」のであった。

第二に、この組合は実に「貯蓄奨励の機関」となる。この組合は組合員に物品を頒布する際、普通の市価で売り、「決算の際得る所の潤益を購買額に応じ組合員に配当するを原則とする」。それにより「無意識の間に貯蓄の興味を感ぜしめ、其貯蓄心を励ますこと少なからざるなり」。

第三に、「消費組合は又組合員をして事業に関する知識経験を得せしめ、其の事業の才能を養成するの効能あり」。それゆえ、事業の経験のない者が組合事業を起こそうとするに際して、まず消費組合を起こし、これによって組合事業に関する素養を育て、然る後に信用組合、生産組合等の事業に着手するのがもっともよい。素人をして「事業的技能を練習せしめ、以て生産組合信用組合等高尚なる組合事業を発達せしむるの基礎をなす」ものといえる。

天野は消費組合の運営方法についても細かい規定を試み、何よりも現金主義の励行が重要であるとした。消費組合が直接生産者から廉価で購入する際、貸倒れの損失を避けるためである。天野は小売価格が高くなる原因は「貸売りを行うため貸倒れの損失を代価中に包含せしむること」にあるとし、「我国の小売商人は一般に節約勤勉忍耐の習慣に富み、此点に於ては普通素人の遠く及ばざるの長所を有せり」と小売商をほめた。それゆえ天野は「素人より成る組合」がこれと競争するためには「現金主義を励行して貸倒れの損失を免る丶の一事あるのみ」と考えた。

天野は農商務省の発布の購買組合模範定款を次のように検討した（『経済策論』六四六―六四九頁）。第一に、「第三六条に『組合員は物品を取引と同時に其代金を支払うことを要す』」と現金主義をとっており、「吾輩と見る所を同じうする者に似たり」とした。相違は、同条但書には「但し止むを得ざる事由ある時は六個月を超えざる期間代金支払の延期を請求することを得」とする点であった。第二に、「組合員に物品を販売するに当たりて其の価格は普通の市価に従うを原則とし、其の利益は之を積み立て決算の際組合員の購買額に応じ配当する」とあるので、政府当局の方針は天野の所見に合っていた。第三に、消費組合は最初は組合員以外に物品を販売しないことを原則とする。もし組合以外の人に販売すると需要供給の過不足が生じて不慮の損失を招く危険がある。ゆえに組合員の経験が熟し、その中より敏腕家が輩出するに及んでは、その販路を組合員以外に拡張するのもよいとある。定款の精神は天野の所見と同じであった。

消費組合が事業者の養成場となればよいと期待していたのは、天野だけではなかったのである。

郵貯割増金による クラウディングアウト

天野は郵便貯金の金利が高めに設定されていることに極めて批判的であった。『経済策論』に収録されたのは、一九〇一年九月二五日号の署名社論「更に郵貯割増金の非を論ず」（収録時に「郵貯割増問題」と改題）と一二月一五日号の「重ねて郵貯割増金に就て」である。翌一九〇二年九月五日号と一〇月二五日号の無署名社説では郵貯割増問題についてより強い語調で、「断じて不可」であることを繰り返している。

郵便貯金として集められた資金は、政府の銀行として設立された勧業銀行の債券や他の公債を購入するのに充てられていた。つまり、郵貯の金利が割増されていなければ、民間の資金市場に流れたはずの資金が、政府財政によって奪われていることを意味するのである。政府による民間資金市場の圧迫である。次の引用文で、「放下」とは「投資」のことである。

「従来の……貯金運転の方法は、全て公債に放下するにありて、それだけ民間の資金を減少したるもの、この金融逼迫の際にあたり、政府の貨幣を民間に散布するに至らば、その経営上の利益をあげることはいうまでもない。いわんや従来大いに郵便貯金の制度を拡張し、これがために、貯蓄銀行の資金を吸収するが如きにおいては、これ実に実業界の資本を奪って、ますます財政の仕途に供するものにして、その一国の経済を害することが幾らになるかを知るべきである。」

（『経済策論』六六七―六六八頁）

天野は二〇世紀後半にクラウディングアウトと呼ばれるようになった問題をすでに指摘していたのである。

3 取引所改革

英ケンブリッジ大学のジョン・ネヴィル・ケインズが『経済学の領域と方法』(一八九一)において、ロンドン株式取引所について「理論的に完全なる市場の模範と見做すべきものにして競争は常に間断なく行われ全く需要供給の力に由りて支配せらるる所ありとす」と書いたことはすでに述べた。ケインズは、リカードゥが完全市場の理論モデルを想定するにあたって、ロンドン・シティの株式取引所を念頭においたと考えた。ケインズはレオン・ワルラスにはわずかにふれただけであるが、ワルラスとパリ証券取引所に言及してもよかったであろう。

天野の取引所批判は鬼気迫るほど凄かったのであった。日本の取引所は一獲千金を狙う者たちの賭博場、カジノとなっていて、勤倹貯蓄の敵であるとみなしたのであった。天野による批判は、一九〇〇(明治三三)年に集中した。デジタルアーカイブズで「社説」「取引所」で検索すると、一九一三(大正二)年までで二二件にのぼる。

取引所問題 天野は一九〇〇年四月五日号の署名社説「賭博的国民は外資輸入を語る可からず」において、日本における資本の欠乏を強調し、外国の資本に頼ろうとするよりも、勤倹貯蓄の美風を要請すべきであると主張した。

「世界の競争に立ち、本邦の常に欧米諸国に及ばない原因の一つでその最大のものは資本の欠乏にある。……外国の資本の輸入……内国の資本をして自然に増加させようとすれば、まず国民の勤倹貯蓄の美風を要請せざるをえない。……勤倹の民がこれを受授し、生産的にこれを使用すれば資本となり、投機豪奢（ごうしゃ）の民がこれを受授し、不生産的に消費すれば資本は起こらず、これ理の最も見易きものなり。」（『経済策論』五〇五―五〇六頁）

天野は安易に外国から資金を借り入れると、取引所での投機に用いられて不生産的な結果に陥るのではないかと危惧したようだ。

天野は続く四月一五日号と二五日号の署名社説「投機奢侈の病根を論じて井伯松伯に望む」等では、取引所を「大賭博場」とみなして、井上馨（1836-1915）や松方正義など政治家や農商務大臣（当時は曾禰荒助（そねあらすけ）（1849-1910）が担当）に訴えかけた。天野はようやく育まれるかにみえた勤倹の美風が、社会から絶たれようとしていると叫び、その原因は取引所という病根にありとし、空売買に注目してゆく。

天野は東京株式取引所について、前一八九九（明治三二）年の一月より一二月までの一二ヶ月間の諸株式売買出来高および月末の受渡高を示して次のような考察をした。

「この一二ヶ月間における日々の売買出来高の合計は五百四十万余株にして、月末受渡高の合計は僅か五十万余株に過ぎない。今仮りに一株の平均価格を五十円と見積ってこの金額を計算する時は、一ヶ年間の売買金高は約二億五千万円の多きに上るが、実際の受渡しすなわち真正の取引は約二千五百万円に過ぎずして、結局残余の二億二千万円は全く空取引に属せると見るべし。」（『経済策論』五一三頁）

天野は欧米の取引所にあってもカジノ的弊害がみられるものの、取引所本来の機能を果たしているのに対して、日本の取引所はそうはいい難く、「一国産業の進歩を害し、国家の繁栄を傷（そこな）えること尠（せん）少（しょう）にあらざるなり」として、早急の改善を求めたのであった（『経済策論』五二二頁）。

天野は五月一五日号の署名社説「取引所問題に関して世の社会論者に警告す」では、金井延や社会政策学会の学者たちにも取引所問題を訴えかけた。天野は同号では、東京米穀市場の空売買の大きさをとりあげ、一八九九年中の売買高に対する受渡高の割合は僅々七十分の一に足らないとした。

天野は五月二五日号の署名社説「空売買の真相及其公害」では、空相場を次のように特徴づけた。

「（一）売買の体裁形式を備える迄にして
（二）真に現物を売買受渡しするの意志なく
（三）唯だ価格の差額を支払い以て取引を決済するの意志あるもの」（『経済策論』五三四頁）

そして天野はこの種の取引は売買の仮面の下に賭博を行うもので、価格の変動を予想して差金を賭するに過ぎず、あたかも角力（すもう）・競馬の結果や骰子（さいころ）の一六勝負に賭けるかの如くであるとした。そのうえで、空相場が「賭博的差金取引」であり、「一国の資本減少し一国の生産力を減少するの害甚大なり」とした（『経済策論』五三七頁）。

江戸時代からの空取引

一九〇一年一月五日号の表紙に「本号には付録『堂島の今昔』を添ゆ」とある（デジタルアーカイブズ未収録）。『堂島の今昔』は全一四頁で、東洋経済新報社の委嘱により行われた兼松房太郎の談話の速記録である。兼松は一八七四（明治七）年より八七年まで大阪米穀取引所の重役を務め、日本の取引所の淵源とされた堂島米会所の沿革に精通していて、当時は日豪直輸貿易商として有名であった。空取引は米価を引き立てるための帳合米取引に端を発することが述べられ、差金取引・空米取引はしばしば賭博と同様にみられていたことが伝わってくる。

兼松は、江戸時代、「米価引立てのため取引所を起し、シンジケートの方略からあるべからざる相場を生じて利しようとしても、幕府の威力・干渉のために無謀の事が出来なかった、今（明治時代、筆者注）の取引所というものは取りも直さず其時の帳合米即ち空米売買というものの形だけを保ってきた」と結論づけたのであった。天野は兼松の見解にかなり同感したことであろう。

公認会計士制度の端緒

一九〇〇年中、天野は一方で取引所批判を毎月のように行い、他方で企業監査の役割に注目し、公共監査所または公共監査機関の設立を唱えてゆく。現在の公認会計士制度につながってゆく提案である。ただ、署名記事は、一九〇六年八月一五日号の「公共監査所問題の再燃」だけで、『経済策論』に収録されている関連社説もこれのみである。

公共監査所問題については、一九〇〇年六月二五日号の無署名社説「監査役の職分」から始まり、要点は尽くされている。「欧米諸国の実際を見るも、一般社会の監査役を見ると頗る重大にして、公衆はその能否をもって会社信用の厚薄を判断する標準となし、株主はこれをもって自己の放資［投資］の安全を計る保証としている」。人選については、「多くは勢力あり名望あり経験あり力量ある者を挙げてこの重任を託している」。英米諸国の会社では、その帳簿の監査を株主より選んで命じることはなく、「株主以外で諸会社の会計検査を職業とする特別の機関に依頼する」（社説、七頁）ことがよくある。この種の機関はもとよりその検査の正確さをもってその営業を維持するものであるがゆえに、それが行う帳簿検査はすこぶる厳密にしてかつ信用があることを常とする。さればこれらの機関が存在する国にあっては、会社の営業について厳密な帳簿検査をえるために、この監査役に委託する者がすこぶる多いのみならず、会社もまた自ら進んで信用ある監査所に帳簿検査を求めて、その保証をえて時価の信用を高めようとする者が少なくない。

『東洋経済新報』では、内外の金融市場に常に注目してデータを掲載している。日本の金利は、欧米諸国の金利より高めにもかかわらず、資金が流れ込まないのはなぜか。天野はその原因が会計監査の杜撰（ずさん）さにあるとし、「信用すべき決算報告なく、信用すべき考課もなく、従って信用すべき株券なき」（『経済策論』八五〇頁）ことにあると分析した。

同年八月五日号に無署名社説「公共監査所を設くるの議」、翌一九〇一年六月二五日号に無署名社説「重ねて公共監査所設立の議に就て」、一九〇五年五月二五日号に無署名社説「公共監査所設置の急務」、そして一九〇六年八月一五日号の署名社説「公共監査所問題の再燃」が掲載された。『経済策論』に収録されるときには「公共監査所問題」と題された。公共監査所は文明的機関であると称揚された。天野の議論をみよう。

「公共監査所とは……普通の営業会社の外に独立し是等の会社の委嘱によって監査を行う機関なり。この制度はとくに英国に発達し、すこぶる好成績を奏したるものにして、吾輩は英国のこの成功したる実例に鑑みてまたこの制度を我国に採用せんと欲するなり。想うに公共監査所を設ける利益は、

(一) 公共監査所は当該会社以外に独立する機関なるが故に、ひろく監査の術に長じその経験に慣れたる専門家が従事することによって、有効にしてかつ確実なる監査を行うことができる。

(二) 公共監査所にあっては多数の会社を相手にその業を営むことによってその職務を行うので十分の人員を使用し十分の機関を備えることができる。

(三) 公共監査所にあっては、その監査を行う会社の利害とは全く無関係の位置に立てるが故に、十分公平確実なる監査を行うことができ、また重役のために籠絡(ろうらく)(操作)するような恐れがない。

公共監査所の保証のない営業報告や考課状等を公衆は信じないのである。」(『経済策論』八五一

―八五二頁）

公共監査所の効能が社会に知れわたり、多くの会社が監査を依頼すれば、この監査所は「独立の経済を維持すること」ができるであろう。しかし、設立当初に監査を依頼する会社が極めて少なければ、この監査所は「独立の経済を維持すること」が困難である。イギリスの例をみても、その創業費は有志の公共的義捐（寄付）によった。天野は、信用あり名望ある実業家が公共の利益のために監査の機関を整備する意思をもち率先して、大いに惜しむことなく義侠的義捐的の助力をなすことを深く希望したのであった（『経済策論』八五二―八五三頁）。

『東洋経済新報社百年史』（五三頁）に書かれているとおり、日本の監査制度は、一九二七年公布の計理士法からようやく始まり、一九四八年七月公布の公認会計士法により確立される。

4　経済教育と実業教育

人材不足　天野為之は一九〇〇（明治三三）年に『東洋経済新報』で社説「勤倹新論」を連載したとき、銀行制度の安定性とともに、経済教育の重要性を唱えていた。天野は、国際貿易・産業振興のためには、誠実な経営者を含む人材育成も急務であると考えた。また経済教育（経済道徳を含む）の重要性を力説し、「学理と実際の調和」を目指して大学での商科設立も提言した。力のこもったキャンペーンは、明治大学、早稲田大学、日本大学、専修大学での商科の新設、高等商業学校の設立・充実がある。後にさらに、東京高等商業学校の東京商科大学（現一橋大学）への改組につながってゆく。

一九〇二年九月に東京専門学校は早稲田大学へと改称し、一九〇三年四月に高等予科に商科を設置して、一九〇四年九月に大学部商科を開設した。

文部省『学制百年史』（一九七二）により、日本の実業学校の実態をみると、商業教育の端緒を開いたのは、一八七四年四月に大蔵省銀行課中におかれた銀行学局であった。一橋大学・東京高等商業学校の前身となる商法講習所、天野と同世代で海外でも活躍するようになる内村鑑三や新渡戸稲造が（英語で）学んだ札幌農学校も実業教育機関である。銀行業や銀行政策、畜産業など、鎖国時代にはなかった実業や政策を担える人材を育成するために、必要に迫られて実業教育機関が設置されていったようである。当初から系統だった実業教育政策が存在したというわけではなかった。それでも、「実業」が流行語になるほど隆盛になってきていた。

二〇世紀後半の研究史をみると、後発国の近代化あるいは途上国の経済開発に取り組むにあたって、日本の実業教育の歴史が注目されることがあった。国際連合大学のプロジェクトとして実施された研究成果、豊田俊雄編『わが国離陸期の実業教育』（一九八二）や豊田俊雄編『わが国産業化と実業教育』（一九八四）では、中等工業技術教育が研究の中心におかれた。細谷新治の『商業教育の曙』（一九九〇―九一）等では、商法講習所、東京高等商業学校、東京商科大学を前身とする一橋大学の歴史表されることは少なかったように思われる。

の一部として、高等教育レベルでの実業教育としての商業教育の歴史と関連資料が詳しくとりあげられたものの、広く公刊されたわけではない。商業教育の歴史が専門家による研究成果として一般に公表されることは少なかったように思われる。

人材育成

天野の時代に戻ると、彼は一九〇四年一月、早稲田大学の新設商科の初代商科長に就任する。実務に明るく、国際化に対応した人材の育成が急がれていた。長崎でオランダ等と制限貿易をしていた時代とは異なり、銀行や取引所を通じる内外の決済や資金の融通のための制度が必要であった。さらに民間の自由貿易を円滑に進めるために、当時は国際金本位制のネットワークに入ることが必要とされた。そしてそれらの仕組みを築いて金融当局側で支える人材、それを使ってビジネスができる民間の人材を育てなければならなかったのである。

『早稲田大学商学部九十年史』（一九九六）、『早稲田大学商学部百年史』（二〇〇四）には、早稲田大学の商科創設にあたって、ベルギーのアントワープ商科大学をモデルにして、商業部と外交部の二部をもって発足したとある。しかしながら、天野為之が東京専門学校創設の頃から担当していた科目をみると、商業科目については連続性がかなり高いように感じられる。第二章で述べたように、天野は、経済原論、公債論、銀行論、為替論、金融論、日本経済論など多くの科目を担当していた。商科創設により、天野の授業負担が減ったようにみえるのである。商科設立後に、外交史、国際公法、国際私法、保険法など、外交部系の科目が増やされているといえよう。東京帝国大学の経済学者たちがまとまって講師として教鞭をとるようになっており、両大学の経済学者たちの交流は円滑に進んでいたことがわかる。

工場法の制定

商科設立の背景として、農商務省商工局商工務掛によって各府県の協力のもとに行われた各種工業部門の労働事情の調査が一九〇一（明治三四）年にまとめられ、一九〇三年に『職工事情』と題して発行されたことにも注目しておきたい。工場で働く職工たちは酷使され、虐待されることすらあったのである。工場の安全管理が杜撰で事故報告が過少になり、衛生環境が劣悪で心身を患うこともあった。大日方純夫の『警察の社会史』（一九九三）によれば、命からがら逃げ出した職工たちは、警察に逃げ込んで窮状を訴えていたのであった。『職工事情』により、彼らの労働環境のあまりに酷い実情が徐々に知られるようになってゆく。政府がそのままでは工場経営は持続できないと認識して、工場法制定のために調査を行ったのである。

『東洋経済新報』は、農商務省が工業の盛んな地域に吏員を派遣して調査をしている様子を、一八九七年六月から報告するようになっていた。同年八月と九月には、工場法の要点や制定目的が解説された。一八九八年にはイギリスなど西洋諸国での事例が紹介されている。併行して、工場法制定に対する反対意見、そうした反対意見に対する批判、農商務省の工場法草案、各産業団体からの修正提案が繰り返し紹介された。そしてようやく一九一一年（関税自主権を回復した年）に工場法は制定された。その施行は延期されて一九一六（大正五）年になる。

一八九七年九月と一〇月の無署名社説では、「工場法制定に反対はしない」「工場法は必要である」との見解が表明されている。天野為之編集長のもと、『東洋経済新報』は「工場法の制定」に向けて、対立する見解を紹介しながら、論点整理を行ったようにみえる。職工たちの労働条件の改善は、工場経営者たち自身が産業全体の実情についての認識を共有して、足並みを揃えなければ進まない状況だったことがうかがえるのである。

第八章　天野為之の復権

天野為之については立派な研究史が存在する。彼の同世代人や彼より若い人たちも天野を研究対象としていた。筆者自身が天野の著述を直接論じる前に、天野研究を手に取っていわば外堀を埋めていくような作業をして、明治期の経済学者の研究を開始したのである。本章では、天野についての論評や研究を、彼の人生を交えて展望することによって締めくくりにしたいと思う。

1　福田徳三、天野を評す

天野為之講師

まずみるべき評論は、福田徳三（1874-1930）の天野評である。福田は日本の経済学史上、忘れ難い「巨星」であり、小泉信三（1888-1966）、赤松要（1896-1974）や中山伊知郎（1898-1980）など多くの経済学者たちを、慶應義塾や東京商科大学（現一橋大学）から輩出させたことで有名である。福田は一八九〇（明治二三）年九月に東京高等商業学校予科に進学し、翌年、天野為之は嘱託講師として経済を教え始める。福田と天野はおそらく同校で出会っていたことであろう。

福田は一九二七（昭和二）年、「田口全集の刊行に際して――福沢・田口・天野と明治の経済論」と題する一文を、「日本のアダム・スミス　明治の新井白石」と宣伝された田口卯吉の全集全八巻が出版される折に、雑誌『我等』に寄稿した。彼は明治前期の三大経済学者として、福澤諭吉、田口卯吉、天野為之の三人を挙げた最初の人となった。

「明治時代に入つてから……本流として西洋の経済学を日本に移入するに功労あつた人々としては第一に福沢諭吉氏、次で田口卯吉氏、更に天野為之氏の三氏を挙ぐべきであると思ふ。福沢、田口、天野の三氏は西洋の経済学、殊に英米の経済学を日本に移植する上に忘るべからざる功労を為した人である。……天野氏は経済学の奥行きを深くし、其の幅を広くし、学者として経済学を教へ普及した点に於て彼の功績は実に偉大であつた。」（二八―二九頁）

田口全集の各巻のテーマは、①史論及史伝、②文明史及び社会論、③経済上篇、④経済下篇、⑤政治、⑥財政、⑦金融、⑧随筆及び書簡であった。解説者は、黒板勝美（1874-1946）、福田徳三、河上肇（1879-1946）、吉野作造（1878-1933）、長谷川萬次郎（生没年不明）、櫛田民蔵（1885-1934）、大内兵衛

（1888-1980）であった。

天野は前章まででみたように、日本語で経済原論を講義し執筆し、新聞や雑誌に経済記事や社説を寄稿することにより、経済学を深め、その幅を広げていったことは強調しておこう。

田口はとりわけ『東京経済雑誌』（一八七九年創刊）の編集でよく知られていた。いわゆる『ロンドン・エコノミスト』（*The Economist*）を読んでいた人々は日本でもかなりいたようで、その成功に刺激され、同誌の日本版を刊行したいとの思いから出発したのであった。さらに、松野尾裕が『田口卯吉と経済学協会――啓蒙時代の経済学』（一九九六）において注目した経済学協会（田口主宰）には、天野だけではなく、大隈重信が参加することもあった。

和文資料の取扱い

何といっても、明治期の知識人にとって、田口卯吉の経済記事や福澤諭吉の書物は必読文献であったことを忘れてはならない。そして天野自身、経済雑誌の刊行に熱意をもって取り組んでいたことから判断して、同時代の文献は渉猟していたに違いない。しかし、天野は自分が読んだ洋書・資料（英文・英訳）は自著の参考文献として列挙する一方で、雑誌論文・日本語文献についてはほとんど挙げていない。

当時は日本語での知識・議論は出典に言及することなく使っても差し支えなかったようで、それらはあたかも公共財産（public domain）であるかのように取り扱われていた事実に注目すべきである。参考文献に挙げていないからといって、日本語文献を読んでいなかった、ということは決してなかったのである。池尾の『日本の経済学』（二〇〇六）では、日本の大学に、他人の貢献や見解と自らの貢献や見解を区別して学術論文を執筆できるような経済学者たちが登場したのは、一九一〇年代初めのことであるとした。

2　石橋湛山、天野伝を読む

石橋湛山は浅川榮次郎と西田長壽の『天野為之』（実業之日本社、一九五〇）を読んで、一九五〇（昭和二五）年七月の『東洋経済新報』に、「天野為之伝」と題して紹介し書評する記事を四回連続して掲載した。浅川と西田の『天野為之』は唯一の伝記であり、「天野為之の伝記を何としても著すぞ、そして後世に残すぞ」という著者たちの堅固な決意と執念が感じられる力作である。

最初の天野為之伝

早稲田実業学校の校長を務めた浅川にとって、「天野為之は生涯の恩師であり、岳父に当り、かつ自ら校長である早稲田実業学校の実質上の創立者で先任校長でも」あった（「序文」）。そのような浅川は「東京帝国大学（現東京大学）法学部明治新聞雑誌文庫勤務」の西田を直接の伝記執筆の協力者として選び、早稲田実業学校、東京帝国大学、早稲田大学、衆議院に関する記述を微細かつ正確無比にして、信頼できる伝記を著したのである。

浅川は序文で、経済学の巨星とされる福田徳三（東京商科大学、現一橋大学）が、明治期の三大経済学者として、福澤諭吉、田口卯吉、天野為之の三人を挙げたことに言及し、「福田博士の天野称賛の弁を裏付けるまでに至らなかったことは残念な次第である」と述べている。「はしがき」に書いたように、本書では、著者たちがやり残したことを遂行することを目標にして、天野の経済学、様々な社会的活動、立ち位置を中心に、歴史的背景や知的環境とともに描き出すような評伝を書くことに狙いを定めたのであった。

石橋湛山の「天野為之伝」（一九五〇）は、天野経済学についての標準的理解を提供したといってよい。四回にわたる連載は長いからか、時間を経て全集版に収録されると書評であることが忘れられてしまうことがあるようだ。

天野為之の貢献　石橋は、天野の社会貢献を三つに分け、最初の仕事は経済学者として、第二は経済評論家（経済ジャーナリスト）として、第三は教育者としてのものとした。本書では経済学者としての貢献についてよく言及される発言を引用しておこう。

「天野博士の経済学は大体に於てＪ・Ｓ・ミルの祖述だと称される。之れは伝記の著者も認めている通り、当時の日本乃至世界の要求がそこにあったからで、博士は正に其の要求に応じ、日本に自由主義経済理論を移植する先頭をなしたわけである。併し博士は、単に外国の学問思想を日本に翻訳輸入する態度は取らず、之れを自分の物、日本の物として咀嚼消化し、博士独自の経済学を打ち立てた。後年福田徳三博士は明治前期の三大経済学者として、福沢諭吉、田口卯吉、天野為之の三人を挙げているそうであるが（序文二頁）、若しその中で自己の経済学体系をもつ学者を云うなれば、天野為之一人に止めをささなければならないであろう。天野博士には、この点に於て日本の経済学者として何人の追随も許さぬ特色があったと称し得る。」（「天野為之伝」五六一頁）

第四章でみたように、天野が行ったのはミルの祖述というよりも、ミルを改良して「マクロ経済学」への道を踏み出していたのであった。

天野の経済評論家としての活動は、『中央学術雑誌』『内外政党事情』『朝野新聞』『読売新聞』に関係したことと、『日本理財雑誌』と『東洋経済新報』の創刊（一八八九年と一八九五年）に関与したことである。巻末参考文献にある定期刊行物一覧をご覧いただきたい。『日本理財雑誌』は一八八九（明治二二）年末には廃刊になったが、天野のモットー「学理と実際」がよく現れているので創刊の辞はしばしば引用されてきた。本書では、すでに第六章で引用した。

3　三浦銕太郎、天野を偲ぶ

腸チフスで逝く

天野は早稲田実業学校校長に再任されてから、一九三八（昭和一三）年に至るまで経済学や英語をひたむきに教授した。彼が卒業する生徒たちに式で送った言葉は同窓会誌『大成』に記録されている。天野は一九三三年頃から血圧の亢進に悩まされ、齢を重ねるごとに症状が悪化し、出かけた先で脳貧血を起こすこともあった。

一九三八年三月七日、第一本科の入学試験が行われた日には、氷雨が降っていた。天野はその中を学校に赴き、その日から発病し、高熱を出した。三月二二日に腸チフスと診断されたため、二三日に芝伝染病研究所に入院、三月二六日午前三時四五分にその生涯を閉じた。浅川と西田の『天野為之』は「時に八十歳、正しくは七十九歳」（二七〇頁）と記した。

自由競争の経済学

三浦鉄太郎が恩師天野為之の七七日忌（四九日）に一文を展覧した。天野は経済雑誌の刊行に情熱的に関わってきた。彼は一八九五年一一月には『東洋経済新報』の創刊とともに客員となり、同誌の刊行が軌道に乗っていくに際して大いに貢献したのであった。三浦鉄太郎は東京専門学校で天野の講義を聴き、卒業後、東洋経済新報社に就職していた。

三浦の「天野為之先生を偲ふ」（一九三八）は、天野の講義の様子、経済学の概観、経済学と与する姿勢を伝えてくれる。


「天野先生の経済学の講義の進むにつれて、私利心と自由競争の理論が、段々解き明かされたので、これ又、……私には、この広大な理論に接して驚嘆し、それに強く刺激せられ、それからといふものは、……専ら天野先生に私淑する様になつた。こうなつたのは、矢張り、先生の徹底せる人格の力が、自ら講義の中に現はれて、それに引付けられたのである。私としては、意外な遭遇であつたと同時に、予期せない果報を拾つた訳である。」（五頁）

「天野先生が始て早稲田の教壇に立たれたのは二三歳、また洛陽の紙価を高からしめ、実に書肆冨山房の基礎を築いた程に売れた名著『経済原論』の公刊は二七歳の時であり、三一歳には第一回衆議院議員に選出せられ、三三歳の時『高等経済原論』としてミルの訳書を上梓した。しかも其の間幾多の著述がある。」（七頁）

「先生の経済学は古いとか新しくないとか、よく耳にした所であるが、ソンなことで先生を軽重するは当らない。新説の紹介位は、先生にして為さんと欲すれば容易の業であるに相違ない。だが、先生の目的は、最も難事とする経済上の理論の実際化にあつた。之に成功して、その社会に与へた影響の偉大であつたことは一般の知る所だ。だがわたしはこゝに、より遙かに貴重なものを先生は持たれてゐたと思ふ。それは先生の高邁な人格の力と徹底的な実践とに依て人に、人としての眼を開かせ、人としての心に火を点ずる、真の人の師たる資格を具へてゐたことだ。今日所謂学問の先生はザラにある。併し先生の如き人の師は殆ど見当たらない。」（一一―一二頁）

天野の講義から受ける印象は、『経済原論』（一八八六c）だけを読んだときの印象とはかなり異なるのかもしれない。ここで挙がっている翻訳書のミル『高等経済原論』（一八九一）は米ラフリン編集版（一八八四）であることに注意を喚起しておこう。三浦の「思い出」は朗々と続き、天野が議論好きであったこと、「学理と実際の調和」を目指す教育者であったことが伝わってくる。

英語圏での経済学の歴史的展開に照らせば、ミルの経済学も、天野の経済学も決して古くはなかった。ミルの『経済学原理』（初版一八四八年、第七版一八七一年）については、普及版が幾つか出版されるほどの強い生命力をもっていた。天野が翻訳対象にした米ラフリン版（一八八四）は大学学部レベルの入門書で、自由放任を強調する特徴をもっていた。一方で、英アシュレイ版（一九〇九）は上級生や研究者に読まれたようだ。イギリスで新古典派経済学者とみなされるA・マーシャルやW・S・ジェヴォンズが活躍するようになってからも、J・S・ミル『経済学原理』は読まれ続けていた。

ミルからケインズへ

そして、J・M・ケインズ自身の経済学の展開をみると、『貨幣改革論』（一九二三）では貿易や経常収支、為替相場の問題、各国での金利格差の問題を議論していた。ケインズは『貨幣論』（一九三〇）では、ヴィクセル（Knut Wicksell, 1851-1926）を参照したけれど、消費財物価水準と産出物価水準の決定方程式を軸にして、価格変化に導かれる産出量変化を考察していた。そして、『一般理論』（一九三六）を執筆したときには、ケインズはミルに近い枠組みを採用しながら、消費を減少させようとしたり貯蓄を増加させようとしたりすると、貯蓄 - 投資を均衡化させるように所得水準が調整されて、失業均衡が発生しうるという、ミルとは異なる結論（ケインズ経済学）を主張したのであった。

4　早稲田人、天野を語る

早稲田大学の人々が天野為之をポジティブに語り始めたのは、戦後のことである。その背景には、一九一七（大正六）年にいわゆる「早稲田騒動」が起こり、天野が高田早苗・市島謙吉（1860–1944）ら大学幹部と対立して早稲田大学と絶縁することになったことがあった。その前に天野の学長就任の背景と大学改革を『早稲田大学商学部百年史』（二〇〇四）、浅川と西田の『天野為之』に沿ってみておこう。

天野学長の大学改革

一九一四（大正三）年四月、大隈重信は一六年ぶりに組閣した。同年七月に第一次大戦が勃発し、日本は参戦した。翌一九一五年三月の総選挙で大隈与党は勝利して、五月九日に早稲田大学学長職にあった高田早苗は貴族院議員に勅選され、八月一〇日発足の改造内閣の文部大臣に就任した。高田は九日付で学長職を辞し、一四日に理事の一人だった天野が学長に就任した。商科からの新理事に田中穂積（1876–1944）が選任された。

九月二〇日に新旧学長交代の式が行われ、高田前学長は天野に全幅の信頼を寄せていることを表明した。「天野博士は申す迄もなく、此学校創立の当時よりして、坪内博士其他と共に、此早稲田に来つて教鞭を執られ、今日に至つた方であつて、我々と一心同体の一人であると云ふことは、諸君の能くご承知のことである。此人、後任となつて此学園を支配されると云ふことは、私に於て此上もない満足、又諸君に於ても此上ない喜びであると云ふことは申す迄もないことと思ふ」（『早稲田大学商学部百年史』三六頁）と。

高田は新学長が研究教育の設備を拡大し整頓する方針をもっていることも紹介した。実際、天野は学長として、研究室・実験室の整備拡張、図書館の増改築、大学の教育水準のレベルアップにつながる改革を実施した。天野は維持員会制度を含む大学の組織改革にも意欲を示し、大学意思決定に一般の教員がほとんど関与できない当時の制度を改革しようと意気込んだのであった。

早稲田騒動

一九一六（大正五）年一〇月、大隈内閣が総辞職し、高田も文部大臣を辞任した。天野学長の任期が翌一九一七年八月末までであることから、その後任に高田を復帰させようとする動きが始まった。浅川と西田が『天野為之』で述べたように、たしかに高田は一九一四年四月から一一月まで維持員会によって欧米に大学教育視察に派遣されるなど、学長としての期待が大きかった。天野はそのときも学長代理を務めており、高田は帰国後に学長職に復帰したのであった。しかし、今回は天野がそのまま改革に取り組むために学長職を継続することを希望したのであった。そのため、学内で高田派と天野派に二分される対立につながったのである。現代風にいえば、民主的改革を望まない人々が天野を支持しなかったといえる側面がある。とはいえ、世間からジャーナリスティックに注目されて、校友や学生の一部が天野派に加担して、「ついに革新団と称する一派が事務所に乱入し、講堂を占拠して授業を不能ならしめるという不祥事を惹起した」（『早稲田大学商学部百年史』三八頁）。

秋学期の授業開始が危惧される事態になってきて、文部省から圧力がかかり、この騒動により早稲田大学の存続が危機にさらされたのであった。その危機を回避するために、天野は学長任期満了とともに大学を辞任することに同意した。天野以外の五人の教授が解雇され、数名の教授・講師が辞任する危機的な状況になった。同大はすぐには新学長をおけず、校規改定調査委員会（渋沢栄一会長）に新学長選任の仕組みの審議を委ねたのであった。その後、天野は早実での教育活動にほぼ専念し、校長となって、実業家として成功した卒業生たちを招いて生徒たちに大いに刺激を与えたのであった。浅川と西田の『天野為之』によれば、天野自身は「自分のあのときの立場は、西南戦争における西郷のようなものだ」（二五七頁）ともらしたのみで、一言も説明しなかったと伝えている。学内外で天野を支持する人々が自発的に動き、天野はそれを静観するしかなかったようである。『早稲田大学百五十年史』（二〇二二）に関係者たちの証言を交えた詳しい解説があるが、商学部サイドからの見方と矛盾はしないと思う。

天野為之の再評価

第二次大戦後になってようやく天野は早稲田大学の中で復権してゆく。平田冨太郎の「天野為之——古典学派経済学の先駆者」が、早稲田大学創立七五周年を記念して出版された『近代日本の社会科学と早稲田大学』（一九五七）に収録された。幕末と明治時代における日本での西洋経済学の翻訳・紹介の様子が詳しく述べられており、貴重な資料となっている。

一九六一（昭和三六）年一一月一七日（金）に催された「天野為之生誕百年記念式典」も同様である。大濱信泉（のぶもと）（1891-1976）早稲田大学総長が式辞を述べた後、阿部賢一（1890-1983）理事、石橋湛山名誉博士・元首相、小泉信三元慶應義塾長が講演を行った。既述のように、このときに天野為之著『経済原論』（初版）が複製された。そして、『早稲田学報』（一〇月号）で「天野為之先生生誕百年記念特集」が組まれ、翌一九六二年の『早稲田大学図書館紀要』から三号にわたって、西田長壽らによる「天野為之先生雑誌掲載論文総目録」が掲載された。

次に、岡田純一の「経済学者としての天野為之――日本における経済科学の創始」（一九七五）がある。岡田の専門はフランス経済思想史であるが、商学部創設七五周年の折に、石橋湛山の「天野為之伝」（一九五〇）、浅川・西田の『天野為之』（一九五〇）、平田の「天野為之――古典学派経済学の先駆者」（一九五七）を検証するかたちで書き進められ、天野を「日本における経済学の創始者」と最初に位置づけた論文になった。岡田の一九七五年の論文は『早稲田商学』に掲載され、その主張は『早稲田大学商学部九十年史』（一九九六）で再確認され、『早稲田大学商学部百年史』においては、宮島英昭と花井俊介の「商学部沿革史（一）」だけではなく、嶋村紘輝他の「部門別学問発達史――経済学」においても、継承された。

ただ一点、岡田の一九七五年の論文が、長幸男・住谷一彦編『近代日本経済思想史』（一九六九）などに代表される、当時の日本経済思想史研究の方法や流れを反映して、「日本への経済学の導入史をみる」というかたちで研究を進めていたことは強調しておきたい。岡田の専門はフランス経済思想史であり、天野の経済学にはフランス経済学の影響はほとんどみられない。それゆえ、岡田には天野が見落としたものが多々あると感じられたのだと思う。

写真８－１　「天野為之と早稲田大学展」の開催（2011年秋）

出典：筆者撮影。

この本では、フランスの経済思想史自体が、イギリスの経済思想史とは異なる、つまりフランスとイギリスで歴史認識に相違がある、ということを強調しておきたい。二〇一〇（平成二二）年、あるフランス人経済学史家によれば、フランスで経済思想史を教える際には、経済表で有名なケネー（François Quesnay, 1694-1774）や、「農業こそが価値を生み出す」と主張する重農主義から始めることが多いようで、功利主義思想あたりでイギリス経済思想史と重なり合うとのことであった。フランスでは一九世紀にクールノー、デュピュイ、ワルラスにより、グラフや連立方程式体系を使う経済分析が展開されたことが特筆に値するのである。二〇世紀の経済学については、外国の経済学者たちも視野に入り、Ｊ・Ｍ・ケインズやＭ・フリードマン（Milton Friedman, 1912-2006）も紹介されるとのことであった。もっとも佐藤信淵（のぶひろ）（1769-1850）や二宮尊徳の農業経済思想に注目すれば、フランスの重農主義との比較がなされて日仏経済思想の共通点はさらに探られたことであろう。

早稲田大学の中での天野の位置づけについては、『早稲田大学百五十年史』（第一巻）、『早稲田大学百年史』（第一巻）などが、商学部創設者としての天野については、『早稲田大学商学部百年史』『早稲田大学商学部九十年史』などが参照される。学問研究と職業教育の両立を目指す「学理と実際の調和」「道徳の重要性」は、商学部では当然の如く継承されていて、「商学部の伝承（oral tradition）」となっていることは強調しておきたい。

二〇一一（平成二三）年秋には「天野為之と早稲田大学展」（写真8－1）が開催されたことは、天野研究を進めて、どのようにまとめるかについて大いに参考になったことを記しておきたい。

5　歴史家、天野をとらえる

天野為之とJ・S・ミル

天野為之が亡くなる少し前、明治期の経済学史を研究した堀経夫（つねお）（1896-1981）の『明治経済学史』（一九三三）の中で、経済学者としての天野と彼の『経済原論』（一八八六c）がさっそくカバーされた。そして、堀の『明治経済思想史』（一九七五）では天野の『商政標準』（一八八六d）がとりあげられ、天野が自由放任主義を基本としながら、その例外として種々の商業政策（規制・規格政策）の策定を唱えていたと解説した。井上琢智（たくとし）の『黎明期日本の経済思想』（二〇〇六）でも、天野は注目される経済学者の一人として記されていくものの、詳論はない。その理由は、天野の著書・講述書が早稲田以外では入手困難であり、明治期の日本語が難解であったことが災いしたことは明らかである。

早坂忠は、岡田純一に先んじて、天野研究に取り組み始めていた。東京大学教養学部で「西洋文明と日本」と題する特集が組まれ、早坂は「西欧経済学と日本（一）」（一九六八）を寄稿した。一方で彼は、「西欧経済学の流入は日本人のものの考え方に大きな変化をもたらしたか」と問題を立てて文献を渉猟し、歴史的文脈の中で考察し、否定的な結論にたどりついた。彼は他方で「明治以来日本人の経済的なものの考え方には大きな変化があった」ことは認め、「その大部分は経済体制の変化から来たものであった」（四七頁）とした。

早坂はその歴史研究の中で、天野為之の経済研究に出合い、その大きさに気づいたのであった。「天野為之とJ・S・ミル」と題する論考を、『教養学科紀要』（一九七二）と『外国語科研究紀要』（一九八一―八四）に、序説を含めて五回連載した。ジョン・ネヴィル・ケインズの『経済学の領域と方法』、サイエンス（science）とアート（art）をめぐる議論を含めて、イギリス経済思想史や大陸の経済文献の英訳にも目配りしたうえで、明治文献からは漢字カタカナ交り文をそのまま多数引用して天野経済学を検討したのであった。

天野為之と経済雑誌

早坂に続いて杉原四郎が、天野為之に視線を向けた。杉原は日本研究だけではなく、J・S・ミルを中心にイギリス経済思想を研究した人としてもよく知られていたので、天野に関心をもったのも不思議ではない。杉原は、経済学の知識の普及には経済雑誌が大きな役割を果たしてきたことに注目しており、彼の『日本の経済雑誌』（一九八七）や、岡田和喜との共編『田口卯吉と「東京経済雑誌」』（一九九五）でも、『東洋経済新報』に多くの記事を寄せた天野に言及していた。杉原は杉山忠平と水田洋が編集した英文論集『啓蒙を超えて――ポリティカル・エコノミーの日本への到来』（*Enlightenment and Beyond : Political Economy Comes to Japan*, 1988）に『日本の経済雑誌』の縮約英語版を寄稿した。大森郁夫は同巻で、天野や東京専門学校が経済学の知識普及に大きな役割を果たしたことを論証していることも記しておきたい。

杉原は「天野為之の経済思想――『勤倹貯蓄新論』を中心にして」と題する一章を、彼自身の『日本の経済思想家たち』（一九九〇）に収めている。杉原は石橋の「天野為之伝」（一九五〇）から始めて、経済ジャーナリストとしての天野、早稲田実業中学の校長となった教育者としての天野に注目した。天野は英語で専門的知識をえた人としてとらえられており、天野に近かった小野梓が功利主義思想を中心にイギリス思想の知識が豊かだったことが注目される一方で、天野が訳したミル『経済原理』がアメリカのラフリン版（一八八四）であったことも承知していた。そのうえで、天野独自の議論としての「勤倹貯蓄新論」に関心をもったようである。天野に関連するものとして、杉原の「フェノロサの東京大学講義――阪谷芳郎の筆記ノートを中心として」（一九七三）も注目される。

藤井隆至編『日本史小百科　近代経済思想』（一九九八）には、中村宗悦が「フェノロサ」「天野為之」の項目を寄稿している。日本経済思想史研究者は天野や経済雑誌の威力を忘れてはいなかった。しかし、国会図書館の明治期デジタルライブラリーに天野の著述がアップロードされるまで、その全貌はとらえにくく、天野の貢献が注目されなかったのである。書籍の電子化は新しい作品を生み出すだけではない。アクセスが困難だった古い書籍を蘇らせることもできるのである。今、天野の著書にアクセスすることによって、経済学の歴史に対する理解が変わりうることは間違いないと思われる。

参考文献

天野為之の著書・論文・訳書・口述書

天野為之（一八八四）『徴兵論』東洋館.

天野為之（一八八六a）「経済学の必要」『中央学術雑誌』（二一）：一―八、（二二）：一九―二四.

天野為之（一八八六b）「銀行原理」（東京専門学校講義録）『中央学術雑誌』（二一）―（三五）連載.

天野為之（一八八六c）『経済原論』冨山房．複製版、早稲田大学、一九六一年.

天野為之（一八八六d）『商政標準』冨山房.

天野為之（一八九〇a）『経済学研究法』（政治学経済学法律学講習全書の内）博文館.

天野為之（一八九〇b）『銀行論』（坪内善四郎編修）博文館.

天野為之（一八九一）『高等経済原論』（ジェー・エル・ラフリン編／ジェー・エス・ミル著）冨山房.

天野為之（一八九七a）『経済学研究法』（ジェー・エヌ・ケインズ著）東京専門学校出版部.

天野為之（一八九七b）『国民銀行論』（エッチ・ダブリユー・ウォルフ著、校閲）東京専門学校出版部.

天野為之（一八九九）『財政学』（コーン著、植松考昭訳、天野為之補訳）冨山房.

天野為之（一九〇一）『勤倹貯蓄新論』（講義）寶永館書店.

天野為之（一九〇二）『経済学綱要』東洋経済新報社．嵆鏡訳『理財学綱要』（漢文版）東京：文明編訳印書局.

天野為之（一九一〇）『経済策論』実業之日本社.

天野為之（一九二二）「新卒業生に対する訓示」『大成』大正一一年三月号、一五―二二．

天野為之（一九二五）「新卒業生に対する訓示」『大成』大正一四年九月号、一七―二四．

天野為之編（一九一三）『実業新読本』全五巻、改訂版（冨山房作成）．初版、明治図書作成、一九一一年．（二〇一四年七月時点で早稲田実業学校に残っていたのは、改訂版の全五巻と初版の第五巻であった．）

天野為之謹輯・西村茂樹校定［一八九三］（一八九四）『小学修身経　尋常科生徒用』冨山房．

天野為之謹輯・西村茂樹校定（一八九四）『小学修身経　高等科生徒用』冨山房．

東京専門学校または早稲田大学出版部発行講義録（明治期　作成年次不詳）――

『経済原論』、『経済原論』（フォーセット原著）、『銀行論』、『経済学研究の方法』、『為替論』、『経済史』、『公債論』、『公債論』（アダムス原著）、『経済学の性質』（コッサ原著）、『商政論』、『外国為替論』、『外国貿易論』、『米国租税論』、『貨幣論』、『経済学史』．

天野為之の翻訳書の原著

アダムス（一八九〇）Adams, Henry Carter (1890) *Public Debts : An essay in the science of finance*, New York: D. Appleton, 1890. 天野為之訳『公債論』（東京専門学校行政科第一四回二学年講義録）、東京専門学校出版部、一九〇一年．

コーン（一八八九）Cohn, Gustav von (1889) *System der Finanzwissenschaft*, Stuttgart: F. Enke. *The Science of Finance*, translated by T. B. Veblen, Chicago: University of Chicago Press, 1895. 植松考昭訳、天野為之補訳『財政学』冨山房、一八九九年．

コッサ（一八七八）『政治経済学研究ガイド』Cossa, Luigi (1878) *Guida allo studio dell'economia politica, 2a edizione corretta ed aumentata*, Milano: Ulrico Hoepli. *Guide to the study of political economy*, translated from the 2nd Italian ed. by Louis Dyer with a preface by W. Stanley Jevons, London: Macmillan and Co., 1880. 天野為之コッサ講義・利光孫太郎編集『経済学の性質』未公刊印刷物、早稲田大学図書館所蔵（明治二一年四月二七日寄贈）.

フォーセット（ホーセット）（一八六三）Fawcett, Henry (1863) *Manual of Political Economy*, London: Macmillan and Co. 天野為之述、山沢俊夫編『経済原論』（東京専門学校政治科第一年級講義録）東京専門学校、一八八八年.

ケインズ（キエーンス）、ジョン・ネヴィル（一八九一）『経済学の領域と方法』Keynes, John Neville (1891) *The Scope and Method of Political Economy*, London: Macmillan. 天野為之訳『経済学研究法』東京専門学校出版部、一八九六年.（上宮正一郎訳『経済学の領域と方法』日本経済評論社、二〇〇〇年.）

ラフリン編、ミル著（一八八四）『経済学原理』Mill, J. S., *Principles of Political Economy*, abridged, with critical, bibliographical, and explanatory notes, and a sketch of the history of political economy by J. Laurence Laughlin, New York: D. Appleton, 1884. 天野為之訳『高等経済原論』冨山房、一八九一年.

ウォルフ（一八九三）Wolff, Henry W. (1893) *People's Banks : A record of social and economic success*, London: Longmans, Green. 東京専門学校編集部訳・天野為之校閲『国民銀行論』東京専門学校出版部、一八九七年. 柏原文太郎訳・天野為之校閲、一九〇一年.

全体参考文献（二章以上にまたがる文献）

「天野為之先生生誕百年記念特集」『早稲田学報』（一九六一年一〇月号）.

浅川榮次郎・西田長壽（一九五〇）『天野為之』実業之日本社.

朝河貫一（一九〇四c）Asakawa, K. (1904c) *The Russo-Japanese Conflict : Its Causes and Issues*, Boston and

New York: The Riverside Press, Cambridge. (Project Gutenberg eBook http://www.gutenberg.org/ebooks/57931) 米田富太郎・佐藤寛訳『露日紛争』『中央学院大学社会システム研究所紀要』第六―一〇巻に連載、二〇〇六―〇九年．

朝河貫一（一九〇九）『日本の禍機』実業之日本社．由良君美校訂・解説、講談社学術文庫、一九八七年．

アシュレイ編、ミル著（一九〇九）『経済学原理』Mill, John Stuart (1909) *Principles of Political Economy: with some of their applications to social philosophy*, edited with an introduction by Sir William Ashley, London: Longmans, Green, 1909. (New York: A. M. Kelley, bookseller, 1965.)

ベラー（一九五七）Bellah, Robert N. (1957) *Tokugawa Religion: The values of pre-industrial Japan*, Glencoe, Ill.: Free Press. 堀一郎・池田昭訳『日本近代化と宗教倫理――日本近世宗教論』未來社、一九六二年．池田昭訳『徳川時代の宗教』岩波文庫、一九九六年．

福澤諭吉（一八六六）『西洋事情　初編』、『福澤諭吉著作集』第一巻収録．

福澤諭吉（一八六八）『西洋事情　外編』、『福澤諭吉著作集』第一巻収録．

福澤諭吉（一八七〇）『西洋事情　二編』、『福澤諭吉著作集』第一巻収録．

福澤諭吉（二〇〇二―〇三）『福澤諭吉著作集』全一二巻、慶應義塾大学出版会．

福住正兄筆記（一八八四―八七）『二宮翁夜話』静岡報徳社．児玉幸多訳、中央公論社、二〇一二年．Ninomiya, Sontoku (1937) *Sage Ninomiya's Evening Talks*, tr. by Isoh Yamagata, Westport, Conn.: Greenwood Press.

池尾愛子（一九九四）『二〇世紀の経済学者ネットワーク――日本からみた経済学の展開』有斐閣．

池尾愛子（二〇〇六）『日本の経済学――二〇世紀における国際化の歴史』名古屋大学出版会．

池尾愛子（二〇一二）「天野為之と『マクロ経済学』の形成――経済学史上の再評価」『早稲田商学』（四三一号）：六四五―六八三．

池尾愛子（二〇一四）『日本のエコノミック・サイエンスの歴史』Ikeo, Aiko (2014) *A History of Economic Science in Japan: The Internationalization of Economics in the Twentieth Century*, London: Routledge.

池尾愛子（二〇一五）「天野為之と日本の近代化——明治期の経済学者、ジャーナリスト、教育者」『早稲田商学』（四四一／四四二）：三一三—三三九．

池尾愛子（二〇一七）『グローバリゼーションがわかる』創成社．

池尾愛子（二〇二〇）「天野為之と東洋経済新報」『早稲田商学』（四五九）：一—五〇．

石橋湛山（一九三八）Ishibashi, Tanzan (1938), "Death of Dr. Amano", *The Oriental Economist*, April, pp. 213-214.

ジェヴォンズ（一八七一）『セオリー・オブ・ポリティカル・エコノミー』Jevons, W. S. (1871) *The Theory of Political Economy*, London. Second edition, 1879. Fourth edition, 1911. Fifth edition, 1957. Augustus M. Kelley, 1965. 小泉信三訳『経済学の理論』日本経済評論社、一九一三年．小泉信三・寺尾琢磨・永田清訳、寺尾琢磨改訳、一九八一年．

ケインズ、ジョン・メイナード（一九二三）Keynes, J. M. (1923) *A Tract on Money*, London: Macmillan. The Collected Writings of John Maynard Keynes, London: Macmillan (hereafter, *CW*) vol. 4. 中内恒夫訳『貨幣改革論』東洋経済新報社、一九七八年．

ケインズ、ジョン・メイナード（一九三〇）『貨幣論』Keynes, J. M. (1930) *A Treatise on Money*, 2 vols., London: Macmillan. *CW* vol. 5-6. 小泉明・長沢惟恭訳『貨幣論Ⅰ』、長沢惟恭訳『貨幣論Ⅱ』東洋経済新報社、一九七九、一九八〇年．

ケインズ、ジョン・メイナード（一九三六）『一般理論』Keynes, John Maynard (1936) *The General Theory of Employment, Interest and Money*, London: Macmillan. *CW* vol. 7. 塩野谷九十九訳、東洋経済新報社、

一九四一年．塩野谷祐一改訳『雇用・利子および貨幣の一般理論』一九八三年．（引用頁数は全集版による．）

木下恵太（二〇一二）「二〇一一年度秋季企画展『早稲田四尊生誕百五十周年記念天野為之と早稲田大学展』」『早稲田大学史記要』（四三）：一九一―二〇七．

小西四郎（二〇〇六）『開国と攘夷』（「日本の歴史」第一九巻）中央公論社．初版、一九六六年、文庫本初版、一九七四年、改版、二〇〇六年．

前田正名（一九七八）『興業意見・所見他』（明治大正農政経済名著集①）農村漁村文化協会．

前田正名他編（一八八四）『興業意見』農商務省．

マンデヴィル（一七一四）Mandeville, Bernard de (1714) *The Fable of The Bees : or, Private Vices, Public Benefits*, London: Cengage Gale. 泉谷治訳『蜂の寓話――私悪すなわち公益』［正］法政大学出版局、一九八五年．

松野尾裕（一九九六）『田口卯吉と経済学協会――啓蒙時代の経済学』日本経済評論社．

松島茂（二〇一二）「前田正名『興業意見』再考」『日本経済思想史研究』（一二）：二一―三四．

ミル（一八四八）『経済学原理』Mill, John Stuart (1848) *Principles of Political Economy : with some of their applications to social philosophy*, London: J. W. Parker. The sixth edition, 1865. The seventh edition, 1871. 末永茂喜訳『経済学原理』全五巻、岩波書店、一九五九―六三年．

文部省（一九七二）『学制百年史』帝国地方行政学会．文部科学省サイト　https://www.mext.go.jp/（二〇二三年三月二一日閲覧）．

西田長壽・高野善一・杉本富士夫「天野為之先生雑誌掲載論文総目録」『早稲田大学図書館紀要』第四号（一九六二年一二月）―第六号（一九六四年一二月）．

大日方純夫（二〇一二）『自由民権期の社会』敬文舎．

大日方純夫（二〇一六）『小野梓――未完のプロジェクト』冨山房インターナショナル．

小野梓（一八八二―八六）『国憲汎論』全三巻、東京：博文堂．早稲田大学大学史編集所編『小野梓全集』第一巻、早稲田大学出版部、一九七八年．

ロッシャー（一八七八）『経済学原理』Roscher, William（1878）*Principles of Political Economy*, translated by John J. Lalor（from the French translation）from the thirteenth German edition（1877）. New York: Henry Holt & Co.

シーボルト、アレキサンダー編集（一八八六）「普国参議院弁」『中央学術雑誌』四月一〇日号．

杉原四郎（一九七三）「フェノロサの東京大学講義――阪谷芳郎の筆記ノートを中心として」『季刊社会思想』二（四）：一〇三七―一〇五三．

杉原四郎（一九八七）『日本の経済雑誌』日本経済評論社．

杉原四郎（一九八八）「日本の経済雑誌」Sugihara, Shiro（1988）"Economists in journalism: Liberalism, nationalism and their variants." 杉山忠平・水田洋編（一九八八）に収録．

杉原四郎（一九九〇）『日本の経済思想家たち』日本経済評論社．

杉原四郎・岡田和喜編（一九九五）『田口卯吉と「東京経済雑誌」』日本経済評論社．

スメサースト（二〇〇七）Smethurst, J. Richard（2007）*From Foot Soldier to Finance Minister : Takahashi Korekiyo, Japan's Keynes*, Cambridge, Mass.: Harvard University Asia Center: Distributed by Harvard University Press. 鎮目雅人・早川大介・大貫摩里訳『高橋是清：日本のケインズ――その生涯と思想』東洋経済新報社、二〇一〇年．

スミス（一七七六）Smith, Adam（1776）*An Inquiry into the Nature and Causes of the Wealth of Nations*, Two volumes, Glasgow Edition, Oxford: Springville; Utah: Liberty Press, 1981. 山岡洋一訳『国富論』上下、日本経済新聞出版社、二〇〇七年．

杉山忠平・水田洋編（一九八八）『啓蒙を超えて――ポリティカル・エコノミーの日本への到来』Sugiyama, Chuhei and Hiroshi Mizuta eds. (1988) *Enlightenment and Beyond : Political Economy Comes to Japan*, University of Tokyo Press.

高橋是清（一九三六）『高橋是清自伝』千倉書房．中公文庫、上下、一九七六年．（引用頁は、中公文庫版による．）

田中王堂（一九一一）『二宮尊徳の新研究』弘文堂書店．再版『ヒュウマニスト二宮尊徳』（序　石橋湛山）、『田中王堂選集』第三冊、関書院、一九四八年．

東京大学百年史編集委員会（一九八六）『東京大学百年史　部局史二』東京大学．

東京帝国大学（一九三二）『東京帝国大学五十年史』上下、東京帝国大学．

早稲田大学大学史編集所（一九七八）『早稲田大学百年史』第一巻、早稲田大学出版部．

早稲田大学百五十年史編纂委員会（二〇二二）『早稲田大学百五十年史』第一巻、早稲田大学出版部．

早稲田大学商学同攻会編（一九九六）『早稲田大学商学部九十年史』早稲田大学商学同攻会．

早稲田大学商学部百年史編集委員会（二〇〇四）『早稲田大学商学部百年史』早稲田大学商学部．

ウェーランド（一八三七）『経済書』Wayland, Francis (1837) *The Elements of Political Economy*, Boston: Gould and Lincoln. Revised edition.

山内晴子（二〇一〇）『朝河貫一論――その学問形成と実践』早稲田大学出版部．

はしがき

北口由望（二〇一四、二〇一八）「明治初期のイェール大学日本人留学生――田尻稲次郎が学んだカリキュラムを中心に（一）（二）」『専修大学史紀要』（六）：一―一七、（一〇）：一―二二．

三島憲之（二〇〇二―〇四）「和田垣謙三と明治・大正期の経済学界（一）――和田垣の経歴と活動を中心に」

（一）～（三）『東北公益文科大学総合研究論集』（四）：二七―五〇、（五）：一四三―一六五、（七）：七三―九四．

森田右一（一九九〇）『わが国財政制度の近代化――財務官僚の研究』霞ケ関出版．

セリグマン総編集（一九三〇―三五）『社会科学事典』Seligman, Edwin R. A. et al. eds. (1930-1935) *The Encyclopaedia of the Social Sciences*, 15 volumes, New York: Macmillan.

戸田貞三（一九三〇）「日本の社会科学」Toda, Teizo (1930) 'Japan.' セリグマン総編集（一九三〇―三五）第一巻、三二一―三二三．

第一章　天野為之と唐津

ギファード（一九九四）『列強の中の日本、一八九〇―一九九〇年』Giffard, Sydney (1994) *Japan Among the Powers, 1890-1990*, New Haven and London: Yale University Press.

五野井隆史（二〇一四）『島原の乱とキリシタン』（敗者の日本史　一四）吉川弘文館．

グラムリッヒ‐岡（二〇一〇）「藩医と将軍による政策」Gramlich-Oka, Betina (2010) "A domain doctor and Shogunal policies". In Gramlich-Oka and Smits eds. *Economic Thought in Early Modern Japan*, Leiden and Boston: Brill, pp. 111-156. 川口浩／ベティーナ・グラムリヒ＝オカ編、田中アユ子・安野正士訳『日米欧からみた近世日本の経済思想』岩田書院．

早川和見（二〇一一）『古賀藩』（シリーズ藩物語）現代書館．

日野清三郎著・長正統編（一九六八）『幕末における対馬と英露』東京大学出版会．

堀出一郎（一九九九）『鈴木正三――日本型勤勉思想の源流』麗澤大学出版会．

池尾愛子（二〇二一）「天野為之と唐津」『早稲田商学』（四六一）：一―二七．

井上清（二〇〇六）『明治維新』（「日本の歴史」第二〇巻）中央公論社．初版、一九六六年、文庫本初版、一九七四年、改版、二〇〇六年．

石井進・服部英雄編集（二〇〇〇）『原城発掘――西海の王土から殉教の舞台へ』新人物往来社．

岩垣松苗（一八七四）『国史略』京都：藤井孫兵衛．（高橋是清が読んだ版は不明．）

岩井弘融（一九九二）『開国の旗手　小笠原長行』新人物往来社．

岩生成一（二〇〇五）『鎖国』（「日本の歴史」第一四巻）中央公論社．初版、一九六六年、文庫本初版、一九七四年、改版、二〇〇五年．

神田千里（二〇一八）『島原の乱――キリシタン信仰と武装蜂起』講談社学術文庫．中公新書、二〇〇五年．

唐津商工会議所編（二〇一二）『唐津探訪』（「唐津検定」公式本）唐津商工会議所、改訂版．

唐津市史編纂委員会（一九六二）『唐津市史』唐津市、非売品．

唐津市教育委員会（二〇一八）「明治維新一五〇年　唐津の明治維新と近代化」唐津市教育委員会．二〇一八～二一年頃まで唐津市サイトにも掲載．

北岡伸一（二〇二〇）『明治維新の意味』新潮選書．

北島正元（二〇〇六）『幕藩制の苦悶』（「日本の歴史」第一八巻）中央公論社．初版、一九六六年、文庫本初版、一九七四年、改版、二〇〇六年．

小宮睦之（一九六六）「唐津藩」児玉幸多・北島正元編『九州諸藩』（物語藩史、第二期第七巻）、人物往来社、一五三―四五二．

真鍋重忠（一九七八）『日露関係史　一六九七～一八七五年』吉川弘文館．

松下芳男（一九五六）『明治軍制史論』有斐閣．

小笠原壱岐守長行編纂会編（一九四三）『小笠原壱岐守長行』東京：市川銑造（非売品）．国立国会図書館デジタ

ルコレクション、デジタル化日 二〇一〇年三月三一日.（高橋是清が読んだ版は不明.）
頼山陽（一八二九）『日本外史』大坂：秋田屋他.
佐伯弘次編（二〇〇六）『壱岐・対馬と松浦半島』吉川弘文館.
サトウ（一九二一）Satow, Earnest Mason (1921) *A Diplomat in Japan*, London: Seeley, Service & Co. 坂田精一訳『一外交官の見た明治維新』上下、岩波書店、一九六〇年.
瀬野精一郎・新川登亀男・佐伯弘次・五野井隆史・小宮木代良（二〇一二）『長崎県の歴史』第二版、山川出版社.
司馬遼太郎（一九七六）『花神』上中下、新潮文庫.
司馬遼太郎（一九八三）『肥前の諸街道』（街道をゆく 一一）朝日文庫.
司馬遼太郎（二〇〇八）『壱岐・対馬の道』（街道をゆく 一三）朝日文庫.
司馬遼太郎（二〇〇八）『島原・天草の諸道』（街道をゆく 一七）朝日文庫.
衆議院事務局編纂（一八九二）『選挙干渉ニ関スル参考書類目録』国立国会図書館デジタルコレクション.
シーボルト（一八三二）『ニッポン』Siebold, Ph. Er. von Earnest (1832) *Nippon : Archiv zur Beschreibung von Japan und dessen Neben- und Schutzländen*, 2 Volumen, Würzburg und Leipzig: L. Woerl. 出版年について諸説あり. 中井晶夫他訳『日本』雄松堂書店、全九巻、一九七七—七九年.
ジーボルト（一九〇三）*Ph. Er. Von Earnest Siebold's Letzte Reisen nach Japan 1859-1862*, von Seinem Ältesten shone Alexander Freiherrn von Siebold, Berlin: Verlag von Kisak Tamai. 斉藤信訳『ジーボルト最後の日本旅行』（東洋文庫 三九八）平凡社、一九八一年.
末木孝典（二〇一二）「明治二十五年・選挙干渉事件と大木喬任——佐賀県を事例として」『近代日本研究』（慶應義塾福沢研究センター）二八：二九七—三三〇頁.
杉谷昭・佐田茂・宮島敬一・神山恒雄（二〇一八）『佐賀県の歴史』第二版、山川出版社.

田代和生（二〇一八）「近世の日朝関係」『日本學士院紀要』第七二巻特別号、二五一―二六〇.
辻達也（二〇〇五）『江戸開府』（「日本の歴史」第一三巻）中央公論社．初版、一九六六年、文庫本初版、一九七四年、改版、二〇〇五年.
鶴田啓（二〇〇六）『対馬からみた日朝関係』（日本史リブレット四一）山川出版社.
『末盧国』（唐津市の郷土史誌）久敬社にて閲覧の機会をいただいた.
平戸市生月町博物館「島の館」サイト https://www.hira-shin.jp/shimanoyakata/（二〇二三年三月二二日閲覧）.
久敬社塾サイト http://kyukeisha.com/about/history.php（二〇二三年二月一二日閲覧）.
松浦史料博物館サイト「松浦家年表」http://www.matsura.or.jp/rekishi/nenpyo/（二〇二三年二月一二日閲覧）.
長崎県サイト https://www.pref.nagasaki.jp/（二〇二三年三月二二日閲覧）.
日本捕鯨協会サイト http://whaling.jp/intro.html（二〇二三年二月一二日閲覧）.
帝国議会会議録検索システム https://teikokugikai-i.ndl.go.jp/#/（二〇二二―二三年に利用）.
唐津や周辺の歴史については、特に、唐津商工会議所編『唐津探訪』（二〇一二）、唐津市史編纂委員会編『唐津市史』（一九六二）、岩生成一『鎖国』（二〇〇五）、辻達也『江戸開府』（二〇〇五）、杉谷昭他『佐賀県の歴史』（二〇一八）、瀬野精一郎他『長崎県の歴史』（二〇一二）、『末盧国』に負っている。

第二章　英語での経済学

ケアンズ（一八七四）『経済要義』Cairnes, John E.（1874）*Some Leading Principles of Political Economy*, London: Macmillan.
チャーチ（一九六五）「一八九一～一九〇二年のハーバード経済学」Church, Robert I.（1965）"The economist study society: Sociology at Harvard, 1891-1902". Paul Buck ed., *Social Sciences at Harvard, 1860-*

1920 : From Inculcation to the Open Mind, Cambridge, MA: Harvard University Press, pp. 18-90.

クールノー（一八三八）Cournot, A.（1838）*Recherches sur les principes mathématiques de la théorie des richesses*, Paris: L. Hachette. 中山伊知郎訳『富の理論の数学的原理に関する研究』東京：同文舘、一九三六年．Tr. as *Researches into the Mathematical Principles of the Theory of Wealth*, Reprint of the 1927 edition, New York: A. M. Kelley, 1971.『中山伊知郎全集』第三巻、講談社、一九七三年、所収．

太宰春台（一七二九）『経済録』．『太宰春台』（近世社会経済学説体系7）中村孝也改題、横川四郎編輯、誠文堂新光社、一九三五年に収録．

デューイ（一九二〇）Dewey, John（1920）*Reconstruction in Philosophy*, New York: H. Holt. 中島慎一訳『哲学の改造』岩波書店、一九二一年．千葉命吉訳、同文舘、一九二一年．清水幾太郎・清水礼子訳、岩波書店、一九六八年．河村望訳『哲学の再構成』（デューイ＝ミード著作集、第二巻）人間の科学社、一九九五年．

デュピュイ（一八四四）Dupuit, A. J. É. J.（1844）"De la measure de l'utilité des travaux publics. *Annales des Ponts et Chaussées*," 2e semestre, 332-375. 中山伊知郎訳「公共的労務利用の測定に就いて」『商学研究』四（一）、一九二四年．『中山伊知郎全集』第三巻、講談社、一九七三年、所収．

デュピュイ（一八四九）Dupuit, A. J. É. J.（1849）"De l'influence des péages sur l'utilité des vois de communication," *Annales des Ponts de Chaussés*, 1er semestre, 170-248. 中山伊知郎訳「交通機関の利用に及ぼす使用料の影響に就いて」『商学研究』四（二―三）、一九二四年．『中山伊知郎全集』第三巻、講談社、一九七三年、所収．

ヒックス（一九三九）Hicks, J. R.（1939）*Value and Capital*, Oxford: Oxford University Press. The second edition, 1946. 安井琢磨・熊谷尚夫訳『価値と資本』岩波書店、一九五一年．

小泉仰（一九八八）『ミルの世界』講談社学術文庫．

池田幸弘（一九九五）「経済思想史の中のロッシャー『経済学原理』」Ikeda, Yukihiro (1995) "Roscher's Grundlagen in the history of economic thought." *Journal of Economic Studies*, 209-220.

伊東多三郎（一九七五）「羅山と物読み坊主」『日本思想体系　月報』四九：一―三、九月．

伊東多三郎（一九八三）『近世史の研究』第三冊「文化論・生活論・学問論・史学論」吉川弘文館．

貝原益軒（一七一四）『慎思録』．益軒会編纂『益軒全集』第二巻（益軒全集刊行部、一九一〇年）に収録．伊藤友信現代語訳、講談社文庫、一九九六年．

ケインズ、ジョン・メイナード（一九二一）Keynes, J. M. (1920) *A Treatise on Probability*, London: Macmillan. *CW* vol. 8. 佐藤隆三訳『確率論』東洋経済新報社、二〇一〇年．

クーン（一九五七）Kuhn, Thomas S. (1957) *The Copernican Revolution: Planetary Astronomy in the Development of Western Thought*, Cambridge, Mass.: Harvard University Press. 常石敬一訳『コペルニクス革命――科学思想史序説』紀伊國屋書店、一九七六年．講談社学術文庫、一九八九年．

前橋孝義訳（一八八五）「経済上快楽苦痛の尺度を論す――せぼん氏経済論」『中央学術雑誌』（一）：二三―二五、（二）：二一―二三．

眞壁仁（二〇〇七）『徳川後期の学問と政治――昌平坂学問所儒者と幕末外交変容』名古屋大学出版会．

間宮國夫（一九八二）「小野梓の経済思想」『早稲田法学』五七（三）：一五七―一八〇．

マーシャル（一八九〇）Marshall, A. (1890) *Principles of Economics*, London: Macmillan. Eighth edition, 1920. 大塚金之助訳、一九二二年．馬場啓之助訳『経済学原理』東洋経済新報社、一九六五―六七年．

マーシャル、マーシャル（一八七九）『エコノミクス・オブ・インダストリー』Marshall, A. & M. Marshall (1879) *The Economics of Industry*, London: Macmillan. Second edition, 1881. 橋本昭一訳『産業経済学』関西大学出版部、一九八五年．

メイソン、ラモント（一九八二）「初期のハーバード大学の経済学」Mason, Edward S. and Thomas S. Lamont (1982) "The Harvard Department of Economics from the beginning to the World War II", *Quarterly Journal of Economics*, 97(3): 383-433.

メンガー（一八七一）Menger, Carl (1871) *Grundsotze der Volkswirtschaftslehre*, Vienna: Braumüller. 安井琢磨訳『国民経済学原理』日本評論社、一九三七年．安井琢磨・八木紀一郎訳、日本経済評論社、一九九九年．

ミル（一八五九）『自由論』Mill, J. S. (1859) *On Liberty*, London: Longman, Green, Roader and Dyer. 4th edition, 1869. 中村正直改訳『自由之理』東京：木平譲、一八七七年．

ミル（一八六一）Mill, J. S. (1861) *Utilitarianism, Fraser's Magazine*, London: Parker, Son & Bourn, West Strand, 1863. 川名雄一郎・山本圭一郎訳『功利主義論集』京都大学学術出版会、二〇一〇年．

大日方純夫（一九九一）『自由民権運動と立憲改進党』早稲田大学出版部．

大日方純夫（二〇一五）「小野梓の米英留学――履歴事項の検証と確定」『早稲田大学史記要』（四六）：一九―三五．

ラッセル（一九三〇）Russell, Bertrand (1930) *The Conquest of Happiness*, London: George Allen & Unwin Ltd. 安藤貞雄訳『幸福論』岩波文庫、一九九一年．

シュヴェグラー（一八四八）Schwegler, Albert (1848) *Geschichte der Philosophie im Umriss: ein Leitfaden zur Uebersicht*, Stuttgart: Franck. *A History of Philosophy in Epitome*, translated by Julius H. Seelye, New York: D. Appleton and Company; London: 16 Little Britain, 1856. Revised from the 9th German edition with an appendix by Benjamin E. Smith, 1884. *Handbook of the History of Philosophy*, translated by James Hutchison Stirling, LL.D, Edinburgh: Oliver and Boyd; London: Simkin, Marshall, Hamilton, Kent, and Co., Lim., 1872. 谷川徹三・松本一人訳（ドイツ語より）『西洋哲学史』全二巻、岩波文庫、一九三九年．

スマイルズ（一八五九）『セルフ・ヘルプ』Smiles, Samuel（1859）*Self Help; with Illustrations of Character and Conduct*, London: John Murray. 中村正直訳『西国立志編』東京：博文館、一八七一年．講談社学術文庫、一九八一年．

スミス（一七五九）Smith, Adam（1759）*The Theory of Moral Sentiments*, London: W. Strahan. Springville, Utah: Liberty Press, 1982. 村井章子・北川知子訳『道徳感情論』日経BP社、二〇一四年．

ワルラス（一八七四―七七）Walras, L.（1874-77）*Eléments d'économie politique pure ou théorie de la richesse sociale*, Lausanne: Corbaz. 4th edition, Lauanne: Rouge, 1900. New edition, 1926. 久武雅夫訳『純粋経済学要論』岩波書店、一九八三年．

山口静一（一九八二）『フェノロサ――日本文化の宣揚に捧げた一生』全二巻、三省堂．

山口静一（二〇〇〇）「御雇外国人教師エルネスト・F・フェノロサ――序に代えて」山口静一編（二〇〇〇）、七―三八頁．

山口静一編（二〇〇〇）『フェノロサ社会論集』京都：思文閣出版．

山口静一編（二〇〇九）『フェノロサ英文著作集』Yamaguchi, Seiichi（2009）*Earnest Francisco Fenollosa: Published Writings in English*, 3 volumes. Tokyo: Edition Synapse.

日本銀行「日本銀行に関する歴史年表」https://www.boj.or.jp/（二〇二三年三月二二日閲覧）．

『エコノミック・ジャーナル』（*The Economic Journal*）ワイリー社ウェブサイト https://www.onlinelibrary.wiley.com/journal/14680297（二〇二三年三月二二日閲覧）．

第三章　日本の伝統への視線

アームストロング（一九一二）『夜明け前――二宮尊徳の生涯と教訓』Armstrong, Robert Cornell（1912）*Just*

Before the Dawn : The Life and Work of Ninomiya Sontoku, New York: Macmillan Company.
カーネギー（一八八九）Carnegie, Andrew (1889) *The Gospel of Wealth*, New York: Carnegie Corporation of New York, 2017. First published in 1889. 伊藤重治郎訳『富の福音』実業之日本社、一九〇三年.
陳榮捷（一九七一）「欧米の陽明学」宇野哲人・安岡正篤監修『陽明学入門』（陽明学体系1）、明徳出版社、一九七一年、三八五―四〇五頁.
福澤諭吉（一八七五）『文明論之概略』、『福澤諭吉著作集』第四巻収録.（引用は『著作集』による.）
福澤諭吉（一八七九）『民情一新』、『福澤諭吉著作集』第六巻収録.
福澤諭吉（一八九三）『実業論』、『福澤諭吉著作集』第六巻収録.
福澤諭吉（一八九七）『福翁百話』、『福澤諭吉著作集』第一一巻収録.
池尾愛子（二〇一三）「天野為之と二宮尊徳の教義――推譲、仕法、そして経済教育」『報徳学』（一〇）：四五―六〇.
池尾愛子（二〇一六）「天野為之編『実業新読本』――発明、国際貿易、福澤諭吉」『早稲田商学』（四四五）：二五一―二七六.
池尾愛子（二〇一八）「日本の実業教育の源流――天野為之と二宮尊徳の教義」『二宮尊徳思想論叢』第六巻（二〇一四年大会発表論文集）一〇四―一一九頁.
池尾愛子（二〇一九）「田中王堂のプラグマティズムと経済思想」『アジア太平洋討究』（三五）：一二九―一四五.
見城悌治（二〇〇九）『近代報徳思想と日本社会』ぺりかん社.
幸田露伴（一八九一）『二宮尊徳翁』博文館.
草原克豪（二〇一二）『新渡戸稲造――我、太平洋の橋とならん』藤原書店.
松谷三之介（一九八六）「解説」、岡倉天心『東洋の理想』講談社学術文庫、一九八六年.

西村茂樹（一八九七）『国民訓』日本弘道会．日本弘道会編『西村茂樹全集』（増補改訂版）第一巻、日本弘道会、二〇〇四年、所収．（引用頁は全集版による．）

新渡戸稲造（一八九九）『武士道』Nitobe, Inazo (1899) *Bushido : the Soul of Japan*, New York: Leeds and Biddle Company.

大隈重信撰（一九〇七—〇八）『開国五十年史』全二巻、東京：開国五十年史発行所．再版、原書房、一九七〇年．*Fifty Years of New Japan*, 2 volumes, English version edited by Marcus B. Huish, London: Smith, Elder, 1909. 漢文版あり．

大隈重信撰（一九〇七—〇八）『開国五十年史　附録』東京：開国五十年史発行所．

岡倉覚三（天心）（一九〇三）Okakura, Kakuzo (1903) *The Ideals of the East : with special reference to the art of Japan*, New York: E. P. Dutton & Co. 岡倉天心『東洋の理想』講談社学術文庫、一九八六年．

岡倉覚三（一九〇四）Okakura, Kakuzo (1904) *The Awakening of Japan*, New York: The Century Co. 夏野広訳『日本の覚醒』講談社学術文庫、二〇一四年．

岡倉覚三（一九〇六）Okakura, Kakuzo (1906) *The Book of Tea : a Japanese harmony of art culture and the simple life*. New York: G. P. Putnam's Sons. 桶谷秀昭訳『茶の本』講談社学術文庫、一九九四年．

ピットマン（一九〇五）『商業読本』Pitman, Sir Isaac (1905) *Commercial Reader : Senior Book*, London: Sir Isaac Pitman.

シャイバリー（一九六五）「西村茂樹——近代化についての儒教側の見解」Shively, Donald H. (1965) Nishimura Shigeki: A Confucian view of modernization. In Marius B. Jansen ed. *Changing Japanese Attitudes toward Modernization*, Princeton: Princeton University Press. マリウス・B・ジャンセン編『日本における近代化の問題』岩波書店、一九六八年、所収．

竹村英二（一九九七）『徳川時代の仕事についての認識』Takemura, Eiji（1997）*The Perception of Work in Tokugawa Japan : As study of Ishida Baigan and Ninomiya Sontoku.* Lanham, New York, and Oxford: University Press of America.

田中王堂（一九一五）『福沢諭吉』実業之世界社.

手島精一（一九一四）『青年自助論』大學館．再版（写真製版）、近代日本青年期教育叢書・第Ⅰ期 第11巻、日本図書センター、一九九〇年.

富田高慶（一八八三）『報徳記』佐々井典比古訳注［一九五四］（一九七六）『補注　報徳記』全二巻、小田原：一円融合会 Tomita, Kokei（1912）*A Peasant Sage of Japan : The Life and Work of Sontoku Ninomiya,* tr. by Tadasu Yoshimoto, London, New York, Bombay, and Calcutta: Longmans Green and Co.

内村鑑三（一八九四）『日本と日本人』Uchimura, Kanzo（1894）*Japan and the Japanese.* Tokyo: Minyusha. Elibron Classics Replica Edition, Lexington: Adamant Media Corporation, 2014. *Representative Men of Japan*（『代表的日本人』）, Tokyo: Keiseisha, 1908.

王陽明（一五五六）溝口雄三訳『伝習録』中公クラシックス、二〇〇五年.

王陽明（一九六三）Wang Yan-ming（1963）*Instructions for Practical Living and Other Neo-Confucian Writings by Wang Yan-ming,* translated by Wing-tsit Chan（陳榮捷）, New York: Columbia University Press, 1963.

第四章　天野為之の経済原論

バジョット（一八七三）Bagehot, Walter（1873）*Lombard Street : a description of the money market,* New York: Scribner. 宇野弘蔵訳『ロンバード街——ロンドンの金融市場』岩波書店、一九四一年．久保恵美子

訳、日経BP社、二〇一一年．

カッセル（一九二六）Cassel, G. (1926) The Japanese currency. The study made on behalf of A.-B. Svenska Kullagerfabriken SKF. 東京大学経済学部図書室（山崎覚次郎氏寄贈）．匿名訳「日本円に付て」『銀行通信録』八一（四八三）：四九二―四九八、一九二六年．

石橋湛山（一九五一）『湛山回想』毎日新聞社．『石橋湛山全集』第一五巻、東洋経済新報社、一九七二年、三―二四二．（引用頁数は全集版による．）

石橋湛山（一九七一）『石橋湛山全集』第八巻、東洋経済新報社．

ケインズ、ジョン・メイナード（一九一九）Keynes, J. M. (1919) *The Economic Consequences of Peace*, London: Macmillan. *CW* vol. 2, 1971. 早坂忠訳『平和の経済的帰結』東洋経済新報社、一九七七年．

サミュエルソン（一九四八）Samuelson, P. A. (1948) *Economics*, New York: McGraw-Hill. 都留重人訳『経済学』岩波書店．第六版、一九六六―六七年．第一一版、一九八一年．

セリグマン（一九〇五）Seligman, Edwin R. A. (1905) *Principles of Economics, with special reference to American conditions*, New York and London: Longmans, Green, and Co. 石川義昌訳（第四版から）『経済原論』巌松堂書店、一九一二年．

高橋是清（一九三六）『随想録』千倉書房．

早稲田大学大学史編集所（一九八二）『都の西北――建学百年』早稲田大学．

第五章　政府の商業政策（商政標準）

市井健夫（二〇〇四）『信州学大全』信濃毎日新聞社．

池尾愛子「天野為之の商業政策について」早稲田大学産業経営研究所ワーキングペーパー・ナンバー二〇一〇〇

二、二〇二〇年一一月.

レイロー編纂（一八八二―八四）『アメリカ合衆国における政治学、経済学および政治史』Lalor, John J. ed. (1882-1884) *Cyclopaedia of Political Science, Political Economy, and of the Political History of the United States*, Chicago: Rand McNally.

シジウィック（一八八三）『経済学原理』Sidgwick, Henry (1883) *The Principles of Political Economy*, England: Macmillan and Co.

文化庁著作権課（二〇二〇）Japan Copyright Office (JCO), Agency for Cultural Affairs, Government of Japan (2020) Copyright System in Japan, Copyright Research and Information Center (CRIC), Japan. https://www.cric.or.jp/（二〇二三年三月一一日閲覧）.

特許庁（二〇〇五）Japan Patent Office (JPO), Asia-Pacific Industrial Property Center. JIII (2005) History of Japanese Industrial Property System. Japan Patent Office, Asia-Pacific Industrial Property Center. https://www.jpo.go.jp/（二〇二三年三月一一日閲覧）.

特許庁「産業財産権制度の歴史」特許庁サイト　https://www.jpo.go.jp/（二〇二二年三月一一日閲覧）.

第六章　『東洋経済新報』と経済策論

阿部善雄（一九九四）『最後の「日本人」――朝河貫一の生涯』岩波書店.

朝河貫一（一九〇四ａ）「日露衝突の諸問題」Asakawa, Kanichi (1904a) "Some of the issues of the Russo-Japanese conflicts" *Yale Review*, volume 13, pp. 16-50, May.

朝河貫一（一九〇四ｂ）「東洋で戦争につながった事件」Asakawa, K. (1904b) "Some of the events leading up to the war in the East" *Yale Review*, volume 13, pp. 125-138, August.

福澤諭吉（一八六九）『世界国尽』慶應義塾大学メディアセンターデジタルコレクション　https://dcollections.lib.keio.ac.jp/ja/fukuzawa/a13/34（二〇二三年六月三〇日閲覧）.
増田弘（二〇一九）「植松考昭の対外政策論――小日本主義の源流に関する考察」『石橋湛山研究』（立正大学石橋湛山研究センター）（二）：五―三八.
増田弘（二〇二〇）「植松考昭の政治・経済・社会政策論――小日本主義の源流」『石橋湛山研究』（三）：五―六〇.
松谷有美子（二〇二三）「若き朝河貫一の資料収集への情熱――イェール大学図書館長との往復書簡を中心に」『図書館文化史研究』（四〇）：六五―一〇一.
東洋経済新報社百年史刊行委員会（一九九六）『東洋経済新報社百年史』東洋経済新報社.
上宮智之（二〇二一）「日野資秀の経済思想普及構想――忘れられた経済学啓蒙家」『日本経済思想史研究』（二一）：一―二三.
矢吹晋著・編訳（二〇〇二）『ポーツマスから消された男――朝河貫一の日露戦争論』東信堂.
世界銀行（一九九一）『世界開発レポート１９９１』World Bank (1991) *World Development Report 1991*, Oxford: Oxford University Press.

第七章　金融政策論と人材育成

ドーフマン（一九六九）「無視された米社会科学雑誌『イェール・レビュー』」Dorfman, Joseph (1969) "On a neglected American journal in the social sciences: *The Yale Review*, Old series", Introduction to the Reprint of *the Yale Review*, New York: Augustus M. Kelley, 1969, pp. 5-12.
細谷新治（一九九〇―九一）『商業教育の曙――明治八年九月―明治二〇年九月』全二巻、東京：如水会.
小林惟司（一九八九）『日本保険思想の生成と展開』東洋経済新報社.

増田義一（一八九七）『金貨本位之日本――幣制改革後の影響』大日本実業会、四月．増補訂正第三版、一八九七年九月．

ノートン（一九〇六）「金の減価」Norton, J. Pease (1906) "The Depreciation of Gold," *Yale Review*, Vol. XV, November 1906, pp. 293-306.

農商務省商工局商工務掛（一九〇三）『職工事情』農商務省．一九〇一年調査、一九〇三年印刷．犬丸義一校訂、全三巻、岩波書店、一九九八年．

大日方純夫（一九九三）『警察の社会史』岩波新書．

落合功（二〇二〇）「復興期における中小企業金融システムの再編成――信用金庫の成立過程を中心に」『日本経済思想史研究』（二〇）：三六―五〇．

大槻忠史（二〇一七）Ohtsuki, Tadashi (2017) The legacy of Belgium and the Nederlands, 'L'Institui Superieur de Commerce d'Anver' and business education in Japan: from the 1880s to the 1940s, in *The Diffusion of Western Economic Ideas in East Asia*, edited by Malcolm Warner, London: Routledge, 2017, pp. 300-316.

ラヴィナ（二〇一〇）Ravina, Mark J. (2010) "Confucian banking: The community granary (Shaso) in rhetoric and practice". In Gramlich-Oka and Smits eds. (2010) *Economic Thought in Early Modern Japan*, Leiden and Boston: Brill, pp. 179-204.「儒教的銀行制度――近世日本の社倉をめぐる言説とその実態」川口浩／ベティーナ・グラムリヒ＝オカ編、田中アユ子・安野正士訳『日米欧からみた近世日本の経済思想』岩田書院．

豊田俊雄編（一九八二）『わが国離陸期の実業教育』東京：国際連合大学、発売：東京大学出版会．

豊田俊雄編（一九八四）『わが国産業化と実業教育』東京：国際連合大学、発売：東京大学出版会．

第八章　天野為之の復権

長幸男・住谷一彦編（一九六九）『近代日本経済思想史』全二巻、有斐閣．

福田徳三（一九二七）「田口全集の刊行に際して――福沢・田口・天野と明治の経済論」『我等』九（六）：一八―三二．

藤井隆至編（一九九八）『日本史小百科　近代経済思想』東京堂出版．

藤原洋二・立脇和夫（二〇〇四）「部門別学問発達史――金融論」商学部百年史編集委員会（二〇〇四）、二二六―二四六．

早坂忠（一九六八）「西欧経済学と日本（一）」『教養学科紀要』（東京大学教養学部）（一）：四七―七七．

早坂忠（一九七二）「天野為之とJ・S・ミル（序説）――西欧経済学と日本（二）」『教養学科紀要』（四）：一四三―一六二．

早坂忠（一九八一―八四）「天野為之とJ・S・ミル　1〜4」『外国語科研究紀要』（東京大学教養学部）（二九）〜（三二）．

平田冨太郎（一九五七）「天野為之――古典学派経済学の先駆者」早稲田大学創立七五周年記念出版社会科学部門編纂委員会編『近代日本の社会科学と早稲田大学』早稲田大学．

堀経夫（一九三三）『明治経済学史』弘文堂書房．

堀経夫（一九七五）［一九九一］『明治経済思想史』増訂版、日本経済評論社．

井上琢智（二〇〇六）『黎明期日本の経済思想』日本評論社．

石橋湛山（一九五〇）「天野為之伝」『東洋経済新報』七月一日―二二日．『石橋湛山全集』第一三巻、東洋経済新報社、五五六―五七三．

金沢幾子編（二〇一一）『福田徳三書誌』日本経済評論社．

三浦銕太郎（一九三八）「天野為之先生を偲ふ」印刷物、早稲田大学図書館、一九六二年一月一九日に早稲田実業学校より寄贈．

宮島英昭・花井俊介（二〇〇四）「商学部沿革史（一）　創立から第二次大戦まで」商学部百年史編集委員会（二〇〇四）二―九五．

中村宗悦（一九九八）「フェノロサ」「天野為之」藤井隆至編（一九九八）．

老川慶喜（一九九八）「『東京経済雑誌』」藤井隆至編（一九九八）．

岡田純一（一九七五）「経済学者としての天野為之――日本における経済科学の創始」『早稲田商学』（二四九）：四三―六六．

大森郁夫（一九九八）「経済学の普及と東京専門学校」Omori, Ikuo (1998) 'For diffusing economic knowledge: Tokyo Senmon Gakko (Waseda)', 杉山忠平・水田洋編（一九八八）に収録．

嶋村紘輝・横山将義・鵜飼信一・大森郁夫・中村清・宮下史明・横田信武（二〇〇四）「部門別学問発達史――経済学」商学部百年史編集委員会（二〇〇四）二七五―二九三．

杉山和雄（一九九八）「天野為之」原輝史編『早稲田派エコノミスト列伝』早稲田大学出版部、四三―七一．

定期刊行物

『ボストン・デイリー・アドバタイザー』（*Boston Daily Advertiser*）アメリカ合衆国ニューイングランドで、一八一八年に最初の日刊紙として創刊されたが、一九二九年に廃刊になった。

『朝野新聞』一八七四（明治七）年九月に、『公文通誌』（一八七二年創刊）を改題して創刊された東京の日刊・政論新聞。成島柳北社長の雑録（コラム）、末広鉄腸主筆の論説が呼び物となり、一八八一年には日刊部数一万を超えたとされる。成島が死亡したのち、一八九三年に廃刊。

『読売新聞』一八七四（明治七）年創刊で、現在も続く日刊紙。

『内外政党事情』立憲改進党内の鷗渡会グループの隔日発行機関紙。同グループを含む内外の政党活動を伝え、議会開設・選挙に備えようとした。一八八二（明治一五）年一〇月一八日に刊行を開始したが、一一月二八日に約一ヶ月の発行停止措置を受けて、主に財政難から一八八三年二月二〇日に廃刊となった。

『中央学術雑誌』一八八五（明治一八）年三月に創刊、月二回刊行。天野為之が編集担当。東京専門学校の文系講義録や欧米の研究動向の和訳を掲載した。一八八七年一一月で終刊。

『日本理財雑誌』天野為之が一八八九年初めに創刊して編集を担当、同年末には彼が第一回衆議院選挙に出馬するために廃刊。月二回刊。来たる国会において経済政策を中心とする政策論議に資するための論説が寄稿された。

『東洋経済新報』一八九五年一一月に旬刊誌として創刊され、『東洋経済新報』を刊行するために東洋経済新報社がつくられた。一九一九（大正八）年一〇月四日号より週刊誌となり、一九六一（昭和三六）年一月一日号から『週刊東洋経済』と題して現在も続く。初代編集長は町田忠治、二代目は天野為之であった。

『斯民』東京の報徳会発行の月刊誌で、一九〇六（明治三九）年四月から一九四六（昭和二一）年一二月まで刊行された。

『オリエンタル・エコノミスト』（*The Oriental Economist*）一九三四年五月に東洋経済新報社により月刊誌として創刊された。初代編集長は石橋湛山で、日本と東アジアの経済について正確な情報を提供することを旨とし、豊富な経済金融データを掲載した。一九四六年一月に週刊誌となり、一九五二年九月から再び月刊誌となり、一九八五年一一月・一二月合併号が最終号となる。

あとがき

日本の経済学史や経済思想史を描くためには、明治時代に活躍した天野為之に必ず注目しなければならないだろう、しかし天野為之を研究するためには、彼が長年教鞭を執っていた早稲田大学にいなくてはほぼ不可能であろう、と囁かれてきていた。近世から近代をつないだ明治時代の人物たちの経験の多様性、天野為之についての資料の少なさが背景にあるだろう。筆者自身、早稲田大学に着任してから一二年めにようやく天野研究に着手でき、さらに着手してから一二年めに天野伝の原稿をなんとか脱稿することができたようだ。

浅川榮次郎氏と西田長壽氏の伝記『天野為之』（一九五〇）には、天野その人について語るのに欠かせないエピソードがたくさん盛り込まれている。同書なくして本書は書けなかった。本文に盛り込みきれなかった話題をここで少しは紹介しておくべきであろう。

まず、もし天野為之が東京大学で高田早苗や坪内逍遙と一緒にならず、したがって小野梓と出会うこともなく、一八八二（明治一五）年に東京大学を卒業していればどうなっていたであろう。浅川氏と西田氏は「民間学者天野為之を見る代りに、よし大蔵大臣天野為之を見ざるまでも、興業銀行総裁天野為之とか何とかの天野為之という官辺に縁の近い人としての彼を見たかもしれなかったのである」（一七頁）としている。浅川氏と西田氏は天野為之が公的部門に進んでも活躍できる人物であったことを強調している。『早稲田大学百五十年史』第一巻（二一―三頁）では、東京専門学校開校式の天野のいくらか難渋な祝辞がわかりやすく詳説され、彼が人材育成に対して並々ならぬ意欲をもっていたことを伝えてくれている。民間の学者、教育者の道を選んだ天野に迷いはなかったのである。

次に、天野の女性観はどうであったか。浅川氏と西田氏によれば、「天野の長女［明治一九年生れ］は生来学問好きであったので、天野は学問をもって身を立てさすべく一五歳の時より女学校の余暇をもって津田梅子女史について英語を学ばしめ、女史が英学塾［現津田塾大学］を創立するやいちはやくこれに入学せしめた。長女は同塾卒業とともに津田女史より米国留学の交渉をうけたが、この時には父天野の思想心境は一変し、女はやはり適齢に結婚して人生の苦難に直面し、もって人格を完成すべきであるとして津田女史の好意を固辞し、ついに明治四〇年二月逓信書記官と結婚せしめた」（二六三頁）とある。天野が長女のアメリカ留学に反対したことは残念である。天野自身が海外に足を運んだことがなかったからかもしれない。天野の母鏡子は、幕末・維新期の混乱のなかで夫を亡くした後、江戸（東京）を離れて藩地の唐津で二人の息子を育て上げ、再び東京に送り出したので、しっかりした人だったというべきである。

実は筆者自身、天野の家庭内分業論を『実業新読本』第二巻（一九一三）の冒頭にみつけている。現代かなづかいと常用漢字に近づけて引用しよう。

「分業とは、人々各異なる業に従い、相依り相助けて、相互の利益を計り、共同の目的を達するをいうなり。一家を観るに、夫の業を励み、妻の内を治め、婢僕の雑役に従事するは、分業なり。社会を観るに実業家あり、官吏あり、学者あり、宗教家あり、弁護士あるは、是れ分業なり。特に実業界の方面に立ち入りて細にこれを察すれば、分業の著しく発達せるを見るなり。工場にありて、多数の労働者が各異なれる作業に従うも分業なり。一国の内にありて、あるいは綿糸を紡績し、あるいは船舶を製造し、あるいは米麦を播種する如きも、また分業なり。世界にありて、米国の綿を輸出し、我が国の生糸を輸出し、英国の羅紗（ラシャ）を輸出するも、また分業なり。この如く分業は、一家の内にも、一国の内にも、また世界においても、盛に行はる丶一大現象なり。」（一—二頁）

「家庭内分業論」さえなければ、本文でぜひ引用したい文章である。天野が最初の著作『徴兵論』（一八八四）で男性のみを徴兵対象として想定していたことと関係するのかもしれない。男女を平等に扱おうとするならば、女性も徴兵対象にしなければならないからである。

最後に、朝河貫一（ダートマス大学・イェール大学）と石橋湛山についてふれておこう。天野為之と朝河の関係は良好だったといえるであろう。朝河が一九〇六（明治三九）年二月から一九〇七年八月にかけて、日本研究のための書籍・資料を収集するために日本に帰国したこと、その機会に『東洋経済新報』と『イェール・レビュー』が交換されるようになったことは、本文に記した。山内晴子氏の

『朝河貫一論』（二〇一〇）の巻末略年譜によれば、朝河は一九一七（大正六）年から一九一九年九月まで「日本古典書籍収集と日本中世史研究のため」に再び帰国していた。滞在先は東京帝国大学史料編纂掛で、関西方面や鹿児島県薩摩郡入来村に史料調査に出かけている。一九一七年、朝河の帰国と早稲田騒動はともに世間から注目されていた。朝河は早稲田大学を訪問することがあり、石橋が騒動において「天野派の総帥」であることを伝えられていたようだ。

石橋は一九一一（明治四四）年に東洋経済新報社に入社し、一九一二（大正元）年から『東洋経済新報』の記者に、一九二四（大正一三）年に同編集主幹になり、一九二五（大正一四）年に同社代表取締役・専務取締役に就任した。彼は戦後、浅川氏と西田氏が『天野為之』を執筆するにあたって大いに協力し、一九五〇（昭和二五）年七月の『週刊東洋経済』に書評を四回連載している。石橋が創刊した英文月刊誌『オリエンタル・エコノミスト』（一九三四―八五）に、朝河は登場していない。東洋経済アーカイブズにおいて「朝河」で検索すると、『週刊東洋経済』一九九七年三月八日号掲載の浜田宏一氏（イェール大学）の「真の『国際人』とは」と題する朝河貫一紹介記事一本のみがヒットした。もし早稲田騒動がなければ、朝河貫一と石橋湛山は必ずや会談し、筆まめな朝河は多くのアメリカ情報を石橋にもたらし、『オリエンタル・エコノミスト』に頻繁に寄稿し、日本でもより知られる存在になっていたのではないだろうか。

天野為之年譜

天野為之の誕生日が正しくは万延元年一二月二七日（西暦一八六一年二月六日）であることを確認したのは、浅川榮次郎氏である。その浅川氏と西田長壽氏の『天野為之』（一九五〇）の「天野為之年譜」がもっとも信頼性が高いので、暦と年齢を採用する。天野は安政六年生まれで通したため、浅川氏たちと同様に、本年譜も安政六年生まれとする。

『東洋経済新報社百年史』、『早稲田大学百年史』、『早稲田大学商学部百年史』を参照して修正を加えた。

日本では、一八七三（明治六）年一月一日（旧暦一二月三日）からグレゴリオ暦が施行されており、一八七二（明治五）年までの月日は陰暦による。

和暦	西暦	齢	関係事項	一般事項
安政 六	一八五九		陰暦12・27江戸唐津藩邸下屋敷に生まれる	
万延 元	一八六〇			3・18万延と改元
文久 元	一八六一			2～8月ロシア艦対馬・芋崎占拠
二	一八六二			8月生麦事件
三	一八六三			7月薩英戦争　下関戦争
元治 元	一八六四			蛤御門の変
慶應 三	一八六七			10・14大政奉還　12月王政復古の大号令

和暦	西暦	齢	関係事項	一般事項
四	一八六八	10	陰暦6・8父松庵逝去	1・3鳥羽伏見の戦い（〜六九年五月まで戊辰戦争）3・14五箇条の御誓文宣布　9・8明治と改元
明治二	一八六九			6・17版籍奉還
四	一八七一	13	明治5年にかけて、唐津で高橋是清から英語を学ぶ	7月廃藩置県
六	一八七三		東京に出る	
八	一八七五	17	9月開成学校に入学	
一〇	一八七七	19	新設の東京大学予備門に入る	2月西南戦争勃発　9・24西郷隆盛自決により西南戦争終結　4月東京大学創設（法・理・文学部および医学部）
一一	一八七八	20	9月東京大学文学部に進む　旧唐津藩主小笠原家当主長行の屋敷（東京）に「久敬社」設置、毎月茶話会を催す	
一四	一八八一			4月農商務省設置　10月明治一四年の政変
一五	一八八二	24	7月東京大学文学部政治理財科卒業、文学士となる　10月東京専門学校創立に与り、維持員兼講師となる　今川小路に住す	10・21東京専門学校開学　10月日本銀行開業

一七	一八八四	26	『朝野新聞』に関係す　2月『徴兵論』刊行	6月商標条例公布　11月工場払下概則廃止後、官営事業の売却が進む
一八	一八八五	27	前橋多喜子と結婚す　『読売新聞』に関係す　3月『中央学術雑誌』創刊、責任編集者となる　4月東京専門学校監督となる	4月専売特許条例公布　12・22内閣制度創設
一九	一八八六	28	長女文子生まれる　3月『経済原論』　7～8月信陽で過ごす　12月『商政標準』刊行	3月帝国大学令公布　9月ベルヌ条約調印
二〇	一八八七	29	1・23土手三番町に移る　今川小路に事務所をおく　海軍主計学校、陸軍経理学校講師となる　『報知新聞』に関係す	
二一	一八八八	30	長男武生まれる	4・30枢密院開設
二二	一八八九	31	事務所を猿楽町に移す　2月『日本理財雑誌』を創刊、12月廃刊　帰郷、衆議院議員被選資格をつくる	2・11大日本帝国憲法発布
二三	一八九〇	32	7・1衆議院議員当選　7月弟喜之助東京大学卒業	7・1第一回衆議院選挙　11・25第一回帝国議会招集
二四	一八九一	33	12月次女道子生まれる　12・25衆議院解散	
二五	一八九二	34	2・15衆議院議員選挙に落選、政界を断念す　東京商業学校嘱託講師	2・15第二回衆議院選挙
二六	一八九三	35	長男武死去	

二七	一八九四	36	2月母鏡子死去、三女静子生まれる　4月東京商業学校を辞す　9月陸軍経理学校戦争のため休校	7月日清戦争勃発　8・1宣戦布告
二八	一八九五	37	7月次男為雄生まる　妻多喜子重病　11・15『東洋経済新報』創刊、客員となる	4・17清との間で下関条約締結
二九	一八九六	38	為雄病む　多喜子道子常に病む　3月謡を始む　9月東京高等商業学校嘱託講師	
三〇	一八九七	39	3月金本位問題起こり金貨単独本位制を主唱す　東洋経済新報社編集と経営を引き継ぐ 6月次男為雄死去　9月腸チフスに罹り、鎌倉に転地療養す　11月四谷本村町に移る	2月日本勧業銀行開業　6月京都帝国大学創設、帝国大学を東京帝国大学と改称 10月日本、金本位制国の仲間入り
三一	一八九八	40	1月肋膜炎を病む、次で酒匂に転地療養す　8月東北地方巡講　11・26弟喜之助オーストリア公使館へ赴任す	
三二	一八九九	41	1月牛込区那珂町に移る　3・27法学博士となる 4月東洋経済新報社の経営に苦心す　8月信越地方巡講 9月外国語学校講師　11月金曜会創立（安田、荘田、日賀田、渋沢等会同）	日本政府、ベルヌ条約（著作権）とパリ条約（工業所有権）を批准
三三	一九〇〇	42	3月東洋経済新報明実ともに社長　5月『東洋経済	北清事変（義和団の乱）

			新報』で勤倹論、9月取引所論にて社会に警告す　8月福井、金沢、大津、八幡、豊橋等巡講	
三四	一九〇一	43	1月弓術および謡を再開す　日清版権論を主唱す　2月『勤倹貯蓄新論』刊行　4月実業中学校創立に関与する　8月鎌倉へ転地（多喜子肋膜炎療養のため）　11・28喜之助帰朝　12月大隈伯と早大横浜校友会に講演をなす	
三五	一九〇二	44	4月『経済学綱要』刊行　9月東京専門学校早稲田大学と改称開校式　10月早稲田実業学校校長大隈英麿辞し天野が後任となる　11月東洋経済新報臨時増刊『清国関税精解』発行　東洋経済新報不振経営に苦心す　（この年講演多し　国家学会：興業銀行批判、金曜会：簿記の必要、高等商業：裏書違憲論、早大：学理と実際）	1・30日英同盟締結
三六	一九〇三	45	4月高等予科に商科を設置　10月イギリス自由貿易政策の陰りに注視	
三七	一九〇四	46	1月早稲田大学の初代商科長に就任　8月満韓経営の開放主義を唱える	2・10日露戦争勃発

三八	一九〇五	47	9月大学部商科（商業部、外交部）設置（天野科長、横井時冬教務主任） 3月インフルエンザの予後鎌倉療養 4月早実専攻科第一回卒業生二五人を出す 5月東京商工会議所特別議員となる 6月長野に、7月桐生に講演 『イェール・レビュー』と『東洋経済新報』の交換提案（朝河貫一からシュワブ イェール大学図書館長宛書簡） 8月鎌倉に転地 9月再び陸軍経理学校講師となる	8・12第二回日英同盟締結 9・5ロシアとの間でポーツマス条約調印
三九	一九〇六	48	4月東洋経済会発会、早稲田実業懇話会発会	
四〇	一九〇七	49	1月弟喜之助韓国全羅北道群山府尹となる 2月長女文子中西四郎氏と結婚 4・20早実校舎落成式を行う 3・1東洋経済新報社新社屋に移転 5・1合名会社東洋経済新報社成立、同社経営を新進に譲り第一線より引退 10・20早大創立二五年祭 10・25大隈侯と共に京都、神戸等に赴て講演 12月逗子鎌倉に転地療養	
四一	一九〇八	50	1・16流感に罹り、腎臓を害し三月に至るも全快せ	

和暦	西暦	年齢	事項	一般事項
四二	一九〇九	51	ず　3月早実専攻部廃止のため経営頗る困難、苦心　4月新入生増加全生徒六六〇人、経済少し余裕あり、初孫を得　5月早大財団法人となる　11月謡曲再開　謡に精励、一二月初めより眩暈多し謡過度のため心臓を害す　憲法記念講演、栗山、浮田、藤井氏と長崎、佐賀に講演、大隈侯と横浜経済会に演説す　東洋経済会にて講演	
四三	一九一〇	52	1月『経済策論』刊行　『実業新読本』脱稿　7月新潟県に講演、島村抱月、吉田東伍、伊藤正治氏同行	
四四	一九一一	53	3〜4月香川県に校外教育　5月早大理事に就任　8月長岡へ講義七日間、藤井健治郎、徳永重康氏同行	10・10清国で辛亥革命起こる　関税自主権回復
四五 大正　元	一九一二	54	5・17東宮殿下東大行啓講義をなす　5・26講義のため大隈侯と共に山陰へ旅行　8月長野へ一週間の講義旅行、島村抱月、神尾錠吉氏同行	1・1中華民国臨時政府成立　7・30明治天皇崩御　7・30皇太子践祚（せんそ）、大正と改元
二	一九一三	55	4月リウマチに悩む	
三	一九一四	56	3月早大学長高田氏外遊中の代理となる　7月三女	7月第一次大戦勃発　8・23日

			静子浅川榮次郎氏（『天野為之』の著者の一人）と結婚　『東洋経済新報』に「牛中山人」の筆名で庶民銀行論等連載	本、ドイツに宣戦布告
四	一九一五	57	2月学長代理解任　8月早大高田学長文相となり天野代わる、早実校長をやめ名誉校長となる、杉山重義早実校長就任　10月早実一五年記念式、校友会より記念館を贈らる　11月勲三等に叙し瑞宝章を賜わる	5・25二一カ条要求に基づく日華条約調印
五	一九一六	58	5月実業之日本社のために関西並びに名古屋に講演　10月早実校友会寄贈記念館成る	
六	一九一七	59	6月早大騒動起こる　7月大隈侯より辞職勧告を受け不肯　9月早大理事維持員総辞職　10月早大教授並びに学長辞職	
七	一九一八	60	早実校友の後援強し　4~5月早実紛擾　6月早大関係者三尊復活融和につき運動頻繁　8~11月婦人家庭雑誌、東方時論、日本評論、雄弁、教育新聞等へ論文掲載、東洋経済会、会計協会、清明会等に講演　11月早実紛争杉山重義氏辞職　12月天野早実校長、	第一次大戦終了

和暦	西暦	年齢	事項	一般事項
			理事維持員に復す（離職三年四ヶ月）	
八	一九一九	61	早実教員補充大体揃う	6月パリ講和会議
一一	一九二二	64	4月住宅落成、4・23落成祝を行う　10・30三女浅川静子逝く	
一二	一九二三	65	9・1大震火災、自宅および家財全焼　9・10まで早実に起臥す　9・11中西宅に移る　12月牛込若宮町の借家に移る	9・1関東大震災
一三	一九二四	66	6・25飯田町新宅に移る　6・28宝塚での近畿早実校友会に出席	
昭和二	一九二七			金融恐慌
三	一九二八	70	11・11民間教育功労者として宮城に陪宴、文相より表彰	
四	一九二九	71	1月囲碁初段の免状を受く　2月早実教職員生徒による頌徳古稀記念祝賀会あり　墓地を三月より多磨に移し六月成る	7月浜口政権成立
五	一九三〇	72	2月宇都宮実業学校名誉校長となる	
八	一九三三	75	6月神田教育会館での第八回教育功労者表彰会にて表彰さる	
一三	一九三八	80	3・26午前三時四五分長逝	

人名索引

あ 行

か 行

さ 行

た　行

な　行

は　行

ま　行

や 行

ら 行

わ 行

事項索引

あ 行

か 行

さ 行

た　行

な　行

は　行

や　行

ら　行

《著者紹介》

池尾愛子（いけお・あいこ）

1956年　大阪生まれ。
1985年　一橋大学大学院経済学研究科博士課程修了。
2002年　博士学位取得（早稲田大学）。
現　在　早稲田大学商学学術院教授。
著　書　『グローバリゼーションがわかる』創成社，2017年。
『赤松要――わが体系を乗りこえてゆけ』日本経済評論社，2008年。
『日本の経済学――20世紀における国際化の歴史』名古屋大学出版会，2006年。
『日本の経済学と経済学者――戦後の研究環境と政策形成』（編集）日本経済評論社，1999年（*Japanese Economics and Economists since 1945,* London: Routledge, 2000）。
『20世紀の経済学者ネットワーク――日本からみた経済学の展開』有斐閣，1994年。
Routledge Handbook of Women's Economic Thought（共著），London: Routledge, 2018.
A History of Economic Science in Japan : The Internationalization of Economics in the Twentieth Century, London: Routledge, 2014.
Economic Development in Twentieth Century East Asia : The International Context（編集），London: Routledge, 1997.

天野為之
――日本で最初の経済学者――

2023年12月30日　初版第1刷発行　〈検印省略〉

定価はカバーに
表示しています

著　者　池　尾　愛　子
発行者　杉　田　啓　三
印刷者　江　戸　孝　典

発行所　株式会社　ミネルヴァ書房
607-8494 京都市山科区日ノ岡堤谷町1
電話代表（075）581-5191
振替口座 01020-0-8076

共同印刷工業・新生製本

ISBN978-4-623-09603-9
Printed in Japan